江苏省研究生教育发展年度报告

Annual Report on Graduate Education

Development in Jiangsu

2022

主　编　袁靖宇　张兆臣　汪　霞
副主编　李国荣　汪雅霜
　　　　孙俊华　周　寅

南京大学出版社

图书在版编目(CIP)数据

江苏省研究生教育发展年度报告. 2022 / 袁靖宇，
张兆臣，汪霞主编. — 南京：南京大学出版社，
2022.12

ISBN 978 - 7 - 305 - 26204 - 3

Ⅰ. ①江… Ⅱ. ①袁… ②张… ③汪… Ⅲ. ①研究生
教育—研究报告—江苏—2022 Ⅳ. ①G643

中国版本图书馆 CIP 数据核字(2022)第 194121 号

出版发行	南京大学出版社
社　　址	南京市汉口路 22 号　　　　邮　编　210093
出 版 人	金鑫荣

书　　名	**江苏省研究生教育发展年度报告(2022)**
主　　编	袁靖宇　张兆臣　汪　霞
责任编辑	束　悦
照　　排	南京南琳图文制作有限公司
印　　刷	南京凯德印刷有限公司
开　　本	718×1000　1/16　印张 15.5　字数 270 千
版　　次	2022 年 12 月第 1 版　2022 年 12 月第 1 次印刷
ISBN	978 - 7 - 305 - 26204 - 3
定　　价	62.00 元

网　　址	http://www.njupco.com
官方微博	http://weibo.com/njupco
官方微信	njupress
销售热线	025 - 83594756

编 委 会

前　言

　　2021 年,江苏省研究生教育深入贯彻落实全国、全省研究生教育会议精神,始终坚持以"立德树人、服务需求、提高质量、追求卓越"为主线,围绕创新驱动发展核心战略、科教与人才强省战略,持续推进研究生教育强省建设。

　　全省研究生教育整体发展态势良好。研究生教育规模持续扩大。2021年,全省普通高校共招收研究生 94 347 人,较上年增加 5.70%,在校研究生 270 647 人,较上年增加 11.38%;研究生导师 39 056 人,较上年增加 2.25%。高水平大学建设领跑高质量研究生教育"赛道"。"双一流"建设高校与江苏高水平大学建设高峰计划建设高校持续推进高质量发展,牢牢把握"两个大局",深入落实"六高一化",系统开展思想引领工作,强化立德树人,完善落实师德师风建设机制。以推动学科特色化发展、集中攻坚重大科研项目、落实多方协同融合等为着力点,在价值导向、人才培养、科技创新、校地协同、国际化改革等方面进行了积极探索。全省高校学科建设稳步推进。根据 2022 年 1 月发布的 ESI 数据,全省 32 所高校的 200 个学科进入 ESI 前 1%,高校数和学科数分别位居全国第一和第二;25 个学科进入前 1‰,较 2020 年新增 5 个。研究生教育综合改革彰显新特色。全省各高校多措并举地推进研究生教育资源建设与改革,聚焦课程体系、教材质量、教学案例、督导评价、经费投入等内容,促进培养质量的整体提升。注重思政教育与院校特色的深度融合,进一步强化文化育人的长效机制。稳步推进国际化交流与合作,开展多元国际化培养模式的探索。在积极推动科技创新、产业发展与研究生教育协同发展的同时,围绕研究生培养全过程建立健全质量保障体系。研究生科研创新实践系列活动继续有序开展,先后共举办 18 场研究生科研创新实践大赛、32 个暑期学校和 48 个研究生学术创新论坛。研究生教育与省内重点产业发展契合度良好。自 2017 年至 2021 年,共有 16 140 名应届毕业研究生在省内 13 个重点产业就业。其中,博士研究生 2 173 人,硕士研究生 13 967 人。应届毕业研究生在省内重点产业的就业规模持续增长,年均增幅为 7.6%。研究生教育质量和就业状况相对稳定。近五年,全省硕士学位论文的合格率整体呈现平稳上升的趋势,学术学位硕士学位论文合格率约 98%,专业学位硕士学位论文合格率约 95%。在经济发展速度相对较缓的背景下,各高校积极探索研究生就业质量保障新举措,2021 届毕业研究生总体就业率达 95.51%。

为客观全面地了解江苏研究生教育质量的基本概况与发展趋势,江苏省教育厅委托南京大学教育研究院汪霞教授科研团队立项课题研究,连续六年开展江苏省研究生教育年度报告调查。此册是报告的第六本。《江苏省研究生教育发展年度报告(2022)》旨在对 2021 年江苏省研究生教育发展及人才培养质量进行全面呈现、系统分析和解读。

报告共包含八个章节。第一章"学位与研究生教育概况"。根据学位授权点新增和动态调整结果,系统分析江苏省 2021 年研究生学位授予单位与学位授权点分布情况;通过招生、在校生、毕业以及学位授予等基本状况呈现江苏省研究生教育的规模及结构;主要从职称结构、年龄分布、遴选工作、培训体系、监督机制和优秀典型等方面对研究生导师队伍建设情况进行系统描述。第二章"高水平大学建设"。呈现"双一流"建设高校与江苏高水平大学建设高峰计划建设高校在人才培养改革、师资队伍培育、科学研究创新、文化传承创新、社会实践服务和国际合作交流方面的具体举措与建设成效。第三章"学科建设"。通过梳理"双一流"建设学科、江苏高校优势学科、江苏省重点学科的总体情况与建设成效,结合多个国际学科评价结果,分析 2021 年江苏高校学科建设情况。第四章"研究生教育特色举措"。聚焦研究生思政育人教育实践、教育资源建设、科研创新实践活动、产教融合项目、教育国际交流与合作、体制机制创新等方面,通过特色举措分析及典型案例呈现的方式,系统展现江苏省研究生教育的改革探索与实践成效。第五章"研究生教育与江苏重点产业发展"。基于江苏省 2017 年至 2021 年应届毕业研究生就业情况的面板数据,通过构建"供给转化率"和"产业契合度"指标,深入分析了各学科专业与省内 13 个重点产业之间的契合关系,为衡量江苏省研究生教育对经济社会和产业发展的贡献提供了重要依据。第六章"研究生教育质量评估"。基于

2016—2020年硕士研究生学位论文抽检的相关数据以及2021年江苏省优秀博士硕士学位论文评选结果,结合高校内部质量保障的案例分析,系统展现研究生教育质量保障的有效举措及实施成效。**第七章"研究生就业状况"**。通过对全省2021届毕业研究生的跟踪调查,分别从适配性、稳定性、公平性、就业导向、就业回报等维度对江苏省研究生的就业状况进行分析和评价,并结合案例呈现研究生就业保障过程中的特色做法,树立榜样典型。**第八章"研究生教育融合发展专项研究"**。针对产学研融合这一热点问题,分别对学术学位研究生和专业学位研究生进行专项调查,采用数据分析系统呈现全省研究生教育科教融合与产教融合的实施现状,并以案例的方式呈现典型举措。

报告内容和呈现形式逐步完善。课题组在总结多年研编经验的基础上,广泛征询、采纳专家学者和培养单位管理者的意见与建议,潜心聚力地对编撰工作反复研磨,以期提升结论的科学性、文本的可读性和内容的时效性。**第一,广征一手资料,呈现最新举措**。报告除利用官方数据以外,各培养单位围绕课题组提供的调研提纲,有针对性地提供了丰富的一手资料,多维度地反映出各高校在研究生教育改革方面的努力和取得的实施成效。**第二,关注历时性对比,跟踪发展态势**。除保留原先报告中多项实时调查以外,本报告特别关注了研究生教育发展过程中的变化趋势,如研究生教育与区域重点产业发展的契合度、硕士学位论文抽评办法总结等部分均采用了历时性对比分析。**第三,强调问题导向,反映实际需求**。产学研深度融合是推动研究生人才培养的突破口,也是研究生教育主动服务国家创新驱动发展战略的重要路径。报告采用专项调查的形式,聚焦研究生教育中的科教融合和产教融合这一热点问题,通过问卷调查和典型案例分析,反映当前研究生教育科教融合与产教融合的基本状况,为教育改革的推进和实践指导提供实证的参考依据。

习近平总书记指出,"研究生教育在培养创新人才、提高创新能力、服务经济社会发展、推进国家治理体系和治理能力现代化方面具有重要作用",并强调完善人才培养体系,加快培养国家急需的高层次人才是新时代研究生教育改革与发展的主旋律。为此,不断优化研究生培养生态、构建创新性的育人体系,为研究生教育的卓越发展提供动力支持成为当前亟待关注和解决的问题。

一直以来,江苏聚力于研究生教育的战略研究和系统规划,在研究生教育工作中,坚持从问题出发,结合发展需求与改革需求,积极探索高质量发展的创新型思路。围绕"潜心立德树人"和"科技创新"两大核心任务,以形成科学的规模结构、完善的机制体制、合理的资源配置为目标,坚持思政引领,强化服务意识,细化改革任务,深化教育融合,追求卓越发展,着力推进新时代研究生教育改革创新。

推动研究生教育迈上新台阶,需要更多集研究、咨询、传播、应用为一体的新型"智库"。江苏省教育厅依托研究生教育发展年度报告,向社会大众及时呈现全省研究生教育发展实情、动态和方向。课题组作为受委托第三方,将继续精益求精、创新突破,利用专业优势,客观、真实、科学地反映江苏研究生教育发展状况,为进一步完善江苏研究生教育质量保障体系、促进内涵发展、全面提升江苏研究生教育质量贡献智慧和力量。

目　录

第一章　学位与研究生教育概况 ……………………………………… 1

　第一节　学位授予单位与授权点 …………………………………… 2

　　一、学位授予单位 ………………………………………………… 2

　　二、学位授权点 …………………………………………………… 2

　第二节　研究生基本情况 …………………………………………… 7

　　一、招生与生源 …………………………………………………… 7

　　二、在校生 ………………………………………………………… 14

　　三、毕业与学位授予 ……………………………………………… 18

　第三节　导师队伍情况 ……………………………………………… 21

　　一、基本情况 ……………………………………………………… 21

　　二、队伍结构 ……………………………………………………… 22

　　三、建设举措 ……………………………………………………… 24

第二章　高水平大学建设 ……………………………………………… 27

　第一节　"双一流"建设 …………………………………………… 27

　第二节　江苏高水平大学建设高峰计划 …………………………… 48

　　一、江苏高水平大学建设高峰计划 A 类建设高校 …………… 48

　　二、江苏高水平大学建设高峰计划 B 类建设高校 …………… 51

第三章　学科建设 ……………………………………………………… 57

　第一节　"双一流"建设学科 ……………………………………… 58

　　一、总体情况 ……………………………………………………… 58

　　二、建设成效 ……………………………………………………… 59

　第二节　江苏高校优势学科建设工程 ……………………………… 61

　　一、总体情况 ……………………………………………………… 61

二、建设成效 ·· 64

第三节　江苏省重点学科 ································· 67

第四节　第三方评价 ······································· 73

　一、ESI 学科评价 ······································· 73

　二、ARWU 学科评价 ··································· 77

　三、QS 学科评价 ······································· 78

　四、U. S. News 学科评价 ···························· 79

第四章　研究生教育特色举措 ··························· 82

第一节　研究生思政育人教育实践 ·················· 83

　一、特色举措 ·· 83

　二、典型案例 ·· 86

第二节　研究生教育资源建设 ························· 91

　一、特色举措 ·· 91

　二、典型案例 ·· 94

第三节　研究生科研创新实践活动 ·················· 98

　一、研究生科研与实践创新计划 ·················· 98

　二、研究生科研创新实践大赛 ··················· 101

　三、研究生暑期学校 ································· 105

　四、研究生学术创新论坛 ·························· 116

第四节　研究生培养产教融合项目 ················· 124

　一、产业教授(研究生导师类) ···················· 124

　二、研究生工作站 ··································· 129

　三、大院名企研究生联培计划 ··················· 132

第五节　研究生教育国际交流与合作 ··············· 133

　一、特色举措 ·· 133

　二、典型案例 ·· 136

第六节　研究生教育体制机制创新 ················· 140

　一、特色举措 ·· 140

　二、典型案例 ·· 143

第五章 研究生教育与江苏重点产业发展 ············ 146

第一节 重点产业划分及就业人数总体情况 ············ 147

一、重点产业划分及对应学科专业 ············ 147

二、重点产业就业人数总体情况 ············ 148

第二节 研究生教育与重点产业的契合关系 ············ 151

一、契合关系的计算方式 ············ 151

二、各学科专业对重点产业的人才支撑情况 ············ 152

三、研究生教育与重点产业发展契合度 ············ 155

第三节 总结与分析 ············ 156

第六章 研究生教育质量评估 ············ 158

第一节 硕士学位论文抽检评议 ············ 158

一、抽评办法 ············ 159

二、结果分析 ············ 160

第二节 优秀博士硕士学位论文评选 ············ 161

一、评选办法 ············ 161

二、项目实施 ············ 162

三、结果分析 ············ 165

第三节 内部质量保障案例 ············ 169

第七章 研究生就业状况 ············ 172

第一节 毕业去向 ············ 172

一、不同学位研究生毕业去向 ············ 173

二、不同学科研究生毕业去向 ············ 173

三、不同培养单位研究生毕业去向 ············ 175

第二节 就业评价 ············ 176

一、就业适配 ············ 176

二、就业稳定 ············ 180

三、就业公平 ············ 183

四、就业导向 ············ 185

五、就业回报 ············ 188

第三节 研究生就业质量保障典型案例 …………………………… 192

一、依循"三全一精"工作思路,系统推进就业创业指导服务 …… 192

二、并行兼施五大举措,构建"三全"就业指导体系 ……………… 193

三、压实组织领导"定盘星",全面提升就业竞争力 ……………… 194

第八章 研究生教育融合发展专项研究 …………………………… 196

第一节 科教融合 …………………………………………………… 197

一、现状调查 ………………………………………………………… 197

二、典型案例 ………………………………………………………… 210

第二节 产教融合 …………………………………………………… 213

一、现状调查 ………………………………………………………… 213

二、典型案例 ………………………………………………………… 227

2021 年江苏省研究生教育大事记 ………………………………… 230

后 记 ………………………………………………………………… 233

第一章
学位与研究生教育概况

学位授予单位和授权点又获新增。2021年,江苏省普通高校新增2个博士学位授予单位,总数达26个;新增硕士学位授予单位6个,总数达37个。江苏省普通高校新增博士学位授权一级学科点25个,总数达336个;新增硕士学位授权一级学科点43个(含动态调整增列),总数达447个;新增博士专业学位授权点11个,总数达32个;新增硕士专业学位授权点94个(含动态调整增列),总数达518个。

研究生教育规模持续扩大。2021年,江苏省普通高校共招收研究生94 347人,较2020年增加5 088人,增幅为5.70%。其中,招收博士研究生9 558人,较2020年增加607人,增幅为6.78%;招收硕士研究生84 789人,较2020年增加4 481人,增幅为5.58%。江苏省普通高校在校研究生270 647人,较2020年增加27 663人,增幅为11.38%。其中,在校博士研究生40 594人,较2020年增加3 308人,增幅为8.87%;在校硕士研究生230 053人,较2020年增加24 355人,增幅为11.84%。江苏省普通高校研究生毕业62 470人,获得学位62 221人。其中,博士研究生毕业5 476人,获得博士学位5 281人;硕士研究生毕业56 994人,获得硕士学位56 940人。

研究生导师队伍结构进一步优化。2021年,江苏省普通高校研究生学位授予单位共有研究生导师39 056人,较2020年增加861人,增幅为2.25%。职称结构方面,具有正高职称的共计16 290人,占41.71%;具有副高职称的共计18 773人,占48.07%。年龄结构方面,年龄在34岁及以下、35—49岁、50—59岁和60岁及以上的博士研究生导师所占比例分别为1.48%、41.98%、41.79%和14.75%,年龄在34岁及以下、35—49岁、50—59岁和60岁及以上的硕十研究生导师所占比例分别为13.32%、57.32%、26.73%和2.63%。

第一节　学位授予单位与授权点

一、学位授予单位

（一）博士学位授予单位

2021年,江苏省新增南京财经大学和南京审计大学两个博士学位授予单位(表1-1),总数达到26个。其中,南京大学和东南大学为学位授权自主审核单位。

（二）硕士学位授予单位

2021年,江苏省新增淮阴师范学院、江苏警官学院、淮阴工学院、南京工程学院、江苏理工学院和金陵科技学院等6个硕士学位授予单位(表1-1),总数达到37个。

二、学位授权点

（一）总体情况

2021年,江苏省普通高校共有博士学位授权一级学科点339个,另有博士学位授权二级学科点3个。其中,部属高校共有博士学位授权一级学科点182个,博士学位授权二级学科点2个;省属高校共有博士学位授权一级学科点157个,博士学位授权二级学科点1个。

江苏省普通高校共有硕士学位授权一级学科点447个,另有硕士学位授权二级学科点10个。其中,部属高校共有硕士学位授权一级学科点128个,硕士学位授权二级学科点8个;省属高校共有硕士学位授权一级学科点319个,硕士学位授权二级学科点2个。

江苏省普通高校共有博士专业学位授权点32个。其中,部属高校共有博士专业学位授权点22个,省属高校共有博士专业学位授权点10个。

江苏省普通高校共有硕士专业学位授权点518个,覆盖了除军事硕士之外的46个专业学位类别。其中,部属高校硕士专业学位授权点170个,省属高校硕士专业学位授权点348个。

（二）新增情况

2021年,江苏省共有35个普通高校学位授予单位新增171个学位授权点(不含动态调整增列)。其中,博士学位授权一级学科点 28 个,博士专业学位授权点 11 个,硕士学位授权一级学科点 35 个,硕士专业学位授权点 94 个(表 1-1)。

表 1-1　2021 年江苏省普通高校新增博士硕士学位授权点情况

高校名称	博士学位授权一级学科	硕士学位授权一级学科	博士专业学位授权类别	硕士专业学位授权类别
南京大学(D+)	集成电路科学与工程	—	电子信息✦、资源与环境✦	—
苏州大学(D)	教育学、生物学、信息与通信工程	—	—	—
东南大学(D+)	化学✦、工商管理✦、集成电路科学与工程	—	—	—
南京航空航天大学(D)	—	—	—	图书情报
南京理工大学(D)	马克思主义理论、物理学	—	电子信息、材料与化工	—
江苏科技大学(D)	系统科学	马克思主义理论、外国语言文学、力学、食品科学与工程	—	金融、应用统计、资源与环境、生物与医药
中国矿业大学(D)	马克思主义理论	—	资源与环境	新闻与传播
南京工业大学(D)	化学、光学工程	马克思主义理论、外国语言文学、生物学、力学、测绘科学与技术、地质资源与地质工程、公共管理	材料与化工	金融、汉语国际教育
常州大学(D)	安全科学与工程	应用经济学、马克思主义理论	—	国际商务、法律、社会工作、体育、翻译、电子信息、机械、土木水利、护理、工商管理

(续表)

高校名称	博士学位授权一级学科	硕士学位授权一级学科	博士专业学位授权类别	硕士专业学位授权类别
南京邮电大学(D)	数学、物理学、控制科学与工程、网络空间安全、集成电路科学与工程	电气工程	电子信息	国际商务、社会工作、新闻与传播、交通运输
河海大学(D)	—	体育学、物理学、农业资源与环境	资源与环境、土木水利	—
江南大学(D)	马克思主义理论、机械工程、软件工程	外国语言文学、土木工程	生物与医药	金融
南京林业大学(D)	—	化学、工商管理	—	汉语国际教育
江苏大学(D)	数学	医学技术	—	翻译
南京信息工程大学(D)	计算机科学与技术	统计学	—	国际商务、保险、审计、土木水利、图书情报
南通大学(D)	公共卫生与预防医学、特种医学	化学	—	应用心理、翻译、机械、资源与环境、能源动力、土木水利、交通运输、公共管理、会计
盐城工学院(M)	—	材料科学与工程	—	电子信息、资源与环境、能源动力、土木水利、生物与医药、交通运输、艺术
南京农业大学(D)	—	—	—	—
南京医科大学(D)	—	—	—	生物与医药
徐州医科大学(D)	—	护理学	—	电子信息、生物与医药、公共管理

（续表）

高校名称	博士学位授权一级学科	硕士学位授权一级学科	博士专业学位授权类别	硕士专业学位授权类别
南京中医药大学（D）	—	公共卫生与预防医学	—	汉语国际教育
中国药科大学（D）	—	—	生物与医药	—
南京师范大学（D）	—	材料科学与工程	—	—
江苏师范大学（D⁻）	—	—	—	金融、应用心理、文物与博物馆
淮阴师范学院（M＊）	—	—	—	教育、生物与医药
南京财经大学（D＊）	应用经济学	公共管理	—	审计、艺术
江苏警官学院（M＊）	—	—	—	警务
南京体育学院（M）	—	—	—	新闻与传播
南京艺术学院（D）	—	—	—	—
苏州科技大学（M）	—	心理学	—	翻译、电子信息、机械、材料与化工、工商管理、工程管理
淮阴工学院（M＊）	—	—	—	材料与化工、交通运输、农业
扬州大学（D）	—	电气工程、建筑学、设计学	—	金融、出版、风景园林、药学
南京工程学院（M＊）	—	—	—	机械、能源动力、艺术
南京审计大学（D＊）	统计学	管理科学与工程	—	税务、保险、汉语国际教育、公共管理、工程管理

(续表)

高校名称	博士学位授权一级学科	硕士学位授权一级学科	博士专业学位授权类别	硕士专业学位授权类别
江苏理工学院（M＊）	—	—	—	教育、机械、资源与环境
江苏海洋大学（M）	—	水产	—	汉语国际教育、电子信息、机械、资源与环境、生物与医药、中药学、艺术
金陵科技学院（M＊）	—	—	—	电子信息、土木水利、会计
全省	28	35	11	94

注：1. 本表内容根据国务院学位委员会2021年10月26日发布的《关于下达2020年审核增列的博士、硕士学位授予单位及其学位授权点名单的通知》(学位〔2021〕13号)整理形成，高校顺序按照招生代码排序。

2. 标记为D的普通高校为博士学位授予单位，标记为M的普通高校为硕士学位授予单位，其中标记D⁺是指该校为博士学位授予自主审核单位，标记D＊是指2021年新增的博士学位授予单位，标记D⁻是指服务国家特殊需要人才培养项目(博士)高校，标记M＊是指2021年新增的硕士学位授予单位。

3. 标记有✦的学位授权点为自主审核增列。

另外，江苏省积极谋划学位点布局。2021年，江苏省通过动态调整撤销南京航空航天大学的地球物理学、江南大学的护理学、江苏大学的软件工程3个硕士一级学科学位授权点以及南京师范大学的控制理论与控制工程1个硕士二级学科学位授权点；同时，动态调整增列中国矿业大学的地理学、水利工程、生物医学工程，河海大学的大气科学、安全科学与工程，江南大学的基础医学，江苏大学的网络空间安全，南京信息工程大学的教育学、电子科学与技术，中国药科大学的公共卫生与预防医学10个硕士一级学科学位授权点以及江南大学的临床医学1个硕士专业学位授权点。

第二节　研究生基本情况

一、招生与生源

（一）招生规模

1. 博士研究生

2021 年，江苏省博士研究生总招生数为 9 558 人，较 2020 年增加 607 人，增长 6.78％。其中，学术学位博士研究生 8 436 人，较 2020 年增加 359 人，增长 4.44％；专业学位博士研究生 1 122 人，较 2020 年增加 248 人，增长 28.38％（图 1-1）。[①]

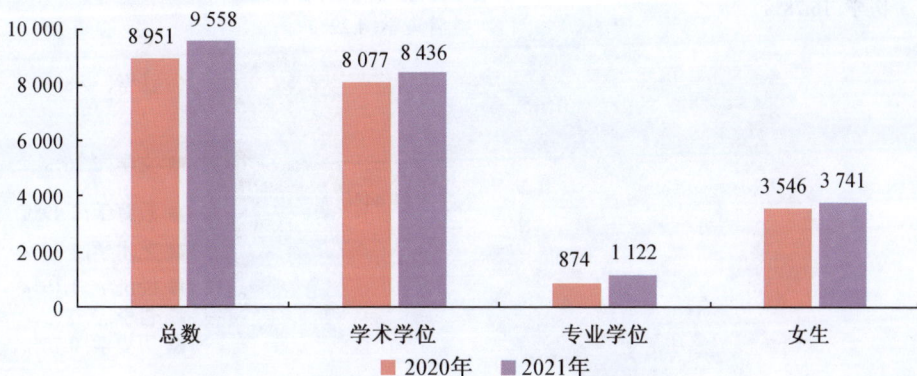

图 1-1　2020—2021 年江苏省博士研究生招生情况（人）

从高校类型来看，部属高校博士研究生总招生数为 6 739 人，占全省 70.51％；省属高校博士研究生总招生数为 2 819 人，占全省 29.49％（图 1-2）。

从学科门类分布来看，工学类博士研究生招生规模最大（4 450 人），之后依次是医学（1 604 人）、理学（1 486 人）、农学（521 人）、管理学（403 人）、法学（333 人）、文学（216 人）、教育学（142 人）、艺术学（142 人）、经济学（114 人）、哲学（75 人）和历史学（72 人）（图 1-3）。

---

① 本节内容根据高等教育学校（机构）统计报表整理，截止时间为 2021 年 9 月 1 日。本章后同。

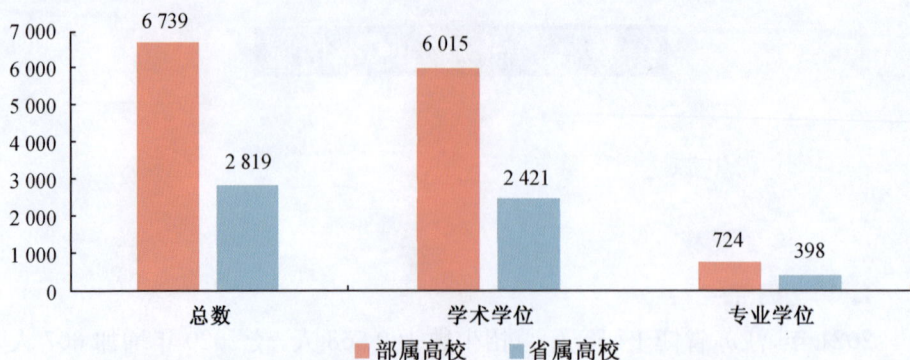

图 1-2　2021 年江苏省不同类型高校博士研究生招生情况(人)

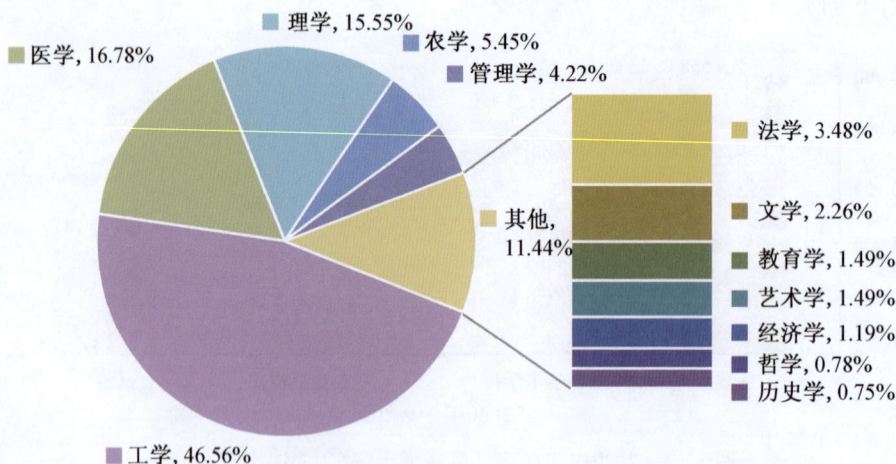

图 1-3　2021 年江苏省博士研究生招生学科分布情况

2. 硕士研究生

2021 年,江苏省硕士研究生招生人数为 84 789 人,较 2020 年增加 4 481 人,增长 5.58%。其中,学术学位硕士研究生 31 531 人,较 2020 年增加 891 人,增长 2.91%;专业学位硕士研究生 53 258 人,较 2020 年增加 3 590 人,增长 7.23%。硕士研究生招生数量的增长主要集中在专业学位研究生招生数量上(图 1-4)。

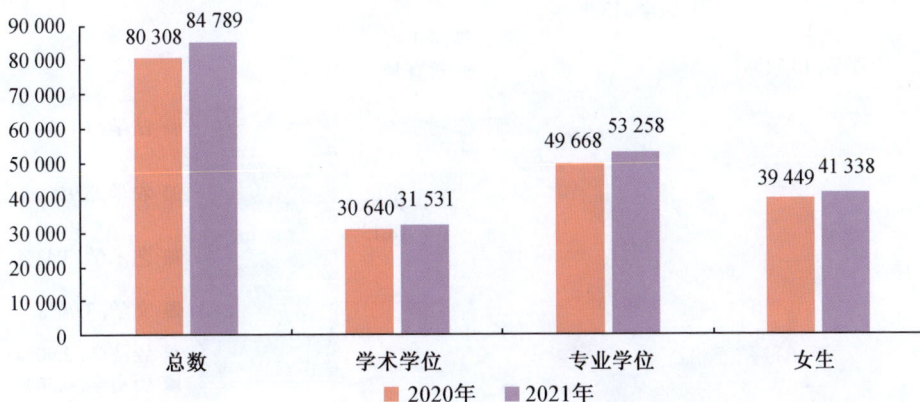

图 1 - 4　2020—2021 年江苏省硕士研究生招生情况(人)

从高校类型来看,部属高校硕士研究生总招生数为 37 042 人,占全省的 43.69%;省属高校硕士研究生总招生数 47 747 人,占全省的 56.31% (图 1 - 5)。

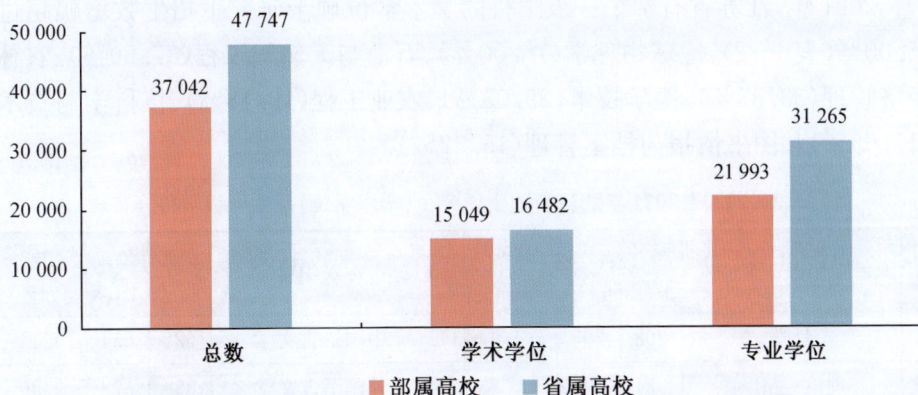

图 1 - 5　2021 年江苏省不同类型高校硕士研究生招生情况(人)

从学科门类分布来看,工学硕士研究生招生规模最大(36 781 人),之后依次是管理学(11 625 人)、医学(11 099 人)、理学(5 478 人)、教育学(4 434 人)、法学(3 553 人)、农学(3 345 人)、艺术学(2 910 人)、文学(2 598 人)、经济学(2 459 人)、历史学(302 人)和哲学(205 人)(图 1 - 6)。

医学, 13.09%

理学, 6.46%

管理学, 13.71%

教育学, 5.23%

其他, 18.13%

法学, 4.19%

农学, 3.95%

艺术学, 3.43%

文学, 3.06%

经济学, 2.90%

历史学, 0.36%

哲学, 0.24%

工学, 43.38%

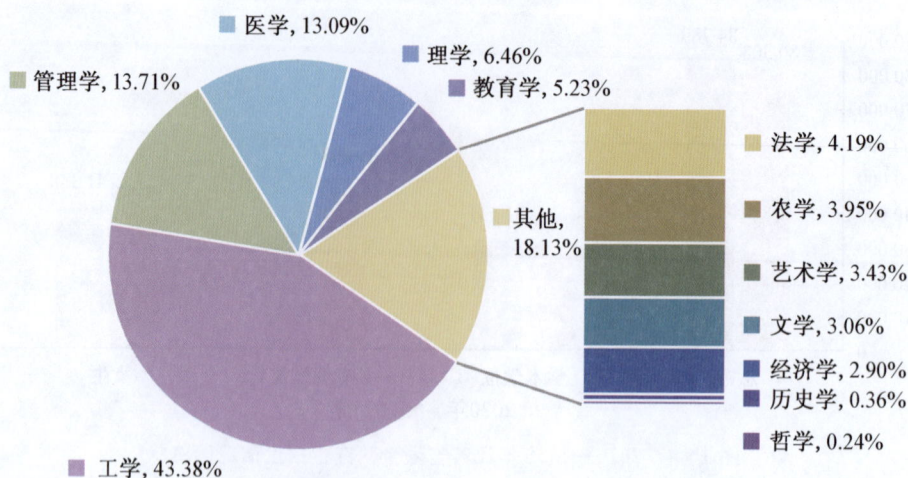

图1-6 2021年江苏省硕士研究生招生学科分布情况

(二)招生学科/专业结构

2021年,江苏省有7个一级学科的学术学位硕士研究生招生数增幅超过15.00%(表1-2):地球物理学(75.00%)、石油与天然气工程(37.50%)、农林经济管理(33.33%)、医学技术(29.03%)、农业工程(19.18%)、核科学与技术(17.65%)和图书情报与档案管理(15.32%)。

表1-2 2020—2021年江苏省硕士研究生(学术学位)招生一级学科分布表

序	一级学科	2020年/人	2021年/人	增幅/%	序	一级学科	2020年/人	2021年/人	增幅/%
1	哲学	208	205	−1.44	11	中国语言文学	628	654	4.14
2	理论经济学	121	120	−0.83	12	外国语言文学	559	578	3.40
3	应用经济学	686	699	1.90	13	新闻传播学	162	171	5.56
4	法学	552	570	3.26	14	考古学	22	25	13.64
5	政治学	120	121	0.83	15	中国史	146	161	10.27
6	社会学	158	179	13.29	16	世界史	60	57	−5.00
7	马克思主义理论	692	757	9.39	17	数学	615	657	6.83
8	教育学	482	492	2.07	18	物理学	666	685	2.85
9	心理学	130	128	−1.54	19	化学	1 221	1 282	5.00
10	体育学	230	231	0.43	20	天文学	24	22	−8.33

(续表)

序	一级学科	2020年/人	2021年/人	增幅/%	序	一级学科	2020年/人	2021年/人	增幅/%
21	地理学	367	405	10.35	49	石油与天然气工程	24	33	37.50
22	大气科学	361	415	14.96	50	纺织科学与工程	138	138	0.00
23	海洋科学	126	136	7.94	51	轻工技术与工程	146	145	−0.68
24	地球物理学	4	7	75.00	52	交通运输工程	496	326	−34.27
25	地质学	77	80	3.90	53	船舶与海洋工程	66	74	12.12
26	生物学	1 139	1 156	1.49	54	航空宇航科学与技术	293	275	−6.14
27	科学技术史	39	39	0.00	55	兵器科学与技术	143	143	0.00
28	生态学	158	148	−6.33	56	核科学与技术	17	20	17.65
29	统计学	132	134	1.52	57	农业工程	146	174	19.18
30	力学	312	312	0.00	58	林业工程	102	112	9.80
31	机械工程	969	996	2.79	59	环境科学与工程	493	538	9.13
32	光学工程	391	404	3.32	60	生物医学工程	225	225	0.00
33	仪器科学与技术	197	176	−10.66	61	食品科学与工程	461	471	2.17
34	材料科学与工程	1 084	1 151	6.18	62	城乡规划学	124	129	4.03
35	冶金工程	18	19	5.56	63	风景园林学	53	50	−5.66
36	动力工程及工程热物理	572	566	−1.05	64	软件工程	346	365	5.49
37	电气工程	470	497	5.74	65	生物工程	20	21	5.00
38	电子科学与技术	647	596	−7.88	66	安全科学与工程	120	135	12.50
39	信息与通信工程	865	883	2.08	67	网络空间安全	199	208	4.52
40	控制科学与工程	810	799	−1.36	68	作物学	258	276	6.98
41	计算机科学与技术	911	935	2.63	69	园艺学	138	141	2.17
42	建筑学	126	129	2.38	70	农业资源与环境	106	111	4.72
43	土木工程	670	698	4.18	71	植物保护	162	158	−2.47
44	水利工程	411	433	5.35	72	畜牧学	154	149	−3.25
45	测绘科学与技术	163	185	13.50	73	兽医学	207	218	5.31
46	化学工程与技术	651	636	−2.30	74	林学	164	166	1.22
47	地质资源与地质工程	145	142	−2.07	75	水产	62	60	−3.23
48	矿业工程	127	131	3.15	76	草学	30	28	−6.67

序	一级学科	2020年/人	2021年/人	增幅/%	序	一级学科	2020年/人	2021年/人	增幅/%
77	基础医学	434	451	3.92	88	管理科学与工程	579	589	1.73
78	临床医学	1 024	1 159	13.18	89	工商管理	803	824	2.62
79	口腔医学	27	24	−11.11	90	农林经济管理	39	52	33.33
80	公共卫生与预防医学	292	318	8.90	91	公共管理	579	606	4.66
81	中医学	130	134	3.08	92	图书情报与档案管理	111	128	15.32
82	中西医结合	39	29	−25.64	93	艺术学理论	95	105	10.53
83	药学	1 169	1 188	1.63	94	音乐与舞蹈学	97	97	0.00
84	中药学	281	311	10.68	95	戏剧与影视学	126	129	2.38
85	特种医学	30	33	10.00	96	美术学	153	141	−7.84
86	医学技术	31	40	29.03	97	设计学	238	233	−2.10
87	护理学	46	49	6.52		**总计**	**30 640**	**31 531**	**2.91**

2021年,江苏省有11个专业领域的专业学位硕士研究生招生数增幅超过15.00%(表1−3):旅游管理(102.27%)、保险(50.00%)、护理(32.61%)、文物与博物馆(25.53%)、工程管理(25.10%)、药学(23.60%)、图书情报(23.31%)、城市规划(22.13%)、审计(21.67%)、建筑学(19.08%)和艺术(17.54%)。

表1−3 2020—2021年江苏省硕士研究生(专业学位)招生专业领域分布表

序	专业领域	2020年/人	2021年/人	增幅/%	序	专业领域	2020年/人	2021年/人	增幅/%
1	金融	622	595	−4.34	11	体育	504	494	−1.98
2	应用统计	342	375	9.65	12	汉语国际教育	226	147	−34.96
3	税务	45	43	−4.44	13	应用心理	167	180	7.78
4	国际商务	312	323	3.53	14	翻译	672	691	2.83
5	保险	16	24	50.00	15	新闻与传播	535	440	−17.76
6	资产评估	55	61	10.91	16	出版	66	64	−3.03
7	审计	180	219	21.67	17	文物与博物馆	47	59	25.53
8	法律	1 411	1 512	7.16	18	建筑学	283	337	19.08
9	社会工作	373	414	10.99	19	工程	21 781	23 337	7.14
10	教育	2 546	2 762	8.48	20	城市规划	122	149	22.13

(续表)

序	专业领域	2020年/人	2021年/人	增幅/%	序	专业领域	2020年/人	2021年/人	增幅/%
21	农业	1 299	1 356	4.39	31	中医	729	713	−2.19
22	兽医	205	212	3.41	32	工商管理	3 334	3 392	1.74
23	风景园林	248	280	12.90	33	公共管理	2 271	2 288	0.75
24	林业	198	190	−4.04	34	会计	1 722	1 722	0.00
25	临床医学	3 438	3 767	9.57	35	旅游管理	44	89	102.27
26	口腔医学	168	167	−0.60	36	图书情报	296	365	23.31
27	公共卫生	315	345	9.52	37	工程管理	1 255	1 570	25.10
28	护理	322	427	32.61	38	艺术	1 876	2 205	17.54
29	药学	1 233	1 524	23.60		合计	**49 668**	**53 258**	**7.23**
30	中药学	410	420	2.44					

（三）生源构成

1. 博士研究生

2021年,江苏省直博生共有574人,占博士研究生招生总数的6.01%,较2020年减少13人,下降2.21%。

"一流大学"建设高校生源数为2 149人,占博士研究生招生总数的22.48%,较2020年增加133人,增长6.60%。

"一流学科"建设高校生源数为4 094人,占博士研究生招生总数的42.83%,较2020年增加375人,增长9.55%(图1-7)。

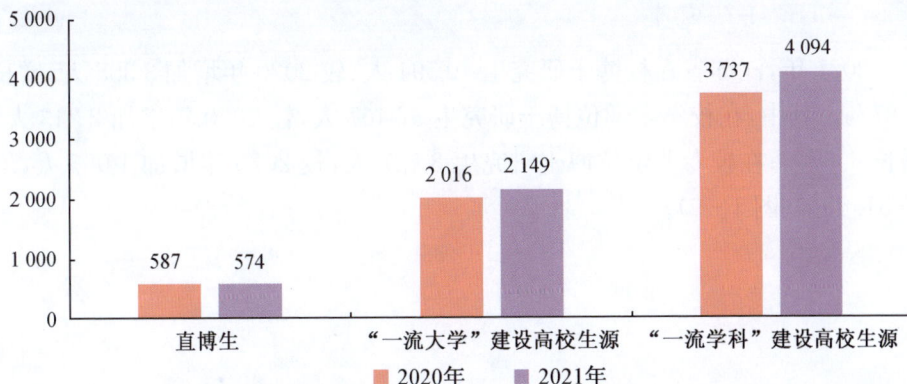

图1-7 2020—2021年江苏省博士研究生生源情况(人)

2. 硕士研究生

2021 年,江苏省推免生 12 342 人,占硕士研究生招生总数的 14.56%,较 2020 年增加 1 400 人,增长 12.79%。

"一流大学"建设高校生源数为 6 126 人,占硕士研究生招生总数的 7.22%,较 2020 年增加 241 人,增长 4.10%。

"一流学科"建设高校生源数为 21 546 人,占硕士研究生招生总数的 25.41%(图 1-8),较 2020 年增加 2 211 人,增长 11.44%。

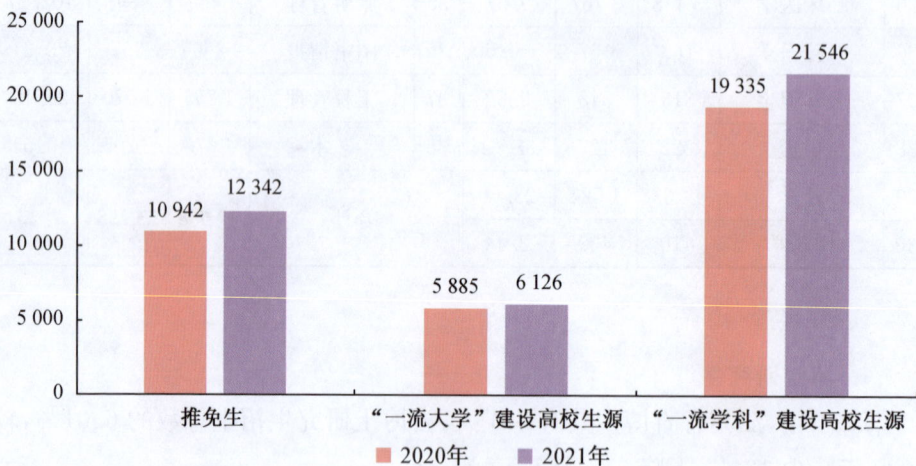

图 1-8 2020—2021 年江苏省硕士研究生生源情况(人)

2021 年,江苏省硕士研究生的报录比为 4.29,与 2020 年持平。

二、在校生

(一)博士研究生

2021 年,江苏省在校博士研究生 40 594 人,较 2020 年增加 3 308 人,增长 8.87%。其中,在校学术学位博士研究生 37 467 人,较 2020 年增加 2 243 人,增长 6.37%;在校专业学位博士研究生 3 127 人,较 2020 年增加 1 065 人,增长 51.65%(图 1-9)。

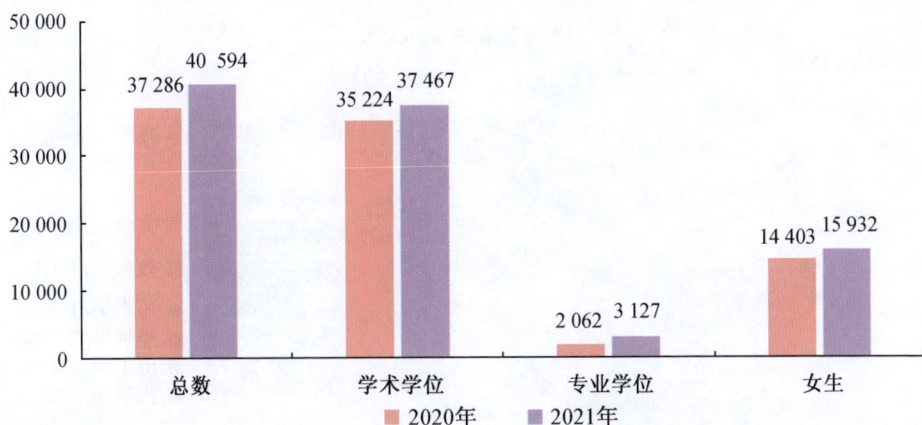

图 1 - 9　2021 年江苏省普通高校博士研究生在校情况(人)

从高校类型来看,部属高校在校博士研究生 29 097 人,占全省 71.68%;省属高校在校博士研究生 11 497 人,占全省 28.32%(图 1 - 10)。

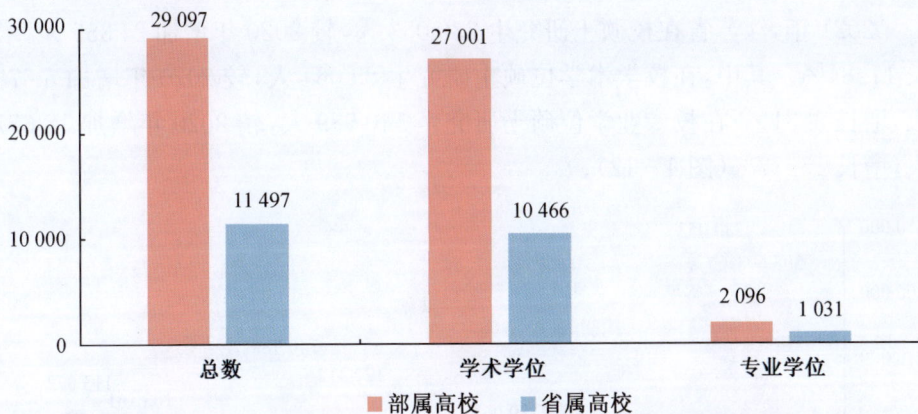

图 1 - 10　2021 年江苏省不同类型高校博士研究生在校情况(人)

从学科门类分布来看,江苏省工学在校博士研究生规模最大(18 662 人),之后依次是理学(6 341 人)、医学(5 363 人)、管理学(2 497 人)、农学(2 204 人)、法学(1 727 人)、文学(1 213 人)、教育学(611 人)、艺术学(602 人)、经济学(533 人)、历史学(441 人)和哲学(400 人)(图 1 - 11)。

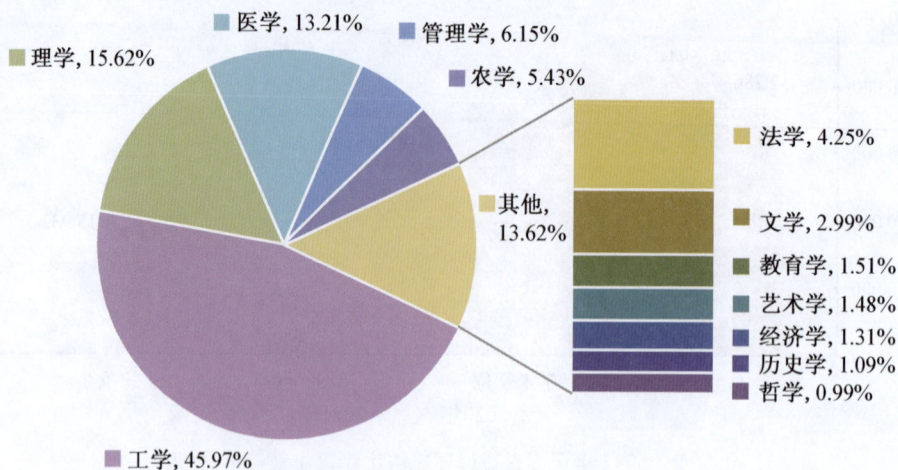

图 1‑11　2021 年江苏省在校博士研究生学科门类分布情况

(二)硕士研究生

2021 年,江苏省在校硕士研究生 230 053 人,较 2020 年增加 24 355 人,增长 11.84%。其中,在校学术学位硕士研究生 89 064 人,较 2020 年增加 5 678 人,增长 6.81%;在校专业学位硕士研究生 140 989 人,较 2020 年增加 18 677 人,增长 15.27%(图 1‑12)。

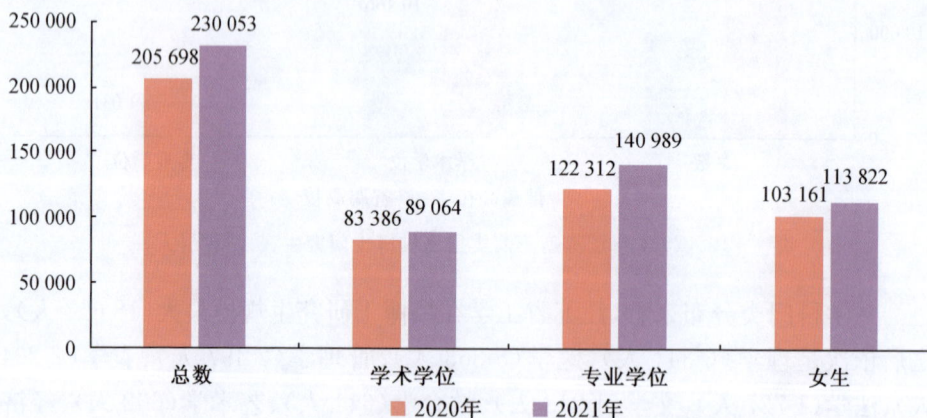

图 1‑12　2021 年江苏省普通高校硕士研究生在校情况(人)

从学校类型来看,部属高校在校硕士研究生 105 270 人,占全省的 45.76%;省属高校在校硕士研究生 124 783 人,占全省的 54.24%(图 1‑13)。

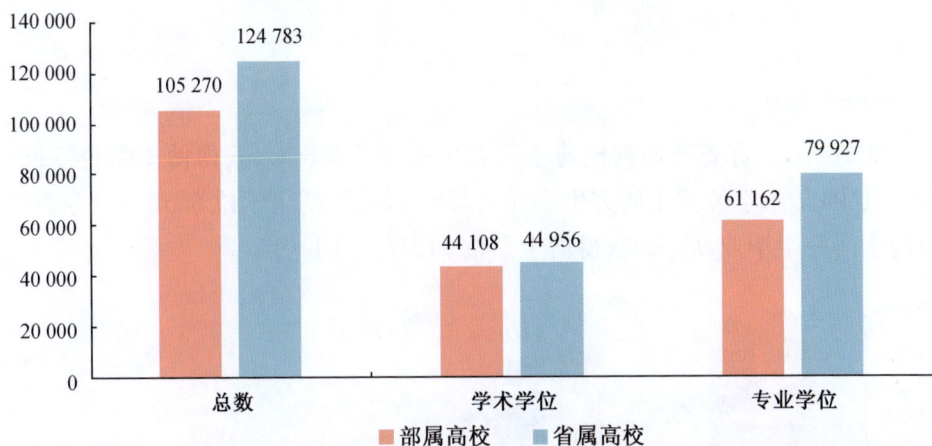

图 1 - 13　2021 年江苏省不同类型高校硕士研究生在校情况(人)

　　从学科门类分布来看，工学在校硕士研究生规模最大(98 582 人)，之后依次是管理学(35 881 人)、医学(28 309 人)、理学(15 028 人)、教育学(11 416 人)、法学(9 349 人)、农学(8 880 人)、艺术学(8 105 人)、文学(6 940 人)、经济学(6 092 人)、历史学(833 人)和哲学(638 人)(图 1 - 14)。

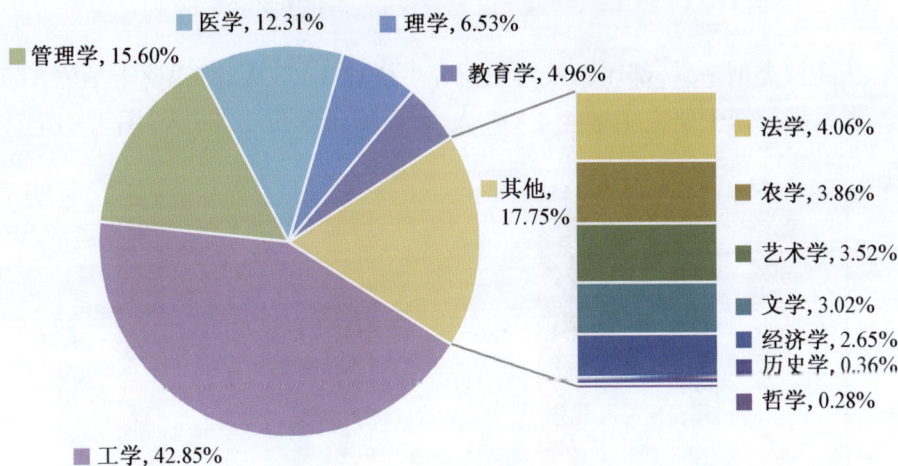

图 1 - 14　2021 年江苏省在校硕士研究生学科分布情况

三、毕业与学位授予

(一)博士研究生

2021年,江苏省普通高校博士研究生毕业5 476人,获得博士学位5 281人。其中,学术学位博士研究生毕业5 378人,获得博士学位5 169人;专业学位博士研究生毕业98人,获得博士学位112人(图1-15)。

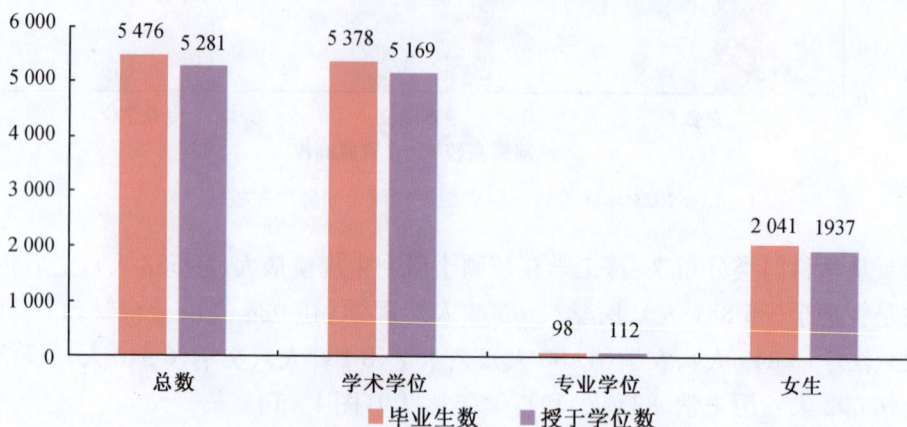

图1-15 2021年江苏省博士研究生毕业与授予学位情况(人)

从高校类型来看,部属高校博士研究生毕业3 663人,获得博士学位3 553人。省属高校博士研究生毕业1 813人,获得博士学位1 728人(图1-16)。

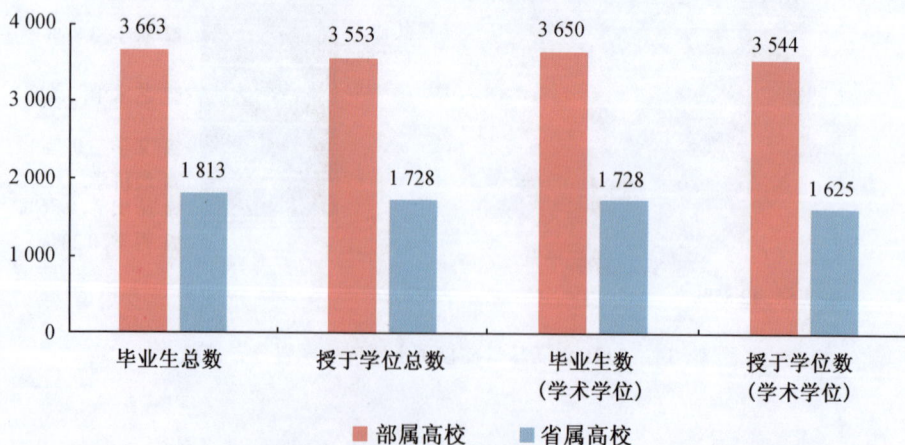

图1-16 2021年江苏省不同类型高校博士研究生毕业与授予学位情况(人)

从学科门类分布来看,工学博士研究生毕业人数和授予学位数最多,分别为2 367人(占43.22%)和2 299人(占43.53%);之后依次是理学、医学、农学和管理学(表1-4)。

表1-4　2021年江苏省博士研究生毕业和授予学位情况表

学科	毕业生数/人	占比/%	授予学位数/人	占比/%
工学	2 367	43.22	2 299	43.53
理学	952	17.38	942	17.84
医学	920	16.80	883	16.72
农学	289	5.28	297	5.62
管理学	265	4.84	259	4.90
法学	191	3.49	167	3.16
文学	143	2.61	145	2.75
教育学	85	1.55	69	1.31
艺术学	85	1.55	78	1.48
哲学	70	1.28	50	0.95
经济学	63	1.15	54	1.02
历史学	46	0.84	38	0.72

(二)硕士研究生

2021年,江苏省普通高校硕士研究生毕业人数为56 994人,获得硕士学位56 940人。其中,学术学位硕士研究生毕业人数为23 872人,获得硕士学位23 744人;专业学位硕士研究生毕业人数为33 122人,获得硕士学位33 196人(图1-17)。

从不同类型高校来看,部属高校硕士研究生毕业26 997人,获得硕士学位26 739人;省属高校硕士研究生毕业29 997人,获得硕士学位30 201人(图1-18)。

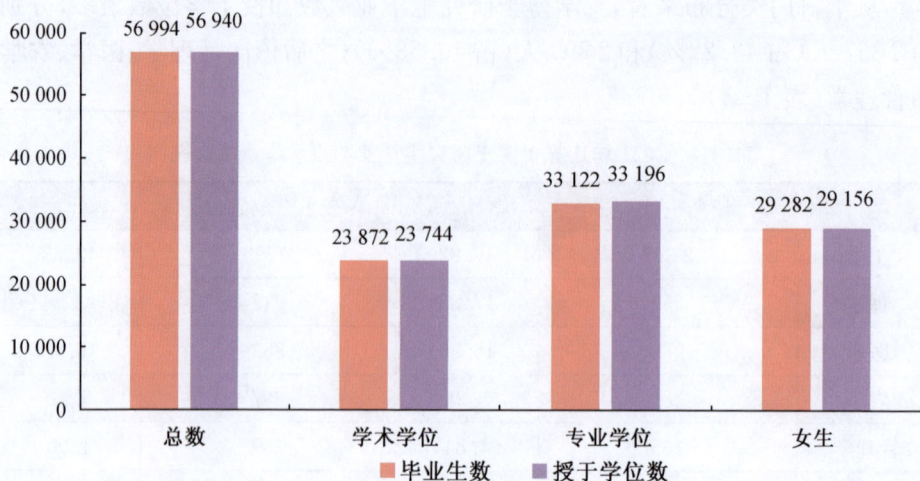

图1-17　2021年江苏省硕士研究生毕业和授予学位情况(人)

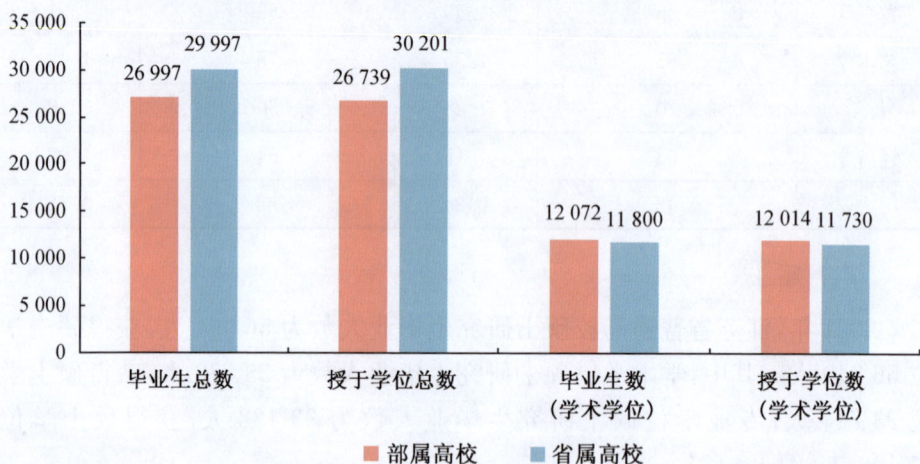

图1-18　2021年江苏省不同类型高校硕士研究生毕业和授予学位情况(人)

　　从学科门类分布来看,工学硕士研究生毕业人数和授予学位数最多,分别为24 951人(占43.78％)和24 996人(占43.90％);之后依次是管理学、医学、理学和教育学(表1-5)。

表 1-5　2021 年江苏省博士研究生毕业和授予学位情况表

学科	毕业生数/人	占比/%	授予学位数/人	占比/%
工学	24 951	43.78	24 996	43.90
管理学	7 437	13.05	7 363	12.93
医学	6 374	11.18	6 269	11.01
理学	3 752	6.58	3 684	6.47
教育学	3 143	5.51	3 282	5.76
农学	2 594	4.55	2 621	4.60
法学	2 307	4.05	2 303	4.04
艺术学	2 147	3.77	2 145	3.77
文学	2 066	3.62	2 066	3.63
经济学	1 731	3.04	1 719	3.02
历史学	257	0.45	257	0.45
哲学	235	0.41	235	0.41

第三节　导师队伍情况

一、基本情况

2021 年,江苏省普通高校研究生学位授予单位共有研究生导师 39 056 人。其中,博士研究生导师 9 048 人,硕士研究生导师 30 008 人(表 1-6)。

表 1-6　2021 年江苏省普通高校研究生导师数及性别结构　　　　　单位:人

性别	博士研究生导师	硕士研究生导师	合计
男	7 483	20 326	27 809
女	1 565	9 682	11 247
总计	**9 048**	**30 008**	**39 056**

从不同类型高校来看,部属高校共有研究生导师 14 438 人,其中,博士研究生导师 5 328 人,硕士研究生导师 9 110 人。省属高校共有研究生导师 24 618 人,其中,博士研究生导师 3 720 人,硕士研究生导师 20 898 人(图 1-19)。

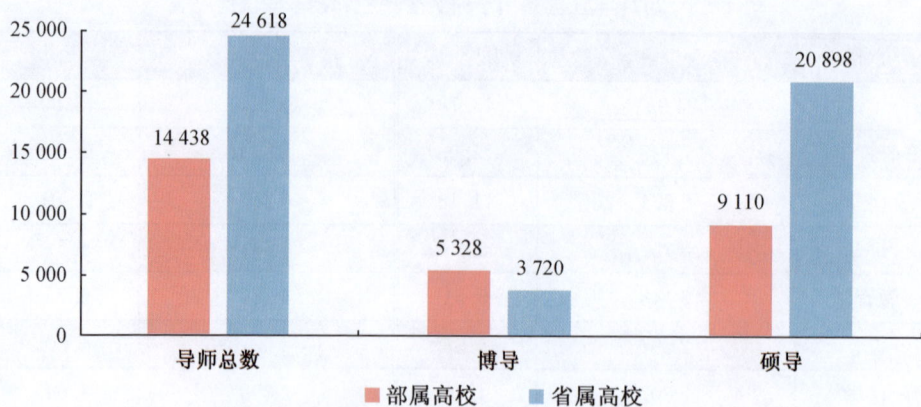

图 1–19 2020—2021 年江苏省不同类型高校研究生导师数(人)

二、队伍结构

(一)职称结构

2021 年,江苏省普通高校研究生学位授予单位研究生导师中,具有正高职称的共计 16 290 人,占 41.71%;具有副高职称的共计 18 773 人,占 48.07%(图 1–20)。

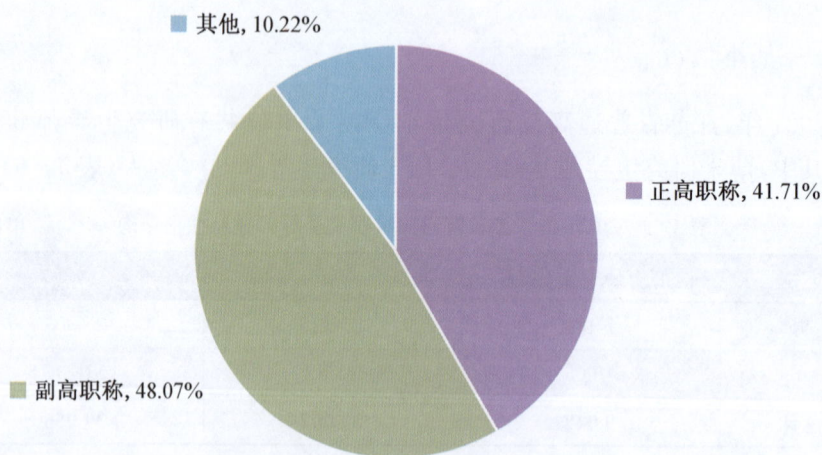

图 1–20 2021 年江苏省普通高校研究生导师职称结构

（二）年龄结构

2021 年,江苏省普通高校博士研究生导师中,年龄在 34 岁及以下、35—49 岁、50—59 岁和 60 岁及以上所占比例分别为 1.48％、41.98％、41.79％和 14.75％(图 1－21)。

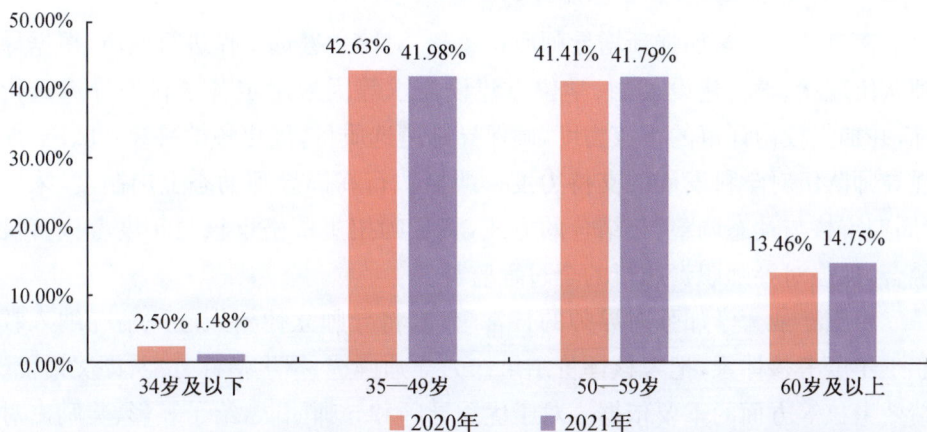

图 1－21 2020—2021 年江苏省普通高校博士研究生导师年龄结构

2021 年,江苏省普通高校硕士研究生导师中,年龄在 34 岁及以下、35—49 岁、50—59 岁和 60 岁及以上所占比例分别为 13.32％、57.32％、26.73％和 2.63％(图 1－22)。

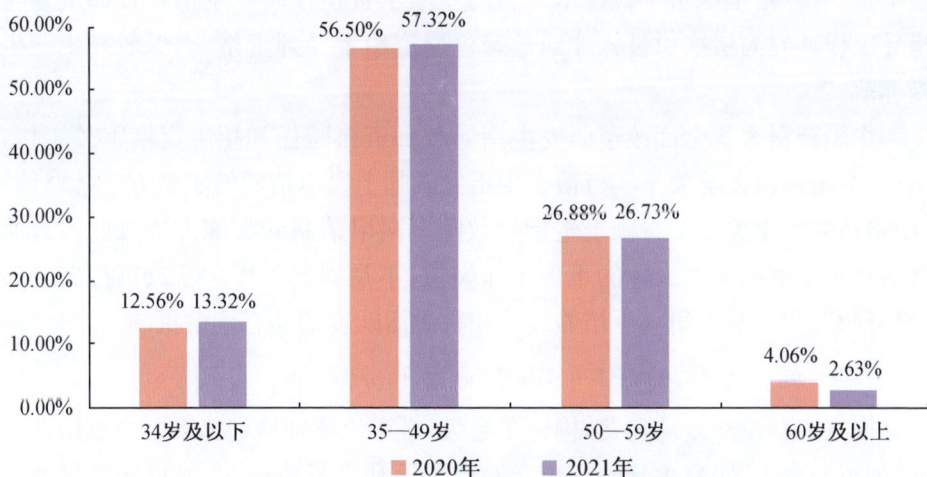

图 1－22 2020—2021 年江苏省普通高校硕士研究生导师年龄结构

三、建设举措

研究生导师队伍的建设,对于研究生教育高质量发展具有重要的意义。近年来,江苏高校多措并举,持续推进研究生导师队伍建设。

(一)完善导师遴选工作,规范导师评价体系

南京理工大学加强新增导师质量考核,对博导遴选工作进行改革,根据导师队伍现状、学科建设规划、学位点建设需求等因素确定各学科博导遴选指标,并加强校内评审的审核力度,确保导师遴选质量,优化各学科导师队伍,加强导师队伍对学科发展的支持力度。严格执行在岗导师动态上岗制度,采用"周期审核与动态调整"相结合的方式,将导师招生资格审核与年度考核有机融合,加强对导师职责履行的全过程监督。

中国矿业大学加强对导师的日常管理,将导师立德树人履职情况纳入教职工年度考核体系,把考核评价结果作为导师遴选、招生指标分配、评奖评优、绩效考核等方面的重要依据。对于优秀导师和导师团队,给予表彰、奖励。对有师德失范行为的,在导师遴选、招生资格审核、评奖评优、绩效考核等工作中实行"一票否决"。

徐州医科大学在导师遴选与带教资格审查方面建立多维度审查体系。根据各学科、专业的办学条件,人才的社会需求状况,确定各学科、专业的研究生导师岗位数量,择优聘任。注重从相关企事业单位中遴选和聘任一批实践经验丰富、有一定学术水平或技术专长的专家学者担任研究生指导教师或参与指导工作。对高层次引进人才通过绿色通道给予导师资格,确保研究生招生指标落实。

中国药科大学全面改革研究生指导教师资格聘任和招生资格审核工作,出台《中国药科大学关于实行博士生指导教师上岗申请制的实施方法(试行)》《中国药科大学关于实行硕士生指导教师上岗申请制的实施方法(试行)》,明确导师是培养高层次人才的重要工作岗位,不是固定头衔。新政策打破导师"终身制",建立基于研究生培养绩效和科研活跃度的动态调整机制。

(二)健全导师培训体系,提升导师业务能力

南京大学设立专项经费,构建多层级、常态化导师培训体系。校级培训依托"创新与育人"研究生导师交流会对新晋导师进行培训,全面提升新导师指导能力、政策水平、管理能力。开展有针对性的特色培训与互动交流,提升在

岗导师的业务能力。

南京财经大学优化研究生导师培训方式和内容,构建"三位一体"全程化培训体系,实现岗前培训、专题培训和常规培训相结合。推行校院两级硕士研究生导师培训机制,学校举行新增硕士研究生导师岗前培训和专题培训,学院持续开展硕士研究生导师专题培训和常规培训。博士研究生实行导师组协同指导制度,每个导师组包括校内学术导师、校外行业导师和校内副导师,通过理论学习、实践教学、科研训练三方面相结合,加强培养高层次复合型人才。专业学位硕士研究生实行"双导师制",校内校外导师产教融合、双元培养,分别负责其学术创新和实践创新能力的培养。

江苏警官学院强化导师培训工作,线上线下相结合,选派导师参加省教育厅组织的高级研修班,选派教师参加省研究生思政课集体备课会;邀请校外专家来校为导师开设"坚持立德树人根本宗旨,培养高素质创新性人才"等专题讲座;遴选、购买系列线上培训课程,组织导师收听收看,交流研讨。构建导师团队制度,注重发挥主导师与合作导师各自的作用,明确以导师组方式联合指导研究生。

(三)健全师德监督机制,落实立德树人根本任务

南京信息工程大学坚持把立德树人成效作为根本标准,明确导师岗位职责,突破导师"终身制",探索岗位调整退出机制,建立学术学位和专业学位导师分类评聘、分类考核评价制度。实现多元数据自动采集与融合,创新推进基于大数据的导师招生资格动态调整机制。

南京工程学院要求导师每年对照立德树人八项职责进行自我小结,同时每届研究生毕业时,开展研究生对导师的评价工作。对研究生评分排名后10%的导师,学校将组织教育督导采取个别访谈、座谈、走访专业领域(学院)等多种方式进行综合评价,提出相关工作的改进建议。对职责履行中出现失范行为者实行"一票否决"。

(四)树立优秀导师典型,发挥示范引领作用

南京航空航天大学组织"良师益友——我最喜爱的导师"评选,引导导师树立良好的育人理念。开展百强创新团队培育建设,强调育人为本的团队建设基本原则,坚持精心精准育人,坚持科教、产教融合,创新团队育人模式,对立德树人方面取得突出成绩的导师给予表彰奖励,推动全校形成见贤思齐、争做先锋的良好氛围。

　　南京医科大学强化示范引领,引导导师以德立身、以德立学、以德施教,表彰在学位与研究生教育工作中成绩突出的指导教师和团队,积极组织"十佳导师""优秀导师""优秀导师团队"评选,在绩效分配、评优评先等方面给予政策倾斜。

　　江苏海洋大学出台《江苏海洋大学优秀研究生导师评选办法(试行)》,并配套《江苏海洋大学研究生教学工作奖励办法》,将"优秀研究生导师""优秀研究生导师团队"纳入奖励范围。对获评导师和团队在校内外进行深度报道和广泛宣传,树立典型并引领示范,在研究生招生指标等相关资源分配方面予以倾斜。选树优秀导师典型,通过新闻媒体、微信平台和导师培训讲座等对典型事迹进行广泛宣传和经验推广,充分发挥示范引领作用。

第二章
高水平大学建设

"双一流"建设高校牢牢把握"两个大局",引领推进高等教育强省建设。16 所"双一流"建设高校落实立德树人根本任务,坚持五育并举,培养关键领域急需高层次人才;加强师德与师能齐抓共进,补齐高层次人才短板,打造可持续发展的创新团队;瞄准国家重大战略需求,集中攻坚重大科研项目,实现高水平科技自立自强;积极融入区域和行业创新体系,促进教育与经济社会发展有机衔接,服务国家发展和决策咨询;深入开展思想引领工作,弘扬中华优秀传统文化,传承校园精神和文化;面向世界广泛开放合作,着实提升国际交流合作的水平和质量。

江苏高水平大学建设高峰计划建设高校深入落实"六高一化",聚力服务江苏经济社会发展。2021 年,江苏省正式发布实施《江苏高水平大学建设方案(2021—2025 年)》,并遴选 17 所省属高校作为江苏高水平大学建设高峰计划建设高校。17 所高校加强思想政治教育,拓展优质教育资源,深化教育教学改革,培养高质量创新人才;引培留用并举,广泛吸纳优质人才,建设高素质师资队伍;构建重大科研平台和创新团队,开展高层次科学研究,助推国家和地方区域科技创新;积极促进校地融合,推进产业升级和经济发展,提供高水平社会服务;继承地方优秀传统,弘扬优良校园文化,建设高品位优秀文化;持续推进教学国际化改革,营造国际化学术氛围,推动高品质国际合作交流,构建现代化治理体系。

第一节 "双一流"建设

世界一流大学和一流学科建设(简称"双一流"建设)是新时代我国高等教育强国建设的引领性和标志性工程,是实现中华民族伟大复兴战略全局、应对世界百年未有之大变局的重要决策之一。2022 年 2 月,教育部、财政部、国家发展改革委员会公布了第二轮"双一流"建设高校名单,南京医科大学新增为江苏省第 16 所"双一流"建设高校,省属高校入选数量全国第一。全省 16 所"双一流"建设高校紧密围绕各自一流学科"精准施策",准确把握发展定位,造就特色学术领军人才并集聚创新团队,培养拔尖创新人才,产出国际领先的原创性成果,力争达到世界顶尖水平。[①]

⊃ 南京大学

在拔尖人才培养方面:(1) 以"十大"育人体系建设为基础,全面推进"三全育人"综合改革,将思想政治工作体系贯穿学科体系、教学体系、教材体系、管理体系,推进"一站式"学生社区综合管理建设,构建全员育人良好生态。(2) 制定实施南京大学新版本科人才培养方案和指导性教育教学计划,打造"科学之光"育人项目,美育 6 门核心课程全面铺开,"大学生劳动教育"慕课正式上线。(3) 统筹各院系建立具有学科及专业特点的学术规范道德类、研究方法类课程;工程硕士开设"工程伦理"公共必修课;开设"研究生学术规范与学术诚信""零年级"课程,于研究生新生入校前在线开设、线上考核。(4) 出台研究生教材建设系列管理文件,鼓励并引导教师出版一批能够体现南大水平、南大风格、南大特色的研究生教材,制定南京大学教学案例编写规范和建设标准。修订 2021 版硕士研究生培养方案,重点对课程体系进行系统优化。(5) 制定《南京大学专业学位博士研究生校外兼职指导教师聘任管理办法(暂行)》《南京大学研究生工作站建设与管理办法(试行)》,将江苏省产业教授选聘、研究生联合培养基地建设与南京大学优质校外资源建设工程紧密融合,实施"进平台、进团队、进项目"的三进施教路径,构建"校院企"三方协同的研究生联合培养模式。(6) 成立"高层次紧缺人才培养专项领导小组"和"国家急需高层次人才培养专项专家委员会",打造"跨学科交叉融合、动态遴选优秀生源、校企分阶段协同培养、产学双导师制、行业成果评价机制"的全方位产教融合培养模式。(7) 将"跨学科博士项目"向全部博士学位授权学科开放,以跨学科导师协同指导的形式,营造学科融通创新氛围,稳步推进导师开展交叉学科研究。

在高素质教师队伍建设方面:(1) 积极探索"引凤筑巢"和"筑巢引凤"模式,开展南京大学苏州校区创新融合团队引进工作,建立人才引进的快速反应机制,吸引海内外高层次人才。(2) 全面推行准聘长聘制度,首次开展准聘——长聘国际化评估论证新模式,建立与国际接轨的人才遴选和师资队伍建设机

---

① 本章内高校顺序依照高校代码排序。

制,院系根据相应的准聘长聘制度实施方案面向全球公开招聘首批准聘长聘体系人才。

在科学研究创新方面:(1)发布实施《南京大学科研创新激励办法》,从贡献、质量和影响三个维度,设立涵盖科学研究全链条要素的科技激励体系。(2)推进国家重点实验室重组,谋划苏州校区国家重点实验室科研布局和拓展建设,强化"有组织科研",打造多层次、多元化的科技创新载体集群,推动前瞻性基础研究、引领性原创成果和关键技术的重大突破。(3)加强科技创新供给与GF重大应用需求之间的高效协同,建设GF科研能力提升试点院系,持续推进人才与科研成果评价改革,打通GF科研人员晋升通道。(4)进一步建立涵盖导航与布局、申请与维护、转化与运用的知识产权全流程管理体系,强化高价值专利,促进科技成果加速落地转化。(5)围绕建党百年重大主题和马克思主义中国化历程,培育党的创新理论研究文科卓越研究计划"十层次"项目,启动40项党的创新理论研究专项。(6)修订《南京大学人文社会科学成果分类评价实施方案》,研制升级"中国人文社会科学综合评价资源平台",实现学术成果的多维度数据查询和可视化分析,服务新时代文科综合评价改革。

在服务经济社会发展方面:(1)在心理应用、应急管理、大运河文化保护等方面设计技术创新基金研究项目,支持人文社会学科与各级政府开展数字化管理产学研合作研究,在医疗公共卫生、经济大数据挖掘、港口物流数据管理方面创办各类研发平台。(2)促进环境及化学化工领域交叉互动,推动大环保产业平台集群化发展;新设南京大学锡山应用生物技术研究所,与其他生命科学领域类平台呼应整合,分阶段打造生物医药大健康平台集群。(3)设立中国科协海智计划江苏(南京)南大科技园基地和江苏省海外人才离岸创新创业基地,充分发挥南京大学海外人才和智力优势,加强与海外华人科技团体的联系,发动全球校友资源优势搭建海外合作平台、助力海外人才落地,服务国民经济主战场。(4)建立2个国务院首批信息直报点,报送资政报告86篇,涵盖文化安全、海洋权益、两岸关系、经济形势、国企改革等重点领域,持续加强特色新型智库服务党的治国理政能力。

在传承创新优秀文化方面:(1)启动第二批41项新时代文科中长期研究专项。(2)创新性地将《人民日报》《光明日报》两份高影响力的报纸收入CSSCI(2021—2022)来源期刊目录,全方位不断巩固马克思主义在数据库建设中的指导地位,同时专设"中华传统文化·冷门绝学类"。(3)正式发布《江苏文库》第四批成果,《中国文化二十四品》、《京剧历史文献汇编》(民国卷)、《江南通志》、《莫砺锋讲唐诗课》,以及《历代赋汇》、《曾朴全集》等获江苏省新闻出版政府奖。(4)与教育部语言文字信息管理司续签国家语委科研机构"中国语言战略研究中心"共建协议。(5)联合华东五校①发起创立"长三角文化遗产保护与文化资源共享研究联盟"。(6)打造"南京大学台港澳学生国情教育体系",聘请人文学科名师担任"台港澳学生国情教育导师",开设专题课程"台港澳青年文化讲堂(上、下)",打造国情教育实践基地。

在国际交流与合作方面:(1)以"中外合作办学突破行动"为指引,重点筹建"南赫学院"和"中德法学院"等,形成一批高水平示范性的中外合作办学机构与项目,推进构建与世界接轨的开放型教育新体制。(2)以"大学国际组织"为载体,积极参加"中日大学校长论坛""中韩大学校长论坛""环太平洋大学联盟"等12个大学国际组织的线上会议,加强对话,搭建高水平交流平台,积极发出"南大声音",持续提升全球影响力。(3)以"南京大学全球视野与能力拓展计划"为支撑,推进与英国谢菲尔德大学围绕"海外招生""留学生支持""国际化战略"开展系列工作坊,积极打造一支政治素质硬、业务能力精、服务效能高的工作团队。(4)以深入推进"全球融合学习行动计划"为引领,持续推动与境外名校开展联合培养学位项目,举办首个国际暑期学校品牌项目,举办"第三届全球视野周暨全球学习教育线上展",加快实施"国际化课程倍增计划",妥善做好疫情期间学生双向交换项目管理,构建多元融合的国际化人才培养路径。(5)开展"全球卓越研究推进行动",构筑三级衔接的引智平台管理体系,推进以"国际合作联合实验室""学科创新引智基地"为代表的国家级国际科研合作平台建设与培育。(6)开展"涉外服务管理能力提升行动",建设海外学者服务中心,构建海外学者管理闭环,全方位提高服务水平。(7)联系苏港澳三地33所高校,牵头发起"苏港澳高校合作联盟",发挥各方优势,服务国家战略,对接和推进长三角区域一体化发展与粤港澳大湾区建设。

⊃ 苏州大学

在拔尖人才培养方面:(1)成立苏州大学课程思政教学研究与实践中心,推动课程思政与思政课程同抓共促,强化思政课教师和辅导员队伍建设。(2)以学科交叉为特色,大力推动智工舍书院建设,整合校区资源合力打造学校继"紫卿书院"之后又一"新工科"试验田。(3)制定《苏州大学全面推进一

---

① 华东五校指浙江大学、复旦大学、上海交通大学、南京大学和中国科学技术大学。

流研究生教育实施意见》,实施研究生教育质量提升行动计划,积极构建"科教—产教—国际"三融合人才培养新模式。(4)修订《苏州大学国(境)外博士研究生联合培养管理办法》,为研究生搭建与国际知名高校学者、研究生交流的平台。(5)出台《苏州大学创新创业教育实践基地建设和管理办法(试行)》等文件,以"一链三创六融合"为理念积极筹建"创新创业学院"。

在高素质教师队伍建设方面:(1)创新开展师德建设优秀工作案例评选、设立师德建设专员,激发教师党建活力。(2)打造精品大师课,邀请名家大师应邀做客东吴大师讲坛;实施教育情怀课,举办"传承·立德"新教师入职宣誓仪式,营造尊师重教浓厚氛围;开展社会实践课,打造"青年教师领航"实践团。(3)实施"登峰计划",开展顶尖人才(自然学科)培育工程;实施"仲英青年学者""优秀青年学者"和"师资博士后"等阶梯式培养计划,加强青年人才全周期培养。(4)定制并实施"顶尖人才(自然学科)培育工程"和人文社科领域讲席教授全球招聘制度,出台"特邀文化名家""驻校学者"制度,修订"讲座教授"和"兼职教授"管理办法,实行更加开放的人才政策。

在科学研究创新方面:(1)组建江苏省先进负碳技术重点实验室,立足国际前沿,瞄准国家双碳战略、落实江苏省双碳需求;成立江苏省精准诊疗药物创制工程研究中心,共同推进江苏省在精准医学领域的高水平、高质量发展。(2)遴选并组建一批国内领先的跨学科、跨学院的"新文科"科研团队,以继承与创新、交叉与融合为主要途径,推进数字化时代新文科研究集群建设。

在服务经济社会发展方面:(1)依托东吴智库形成合作共建、调研基地、媒体合作三位一体的工作体系,构筑对话苏州、长三角一体化论坛、东吴智库学者沙龙和东吴智库思享汇四大学术矩阵。(2)未来校区深度融合吴江经济社会发展方向,以未来科学与工程学院为龙头,布局人工智能、大数据、机器人工程、集成电路等学科领域,支撑现代化发展。

在传承创新优秀文化方面:(1)成立苏州大学江南文化研究院、江苏吴文化研究基地、苏州大运河文化带建设研究院、中国昆曲评弹研究院等研究机构,致力江南文化和吴地区域历史文化的研究,助力中国特色哲学社会体系构建。(2)构建大运河文化综合数字资源库平台,打造线上数字平台,以全新方式全方位、立体化展示江南历史风貌和文化底蕴。

在国际交流与合作方面:(1)成立国际化战略中心,下设专家咨询委员会、外事专员小组和办公室,负责学校国际化战略咨询、研究和制定。(2)成立由校领导和十二个职能部门组成的国际化战略实施协调小组,负责推进和落实国际化战略中心的各项重要决策,监督学校各级外事工作责任人履职尽责情况,在授权范围内审议学校各类国际化工作重要事项。(3)深化外国留学生趋同化管理,在招生方面积极给予学院(部)一定的招生初审权,促进外国留学生招收培养的提质增效。

⊃ 东南大学

在拔尖创新人才培养方面:(1)推动建立并试点实施"至善优选"本科直博专项招生计划,精准选拔优秀本科生进入直博生培养。(2)推动构建并试点实施"硕博贯通"培养,将高端人才培养阶段前移,保证充足的培养周期。(3)依托学科优势和重点企业重大工程需求,与国内一流企业全程合作,采用"定制化"与"项目制"相结合的模式培养国家急需领域"集成电路"的高端人才。(4)全面启动修订研究生学位申请科研成果标准,对取得重大理论创新成果、前沿技术突破、解决重大工程技术难题、在经济社会事业发展中做出重大贡献的研究生,若学位论文水平高,在申请学位时可不做学术成果的限制性要求。(5)培育实施研究生思政教育精品项目领雁计划和守正育英计划,打造"讲、学、访、做"多维度、全覆盖的研究生党建领航系列活动。(6)开展研究生"建党百年,爱国力行"系列活动,重构研究生人文与科学素养讲座体系,组建研究生体育俱乐部,实施研究生心灵成长训练计划,建设"会心"示范团队,一体化推进和保障领军人才培养。(7)推动与大阪大学等国外一流大学的线上双向交流学习,学分互认互换。修订《东南大学本科生国际交流学习资助办法》,完善线上、线下相结合的长短期校级资助办法。(8)出台实施《东南大学思想政治理论课质量创新创优工程行动计划(2021—2025)》《东南大学课程思政建设实施方案》,建立马克思主义学院与专业学院课程思政结对共建机制,启动专业(类)课程思政教学指南编制,编撰《东南大学课程思政示范课优秀案例集》,举办"东南大学课程思政教学成果展",搭建课程思政建设展示与交流平台。(9)出台《东南大学关于全面加强和改进新时代学校体育工作的实施意见》《东南大学美育教学改革与美育评价改革方案》《东南大学关于全面加强新时代劳动教育的实施意见》,将"习近平新时代中国特色社会主义思想概论"、"四史"教育、"美育类通选课程"、"劳动教育与实践课程"纳入人才培养方案。

在高素质教师队伍建设方面:(1)出台《东南大学关于加强人才引进中思想政治把关工作的意见》《东南大学高层次人才岗位聘用办法》等政策,推动各类人才坚守立德树人根本任务、厚植爱国主义情怀、弘扬科学家精神、激发创新活力。(2) 推出东南大学青年学者沙龙活动,建立科研工作者交流圈,帮助青年教师拓宽思路,促进学科交叉融合。(3) 出台《东南大学教学科研人员校外兼职管理办法(试行)》,规范管理本单位教学科研人员校外兼职行为,提高教学科研人员开展对外学术交流与科技合作的积极性。(4) 拟定《东南大学公开招聘管理办法》和《关于东南大学优秀青年教师担任研究生专职辅导员专项计划的管理办法(试行)》,增设博士生专项,选拔优秀人员进入辅导员队伍。

在科学研究创新突破方面:(1) 以培育"大平台、大团队、大项目、大成果"四大一体化建设为目标,强化原始创新、强化战略布局、强化协同组织、强化制度保障,融入国家创新体系,加强基础研究和应用基础研究,做"有学术穿透力"的科研。(2) 在信息超材料、移动通信等领域全力投入,引导科研人员全面提升"引领力、组织力、服务力、加速度"的"三力一度"。(3) 修订完善《东南大学院系单位关键业绩指标(KPI)绩效考核与管理实施办法》(科学研究)、《东南大学江苏省重点实验室自主科研项目(课题)管理办法》等文件,给院系更多主动权,激发科研活力。(4) 组建便于科研人员工作的"一站式"服务中心,简化办事手续,建立"线上办事大厅",实现事务线上化办理,全方位支撑科研目标的实现。(5) 设立"东南大学人文社科重大平台揭榜挂帅专项",完善重大平台培育机制,培育具有"国际影响力""中国学术气质"和"东大学术气派"的新型文科平台。

在服务经济社会发展方面:(1) 将深耕长三角、服务长三角作为服务国家重大战略需求和区域经济建设发展的重要落脚点,主动参与长三角区域创新体系建设。(2) 构建异地科研机构改革、创新、合作新生态,以及技术转移中心、校企研发中心、科技园、地方校友企业"五维一体"协同推进建设。引导和鼓励地方政府国资投资平台公司优先遴选研究院项目进行转化,以多种形式孵化或嫁接给地方企业,形成和地方政府、企业良性循环、高效运转的转化体系。

在传承创新优秀文化方面:(1) 开展"东大人·家国情"党史学习教育主题分享,举办"永远在路上红色讲堂""四史学习"等面向师生的专题学习培训、党史知识竞赛、社会实践活动等活动。(2) 实施东南大学高水平专著计划、学术外译计划,出版东南学术文库等经典丛书,推进东南大学史的重印及新卷编辑出版工作。(3) 推进"团二大"会议旧址(东南大学梅庵)展陈项目实施,举办"初心照梅庵　永远跟党走"中国社会主义青年团第二次全国代表大会史料展,举行"红色梅庵·辉耀东南"主题交流会。

在国际交流与合作方面:(1) 牵头邀请全球知名大学、"一带一路"沿线国家重点大学和国内知名高校,正式成立全球首个以碳中和领域技术发展和人才培养为主题的"碳中和世界大学联盟",实现双碳目标,培养拥有国际视野和创新能力的顶尖人才,提供全球领先的技术创新支持。(2)启动第四批"东南大学卓越引智计划"建设项目,实现"111"引智基地和东南大学"卓越引智计划"项目的学院全覆盖。

⊃ 南京航空航天大学

在拔尖人才培养方面:(1)不断增设交叉力学前沿的"强国逐梦·大师引航"系列课程,并由院士、长江学者、国家级教学名师等高层次人才领衔主讲,以研究性教学为主,强调探究式自主学习。(2)出台《"微专业"修读与管理办法》,充分发挥学科综合优势,深化课程教学改革,以科研项目驱动探究式教学,推动专业教师及行业专家组成共同教学团队,提升专业培养与职业发展需求之间的匹配度,使学生具备一定的跨专业素养和从业能力,提高学生知识结构的复合性。(3)周期性调整和持续改进课程设计,项目式课程以科研、科创项目为牵引组建知识体系,将学科前沿、创业实践融入教学全过程,鼓励组建体现学科交叉特色的校企合作教学团队,深入科研、生产等职业场景中开展实践教学。(4)发布《建设一流研究生教育体系行动计划(2021—2025)》,形成南航研究生教育"30条"。(5)与中国航空发动机集团有限公司、中国航空工业集团有限公司、中国航天科工集团有限公司等8家行业单位签订联合培养协议,实施国家急需高层次人才本科直博专项计划。(6)深入推进跨学院、跨学科研究生协同培养模式改革,修订《研究生跨学科协同培养管理办法》,扩展至全校所有一级学科,聚焦基础学科与航空航天和新兴交叉学科协同培养。(7)推进研究生创新成果分层、分类评价,出台《研究生申请学位创新成果规定》,形成"一院一策"研究生创新成果具体标准,学位论文创新性特别突出者,在通过学位评定分委员会认定后,可不受创新成果具体标准的限制。(8)探索试行"党建导师制",促进组织建设和科研团队建设的有机融合,完善研究生"导学思政"育人体系。(9)制定实施《博士研究生教育教学实践实施办法》,将助教、兼职辅导员作为实践环节纳入必修学分,同时开设"航空工程类劳动教育与创新实践"研究生劳动教育课程,提升博士生教育教学实践能力。(10)修订博士学位论文预评审、隐名评审实施办法等文件,充分发挥学院主观能动性,细化压实导师、答辩委员会和学位评定分委员会责任,强化学位论文答辩的过程管理。

在高素质教师队伍建设方面:(1)编制面向新一轮"双一流"建设目标的

"十四五"时期师资队伍建设专项规划,成立人才工作专班,建立校院系三级人才工作网络。(2)出台《新聘教师准聘长聘制度实施办法》《学院师资引聘自主权实施办法(试行)》《师资柔性引聘管理办法》等系列文件,规范师资引聘自主权管理,完善柔性引才岗位设置体系和支持政策。(3)出台《专业技术职务任职资格评审办法》《聘任制高级专业技术职务制度实施办法》《百强创新团队建设管理办法(试行)》,完善专业技术职务分类评价机制,推进副高级专业技术职务学科组评审权下放工作。

在科学研究创新方面:(1)出台《国家自然科学基金和国家社会科学基金"包干制"项目经费管理办法》《科学技术成果奖与哲学社会科学成果奖奖励办法》《科研经费使用负面清单》等系列政策文件,激发科研人员创新活力。(2)持续完善校院联动策划机制,着力谋划组织"大团队""大项目""大平台""大成果"建设,加强科研保密、项目安全、质量管理等工作,强化有组织的科研,提升管理服务水平。

在服务经济社会发展方面:(1)依托技术转移中心品牌效应,构建"国际创新港+校地研究院+联合实验室+技术转移机构"的科技成果转化体系,产学研合作不断深化。(2)与行业龙头企业开展产学研对接活动,持续推进校企战略合作协议落地,进一步完善校企常态化对接交流机制。(3)修订《科技成果转化管理办法》,提高科技成果转化的重大事项审议标准、奖酬激励,提高科技成果完成人收益比例,激发科研人员积极性。

在传承创新优秀文化方面:(1)构建以校风校训、"航空报国"办学传统为代表的南航精神表达体系,以校史、院史、学科发展史等为载体的南航校史表达体系,以一流治理体系和治理能力为目标的南航制度表达体系等系列南航价值引领体系。(2)推动中华优秀传统文化、革命文化、社会主义先进文化和"航空、航天、民航"特色文化的融入,升级改造航空航天馆,加快推进航天博物馆、"三航"特色展馆,航空航天民航博物馆等校园文化建设工程,进一步加强军工文化、质量文化建设,持续打造新时代军工文化建设示范单位和国防教育示范基地。(3)深挖南航"红色基因、蓝色梦想"的历史脉络,统筹规划并精心打造"三航"主题鲜明、满足多元需求的文化资源供给体系。积极开展科技创新类、主题教育类、社会实践类、文化艺术类、学习分享类等具有社会影响力的校园文化活动品牌。

在国际交流与合作方面:(1)依托"全球战略合作伙伴计划",加强"一带一路"沿线布局,打造全球国际合作网络,与英国布里斯托大学、莫斯科航空学院等多所海外知名高校、行业优势高校签订全球战略合作伙伴协议。（2）积极推进"中外学院"建设，与法国南特中央理工大学签署"南航—南特联合学院"协议，成立"南航—南特联合学院"。（3）联合美国垂直飞行协会、日本直升机协会、俄罗斯喀山国立技术大学、英国格拉斯哥大学等7个国家的8个机构共同发起成立国际直升机教育联盟，实现教育互鉴、资源共享、优势互补。

⊃ 南京理工大学

在拔尖人才培养方面：（1）以国家级平台为支撑，组建"鼎新班"，以两院院士为核心组成导师团队开展全程化指导，以完全学分制开展本博贯通拔尖人才培养，着力培养具有前瞻性、能够解决"卡脖子"问题和引领未来发展的科技创新领军人才。（2）出台《南京理工大学新时代研究生教育改革发展总体方案》《南京理工大学研究生申请学位创新成果基本要求的规定》，创新成果表现形式更加多元，包含学术论文、发明专利、成果转化、科研获奖、学术专著、社会贡献等多种形式。

在高素质教师队伍建设方面：（1）首次开展导师学科确认工作，提升导师学科归属感，优化导师学科布局。（2）搭建导师网络培训平台，构建导师"岗前培训—在岗培训—自主学习"新模式。（3）出台《南京理工大学"十佳研究生导师"和"十佳研究生导师团队"评选办法（试行）》，并首次开展评选工作。（4）依托军工集团申报海外人才项目，率先实践了"高校＋企业"双轨制新型的引才模式，进一步推动和深化学校与大型国有集团战略合作，有力增强学校人才工作资源。

在科学研究创新突破方面：（1）围绕"1＋5＋10"高峰高原学科建设计划，以国家实验室建设和国家重点实验室体系重组为契机，抢抓机遇，整合资源，推进高层次重大科研平台建设。（2）制订发布《南京理工大学高质量期刊及会议目录》，坚持质量、绩效、贡献为核心的评价导向，引导高质量成果产出。

在服务经济社会发展方面：（1）与南京市共建长三角智能制造与装备创新港，加快构建从科技创新到产业转化的全链条创新体系，着力打造重大创新平台集群，有序推进复杂装备系统动力学前沿科学中心、江苏省高端制造装备工程技术联合实验室等一批重大创新平台落户，推动创新资源集聚，深化校地校企融合发展。（2）出台《南京理工大学促进科技成果转化管理办法》，在提高完成人收益、丰富资金使用方式、成果转化项目认定等方面进行了大胆创新，加大激励力度。

在传承创新优秀文化方面：（1）制定出台《南京理工大学"文化引领行动"

(2021—2023)实施方案》,持续打造以使命文化、军工文化、奉献文化、暖心文化等为代表的南理工独特精神文化。(2)开展校园文化精品项目建设,通过组织申报、项目培育、评比表彰等形式,选树、打造学校文化建设精品。

在国际交流与合作方面:(1)打造南京理工大学—门捷列夫化工大学国际创新实验班,采用"1+4"双学位模式,在校学习1年后成建制整班派出。(2)整合沙特研究中心、白俄罗斯研究中心和中东欧研究中心,成立南京理工大学欧亚研究院,聚力发挥国际智库的咨政作用。

➲ 中国矿业大学

在拔尖人才培养方面:(1)推进中国矿业大学《本科教育质量提升行动计划(2021—2025)》与本科教育"十四五"专项规划落地落实。(2)签署《中国矿业大学—长三角国家技术创新中心共建中国矿业大学集萃学院合作协议》,持续加强专业学位研究生联合培养。(3)扩大基础学科推荐免试硕士研究生规模;设立基础学科博士生培养专项,提高直博生占比,新增博士生指标分配向重大科研平台以及基础学科、新兴交叉学科、"高精尖"领域学科倾斜,持续支持基础学科优质教学资源建设。

在高素质教师队伍建设方面:(1)实施高水平大学专项引才计划,落实"一院一策",基本形成了以学校为主导、学院为主体、学科为载体的人才工作联动机制。(2)出台《新入职专任教师受聘岗位及岗位等级初次认定实施办法》《专任教师岗位聘期岗位职责的指导意见》《专业技术人员校外兼职和离岗创业管理暂行办法》等政策文件,理顺准聘、特聘、预聘和长聘衔接关系;在外籍教师聘任工作中试用助理教授岗。

在科学研究创新方面:(1)制定交叉学科直属科研机构科研项目管理费减免政策,形成科技资源向交叉学科汇聚的氛围,进一步激发交叉学科成长活力。(2)系统梳理并凝练学校"十三五"科技创新取得的标志性成果,制定学校年度十大科研成果遴选办法(试行)。

在传承创新优秀文化方面:(1)制定实施学校"十四五"文化建设专项规划,围绕"三大任务",实施开展"八项工程",大力提升校园文化建设顶层设计层面的科学性、系统性和可行性。(2)联合全省9所部属高校举办"弘扬淮海战役精神 厚植爱国主义情怀""奋斗青春 强国有我"主题思政大课,深入推进爱国主义与革命文化建设。

在国际交流与合作方面:(1)成立全球治理教育学院,组建首届全球治理实验班,开展国际公务员职业生涯规划系列讲座及全球治理线上课程。

（2）牵头成立苏港澳高校合作联盟专业子联盟，加入全球矿业与矿物资源工程师能力体系建设国际工作组和中国—中东欧国家联合会，成为"碳中和世界大学联盟"创始成员单位。（3）举办首期"涉外管理干部培训班"，围绕"国家安全与保密""国际合作交流能力提升""学校涉外政策实务与国际事务"等主题强化涉外管理干部队伍建设。

⊃ 南京邮电大学

在拔尖人才培养方面：（1）将厚重的红色基因有机融入人才培养全过程，根植数字化赋能绿色可持续性发展理念，升华蓝色大信息办学理念，探索实施"三色融通"信息英才培养新路径，打造育人名片。（2）探索推进"三层四类＋X"创新人才培养模式体系改革，打造以"大信息＋大邮政"为特色的新工科专业体系，实施模块化人才、卓越工程人才、拔尖创新人才、国际化创新人才培养方式改革。（3）通过构建"省—校—院"三级研究生科研实践创新训练体系、形成本研一体多元协同人才培养培育新模式、建立国省校院四层创新实践教育平台、制定一赛一院制度等方式促进人才培养的专业素养和实践能力双提升。

在高素质教师队伍建设方面：（1）发布施行《南京邮电大学"华礼人才支持计划"实施办法》，培育一批勇于创新的科技人才、一批致力于教育教学改革的教学名师、一批注重团队协作并体现学科交叉融合的创新团队。（2）制定出台《关于进一步加强马克思主义学院师资队伍建设的若干政策》，扎实做好思想政治理论课师资队伍建设。

在科学研究创新方面：（1）着力攻关 OLED 核心显示材料与柔性有机电子关键技术，解决重大前沿科学难题和共性关键技术瓶颈。（2）以 6G 未来通信技术和应用为对象，重点对智能通信和集成电路核心电路及器件等领域的重大基础问题及关键技术展开研究。（3）聚焦智能电网和物联网智能机器人两大信息物理耦合系统，针对其安全可靠经济绿色运行等方面的控制难题开展科学研究和技术攻关，形成完整的信息物理耦合系统控制理论体系。（4）紧抓网络空间安全学科与大数据高性能计算平台建设，充分发挥在物联网感知与安全、密码技术与应用方面的优势。

在服务经济社会发展方面：（1）依托国家级科研平台，在新一代信息技术、智慧城市、5G＋AI 和物联网＋医疗等领域，对产业领域的共性关键技术及系统集成进行创新研发，建设集核心技术研发、产业创新、成果孵化于一体的城市智慧服务示范应用基地。（2）成立独立设置的"空天地海通信技术一体化研究院",进一步聚焦前沿技术,开展空天地海无线传输与网络化应用研究。

在传承创新优秀文化方面:(1)实施"思想引领铸魂工程",落实"五聚焦五落实"三年行动计划,解决党建难题,提升党建水平,推动构筑思想文化引领高地。(2)实施"红色文化薪火工程",设立红色校史研究专项资金,立项开展课题研究,结合红色校史开展"四讲四悟八实践"主题活动,打造专题思政金课,持续深化育人"十个一"工程。

在国际交流与合作方面:(1)面向世界,特别是"一带一路"国家的相关行业精英,聚焦 5G 通信、人工智能等信息产业领域新技术,开发设计各类教学研究课程和实践项目,开展线上线下培训与交流合作。(2)加强涉外意识形态风险防范,严格执行教材使用审定、教学过程督查制度。(3)出台《美方授课教师教学行为规范》等规章制度,在规范化建设中形成了高效的监管体系。

⇒ 河海大学

在拔尖人才培养方面:(1)实施思想政治教育、学位授权点优化建设、导师育人能力强化、多元招生、培养质量提升、国际合作交流、就业促进、资源保障等"八大工程",全面扎实推进学校人才培养教育改革发展。(2)全面修订105 个研究生培养方案,增加音乐、美术欣赏、体育、劳动教育等选修课,统筹课程思政与思政课程协同育人,形成"人人讲思政,课课能育人"的格局。(3)设立人工智能、新能源科学与工程、移民科学与工程交叉学科,培养国家急需、紧缺的高层次创新人才。(4)编制国家产教融合基地建设标准,打造集约型综合基地(苏州研究院)、海外基地群。(5)学位论文抽检工作实施"521工程",要求硕士学位论文在学院层面和学校层面的校外盲审比例分别达到50%和 20%,博士学位论文在学校层面实现 100%校外盲审。

在高素质教师队伍建设方面:(1)制定《河海大学加强师德师风建设工作实施办法》等,进一步完善学校党委牵头抓总、职能部门协同配合、二级单位具体落实、教师自我约束的联动工作机制,健全师德教育、宣传、考核、监督、激励、惩处"六位一体"的师德建设体系。(2)构建"晋升—晋级—考核"三位一体"河海特色"评价体系,充分发挥人才评价指挥棒作用,有效激发人才创新动能。(3)依托欧美同学会、江苏侨界高层次人才发展联盟、国际青年学者论坛等平台招引人才;推进水科院人才特区建设,提升学校服务国家重人战略和行业区域发展能力。(4)打造大禹系列"三驾马车"——出台"大禹团队"建设办法,推进"大禹学者"计划、开设"大禹讲坛",驱动"678"人才工程。(5)制定具有河海大学特色的哲学社会科学人才发展支持计划,完善文科人才引培体系,全面促进哲学社会科学的发展。

在科学研究创新方面：(1)制定《河海大学服务科研需求管理办法》，设立科技服务联络员，全面压实面向行业的对接服务责任，同时设立"种子基金"，支持引导项目攻关"揭榜挂帅"，在"一带一路"国家智慧水管理、雅鲁藏布江下游重大水电开发等领域试点落实，进行定向服务和专项培育。(2)制定《河海大学国家和部省级科研平台管理办法》，实施部省级科研平台建设常态化交流会制度；多元培育储备战略力量，对接多部委、多领域布局省部级科研平台，全面延伸辐射服务覆盖面。

在服务经济社会发展方面：(1)与国家海洋环境预报中心、自然资源部海洋减灾中心全面合作，推进学科交叉、人才培养，夯实行业重大应用需求服务基础与能力。(2)针对极端灾害及时提供"急难险重"事件技术支持与服务，向国务院办公厅提交关于我国北方地区防汛减灾工作的突出问题与对策建议，为国家防总应急指挥提供核心技术支撑，持续保障了人民群众生命财产安全。(3)针对长江流域水资源保护利用、产业转型、法治建设、社会发展与生态环境保护等关键问题，提出了具有针对性、可操作性的对策思路和具体建议，为流域高质量发展提供了充分的数据基础和决策参考。

在传承创新优秀文化方面：(1)成立河海大学党史学习教育领导小组，设立党史学习教育专题网站，通过网络展示、党课、主题党团日活动等形式，深入挖掘江河湖海中蕴含的时代价值，讲好新时代的河海故事。(2)打造特色水文化与赓续学校红色基因、传承时代精神相融合的红色文化传播体系。开设"红色放映厅"，开展张闻天陈列馆实境课堂等活动；深入开展水文化研究，编写出版《中国河湖的红色记忆》《中国水利风景区故事·黄河篇》《百年百工》等水文化系列丛书。

在国际交流与合作方面：发起设立"国际高水平水利与环境学科联盟"，在水利和环境学科领域建立多边合作的长期机制，开展深度的国际合作与交流，创新人才培养国际合作和科研合作模式。加入中国-挪威海洋大学联盟、江苏—俄罗斯高校合作联盟、中国—巴基斯坦经济走廊高校联盟，与外方成员共同开展各类交流活动，提升对外开放办学水平。

⊃ 江南大学

在拔尖人才培养方面：(1)成立思政教育和思政课建设领导小组，统筹"课程思政"与"思政课程"建设；成立课程思政研究中心，制定《全面深化课程思政教学改革的实施方案》，构建全面覆盖、层次递进、相互支撑的课程体系。

（2）制定出台《江南大学关于全面加强新时代劳动教育的实施方案》，组建"劳动教育课程联合教研室"。（3）探索基于国家高水平科研项目、重大科技创新平台和重大工程项目的研究生培养模式，优化博士研究生培养经费支持体系，整合优化高水平研究生课程体系，加强研究生培养全过程质量管理，建立信息化预警机制。

在高素质教师队伍建设方面：（1）制定《江南大学教职工政治理论学习实施细则》，分期有序组织全体教职工以多种形式参加师德师风学习教育活动，切实提升教师职业道德水平。（2）将2021年确定为"人才年"，召开江南大学人才工作会议，总结经验、分析问题、厘清思路，推动完善校院联动的人才工作体系。（3）出台"高层次人才引进计划实施办法"，全面修订"教学（研究）系列职称申报条例"，深化"至善系列人才支持计划"改革，完善"代表性成果""突出贡献"评价机制。

在服务经济社会发展方面：（1）聚焦创建一流大学、共建医学院等关联度高、互补性强、空间潜力大的重点领域，合作设立"江南大学科技成果转化基金"，稳步推进落实市校合作重大项目。（2）定点帮扶贵州从江县，巩固脱贫攻坚成果与乡村振兴有效衔接，全面落实有关帮扶资金、产品购销、产业对接、人员培训等乡村振兴任务。

在传承创新优秀文化方面：制定"五专题一实践"党史学习教育实施方案，全系统、全方位、全链条部署学校党史学习教育。通过精心策划全校师生宣讲，组织系列专题展览、艺术党课、文艺汇演等活动，引领广大师生在学思践悟中"明理、增信、崇德、力行"。

在国际交流与合作方面：（1）探索建立国际合作交流线上线下并轨联动、深度融合的新模式，拓展高水平国际合作伙伴关系。（2）积极推进江苏—英国、江苏—加拿大、江苏—韩国、苏港澳等校群合作平台建设，担任"江苏—韩国高校联盟"轮值主席单位。

⊃ 南京林业大学

在拔尖人才培养方面：（1）建立基层教学组织课程思政集体教研制度，完善70个专业的课程思政教学体系，编制《课程思政示范课程矩阵图合集》；全校推广72个课程思政优秀案例，构建"生态＋"课程思政特色育人体系。（2）构建"实体实验与虚拟实验资源链衔接、实验教学与科研创新链衔接、实验教学与林业产业链衔接"的实验实训课程体系，实现了从"封闭环路"向"开放系统"的转变。（3）依托产业联盟、加州大学伯克利分校等高校，打造一批校企、国际联合实验室,实现教学平台从"自建自用"向"共建共享"的转变。(4)将创新创业教育融入实验实训教学全过程,形成"实验层贯通、专业间贯通、课内课外贯通"的实验教学模式。(5)构建包含"行业文化和行业精神传承引领"思政育人模块、"林基特色及多元融通"课程育人模块、"学科—团队—项目"深度融合的科教产教育人模块、"基地—导师—课程—国际交流"的国际联培育人模块在内的四大育人体系,靶向输送林业"高精尖缺"人才。(6)构建"专创融合、赛教融合、科教融合"双创人才培养新途径与"共享—共创—共赢"双创教育新机制有机结合的"三融三共"大学生创新创业培养体系。

在科学研究创新方面:(1)出台科研平台建设与运行管理办法,设立专项资金,推进创新平台研究水平、创新能力、队伍建设、社会贡献和协同成效全方位综合考核。(2)推进"人文社科繁荣计划",发挥学校学科特色和优势,促进人文社科与自然科学的交叉融合,聚焦生态文明、乡村振兴国家战略、碳达峰碳中和目标,凝练形成马克思主义生态观、经济高质量绿色发展、生态设计服务乡村振兴、林业碳汇生态价值核算与实现机制等学科方向,初步形成了体现生态文明特色的南林文科研究体系。(3)成立中国特色生态文明智库,联合国务院研究室以及江苏省内相关机构,聘请中国社会科学院、北京大学、农业农村部及省内相关专家,组建了内外协同研究团队。

在服务经济社会发展方面:(1)建成"南京林业大学技术转移中心"云平台,创新"转移转化+"科技服务新模式,推进技术的转移转化与开发、咨询、服务深度融合。(2)通过运用分子育种技术解决"飞絮之恼",方竹高效生态培育技术帮助精准扶贫,低聚糖专利培育林源生物战略性新产业等途径将科研成果落地落实,形成良好的社会效应。(3)出版《生态林业蓝皮书——中国特色生态文明建设与林业发展报告(2020—2021年)》,构建了生态林业综合评价指标体系。

在传承创新优秀文化方面:(1)实施特色文化弘扬工程,坚持"红绿相映",将红色和绿色基因融入人才培养体系。(2)实施"生态+三位一体"思政育人模式,聚焦党史学习教育主题主线,构建多形式、分层次、全覆盖的"四史"学习教育模式,发挥红色文化铸魂育人功能。

在国际交流与合作方面:(1)积极探索"全球引智—融合创新—联合攻关—本土实践"四位一体的国内外协同创新机制。(2)构建"短期+中期+长期"结合、"学位攻读+学分互认+实习实践+文化体验"齐抓、"本对本+本硕贯通"并举的多元化、多渠道、立体式国际教育新格局。

➲ 南京信息工程大学

在拔尖人才培养方面：(1) 专门制定《南京信息工程大学课程思政教学元素融入专业教学指导意见》等文件，着力构建包含第一课堂、第二课堂、社会实践、校园文化等的"大课程思政"育人体系。(2) 汇编《南京信息工程大学课程思政优秀案例(上下册)》，开设"信大史话""气候变化与人类命运共同体"等思政"金课"。(3) 合作共建华为实验班和腾讯实验班，联合制定个性化人才培养方案，构建"科教协同＋国际交流"训练体系，探索"产教融合＋双师引导＋厚植基础＋强化实践"培养模式。(4) 实施"前沿与交叉科学领域博士生探索计划"，推进遥感信息科学与技术、人工智能、应急管理多学科交叉卓越人才培养中心建设，促进理工交叉、文理渗透、医工融合等多形式交叉，培养"高精尖缺"的复合型高层次创新人才。(5) 聚焦现代气象装备、人工智能、碳中和、应急管理等领域，以产教融合"菁英计划"、科教融合"卓越计划"为两维，建立"校—院—团队"三级、"基地—单位—工作站"三级研究生联合培养基地，形成研究生联合培养"两维三级"融合机制。

在高素质教师队伍建设方面：制定并发布《南京信息工程大学综合贡献评价标准(2021版)》《南京信息工程大学"龙山学者支持计划"实施办法(2021版)》，结合岗位特点制定了教学为主型、教学科研型、科研为主型和社会服务型教师专业技术资格条件，并单列了思想政治理论课教师、体育教师和艺术类教师的专业技术资格条件。

在科学研究创新方面：(1) 紧密围绕气象灾害机理与预报预警、气候预测等方向开展基础性创新研究，着力解决气象、水文和环境灾害的关键科学问题，攻破核心技术科研高地。(2) 推进气象水文与大气环境交叉研究全国重点实验室建设，同时与国家卫星海洋应用中心、广东海洋大学签署了实验室合作共建协议，联合重组自然资源部空间海洋遥感与应用重点实验室。

➲ 南京农业大学

在拔尖人才培养方面：(1) 制定《南京农业大学关于加强耕读教育的指导意见》，构建耕读教育体系；建立生物学拔尖学生培养基地。(2) 组织成立专业学位研究生教育指导委员会，成立"南京农业大学专业学位案例研究与开发中心"，构建农业农村发展案例库，强化专业学位研究生实践能力培养。(3) 启动南京农业大学研究生优质教学资源建设规划，建设"课程思政"示范课程、精品课程、教学案例、在线课程、优秀教材"五个100"项目。

在高素质师资队伍建设方面:改革制定《南京农业大学研究生导师岗位管理办法》,强化对学术学位导师的学术研究能力考察,突出对专业学位导师专业实践能力的要求,首次将导师评优纳入制度框架,强化导师违法违规行为处罚和退出机制建设,切实构建能上能下的导师岗位管理制度。

在科学研究创新方面:(1)制定出台《南京农业大学知识产权管理办法》,举办知识产权创新大会;修订《南京农业大学学术规范》《南京农业大学学术不端行为处理方法》,拓展科协组织力量,提升科研管理服务水平。(2)成立国家重点实验室建设领导小组,加快推进重组工作;积极统筹推进作物表型组学研究设施、崖州湾国家实验室华东基地建设;推动江苏农业微生物资源保护与种质创新利用中心建设。

在服务经济社会发展方面:(1)深入实施"双线共推"农技推广模式,通过线上"南农易农"APP,发布微客,推送科技资讯,线下新建新沂市葡萄、泗洪县特色根茎蔬菜等产业联盟。新冠疫情防控期间,协同"乡村振兴云学堂"组织"春耕""夏耘"等系列线上直播,推动"十大技术"示范推广。(2)发起成立长三角高校联盟农业技术转移服务平台,共建江阴技术转移分中心和镇江水木年华产学研合作平台。(3)制作完成《南京农业大学新农村服务基地宣传册》,修改《南京农业大学新农村服务基地运行管理办法》。

在传承创新优秀文化方面:(1)参与组织大国"三农"历史变迁与发展经验乡村振兴论坛,积极创新党史学习教育方式方法。(2)围绕党史学习教育与建党百年主题,宣传展现南京农业大学在人才振兴、产业振兴中的责任担当,回溯学校百年历史,沉淀南农精神,传播兼具时代坐标与南农底色的高校故事。

在国际交流与合作方面:(1)首次携手联合国粮农组织举办线上"南京农业大学与联合国粮农组织同一健康全球专家论坛",发出南农声音,向国际社会宣介中国关于"同一健康"的理念和经验。(2)正式发起成立中国—中东欧国家高校联合会农业与生命科学合作共同体,加入上合组织成员国涉农高校联盟、中非热带农业科技创新联盟、江苏—俄罗斯高校合作联盟,构建高水平国际合作网络。(3)受农业农村部委托,承办第二期"农业外派人员能力提升培训班",精心规划、优化调整课程体系,全校联动,通力配合,全力保障,着力打造农业对外合作人才培养品牌项目。

◑ 南京医科大学

在拔尖创新人才培养方面:(1)创建"五育融合、五术兼备、五合同步、一体育人"的"5551"工作体系,全力营造"本研结合、学团融合、学教联合、职能整合、校院配合"大思政新格局,实现"德术一体、知行一体、多位一体"的立体化人才培养模式。(2)推进"新医科一流专业融创工程",新设放射医学、智能医学工程和医疗保险等新兴专业,大力培养紧缺人才和交叉人才。(3)科学设置学位授予多元化标准,实施分类评价,启动"双优程序"申请学位。(4)实施"优秀博士研究生拔尖创新能力培养计划"及"卓越师资博士后培育计划",试点"博士后期—博士'后'—博士后"长效衔接培养机制。

在科学研究创新突破方面:(1)设立实验室分党委,选聘政治过硬、业务精湛的"双带头人"作为党委书记,形成七项八十三条政策合集,在经费管理、人才引进、研究生培养等方面实现自行决策。(2)推进生殖医学国家重点实验室重组,围绕医学创新发展需要,开展生命医药领域前沿科学问题研究,在生殖医学、心血管、肿瘤、脑科学等优势领域攻克关键核心基础问题,产出"从0到1"的原创性成果。

在服务经济社会发展方面:(1)实施"附属医院高质量教育体系建设三年行动计划",与附属医院协作新建4个专病联盟,探索地区医学中心建设模式,打造临床专科高原高峰。(2)在疆、藏、青等地开展定点帮扶项目,对西部欠发达地区进行"组团式"的医疗人才培养援助。(3)健康江苏研究院现初步建成医管结合、专兼结合、结构合理的健康智库人才队伍,"高校—附属医院—市级卫管部门"的智库合作网络不断优化。

在传承创新优秀文化方面:(1)围绕江宁校区"一轴一环多点",启动提升优化校园文化空间布局工作。(2)实施"校园文化提升行动计划(2021—2023)",具有国际气息、中国精神的校园文化生态已初步形成。

在国际交流与合作方面:加入江苏—加拿大、江苏—俄罗斯高水平大学联盟,与东南大学、多伦多大学、大学健康网络签署四方合作协议,与肯尼亚卡巴莱大学签署合作协议。

⊃ 南京中医药大学

在高素质教师队伍建设方面:(1)落实青年教师导师制,为新进教师配备资深指导老师,全面提升教学、科研能力和业务水平;开展新进教师教育教学能力提升集中培训系列活动。(2)单设高级职称的思政课教师和正高级实验师人员指标,突出其教书育人实绩、履责绩效、创新成果、实际贡献等多维评价;在学科评议组评议环节设置公共学科组、思想政治教育和教育管理研究学科组,单独评审支撑学科教师职称。

在科学研究创新方面:(1)与附属康缘药业共同重组"中药制药工程新技

术"全国重点实验室，与扬子江药业共同重组"中药制药工艺技术"国家工程研究中心，积极整合资源，谋划和参与国家级科技创新平台体系建设。（2）起草制定《南京中医药大学重点科研平台建设运行管理办法》，规范重点科研平台运行管理和绩效考核工作。（3）依托一流学科和优势学科，在中医药基础理论创新与科学内涵、中医防治重大疾病临床循证评价与疗效机制、中药产业高质量发展等方面寻求知识理论创新和关键技术突破。

在传承创新优秀文化方面：（1）开展中医药典籍精华的梳理挖掘与利用研究，进行《中华本草》重修以及《中华医藏》《中医临床病证大典》《中医流派传承丛书》的编撰工作。（2）启动中医流派研究院和中医传承创新团队建设，打造中医药文化研究与传播高地。

在国际交流与合作方面：（1）推进与爱尔兰国立高威大学合作共建"中医药与再生医学研究国际合作联合实验室"，与英国女王大学合作共建"动物类中药与功能肽国际合作联合实验室"，与美国加州大学戴维斯分校合作共建"儿科重大疾病中医药防治国际合作联合实验室"。（2）推进与东盟国家合作开展中医药教育合作项目，建立"江苏—东盟传统医药人才培养与交流基地"。

⊃ 中国药科大学

在拔尖人才培养方面：（1）通过"综合选拔、专项提优、轮训互选"三个阶段开展基础药学人才遴选，设置"生涯规划—文创设计—文献研读—强体计划—素质拓展—主题讨论—公益服务"等多样性考评环节，创新沉浸式师生双选模式，实施跨学科实验室科研轮训。（2）邀请院士、国家教学名师等专家教授百余人担任学生导师，建立导师库，构建"一人一方案"的个性化人才培养模式。邀请跨学科专业教师与研究生、本科生共组师生志趣团队，共同开展交流研讨，发挥导师引领和朋辈帮扶作用。（3）优化"通识、基础、专业、高阶"四阶专业课程建设，聚焦"身心健康、师生融合、公益实践、领导力提升"等培育模块，统筹学校、医院及企业资源，打造"科学家—医生—工程师"实践教学团队，开展涵盖医药临床认知、工程实践和科技创新的实践式教学。（4）围绕"专业基础—科研实践—五育素养"三个模块，建立"三位一体"综合评价机制，建立课程教师、科研导师、学工团队、行业专家多方评价团队，提升人才质量评价的全面性与科学性。（5）发布《中国药科大学研究生申请学位成果标准认定规定》（2021版），取消以SCI论文数量和影响因子等指标作为学位授予的限制性条件，增加学位论文质量盲审优秀、参与重大原创科技成果、研究生学术获奖等作为成果认定的充分条件。（6）将企业发布的新药研发与评价、药物质量控制等行业一线项目有机融入专业硕士培养环节,并构建专硕管理信息化系统,加强"量化评价—精准反馈—靶向改进"的闭环式质量控制。(7)推进"学校—学院—辅导员"三级联动,进行未就业情况"月月查"、去向落实率"周周报"、就业数据审核"日日清",实施包含"精准管理、精准招聘、精准指导、精准引领、精准帮扶"的"五个精准"政策,多靶向施策促进毕业生高质量就业。

在高素质教师队伍建设方面:(1)印发《中国药科大学2021年度教师思想政治和师德师风建设工作实施方案》,完善党委统一领导、教师工作部牵头、职能部门齐抓共管的工作机制。(2)出台《中国药科大学专业技术岗位聘用管理办法》,克服"一评定终身";出台《中国药科大学共识期刊》(自然科学类),推行代表性成果评价制度。(3)搭建"兴药计划高层次人才引进平台",形成五层次"兴药学者"、三类型博士后、二种类特聘研究员的"532"人才引育体系。(4)出台《中国药科大学关于实行博士生指导教师上岗招生申请制的实施方法(试行)》《中国药科大学关于实行硕士生指导教师上岗招生申请制的实施方法(试行)》,打破导师"终身制";首次上岗的博士生导师实行集中封闭培训,全体在岗博士生导师实行定期线上培训。

在服务经济社会发展方面:(1)与江苏省疾病预防控制中心签署战略合作协议,助力中国药科大学公共卫生与应急药学研究院建设;与南京江宁高新区共建原创药物技术创新研究院,与新华制药共建"创新药物及高端制剂联合研究中心""重大公共安全及应急用药研发创新中心",与石家庄四药、江苏先声药业、苏州亚盛等35家企业共建联合实验室。(2)成立"中国药科大学镇坪县乡村振兴产业研究中心",与镇坪县政府相关部门和单位开展深入对接,发挥自身优势推进科技扶贫工作,助力定点扶贫县脱贫攻坚。

在国际交流与合作方面:(1)牵头推动苏港澳高校合作联盟医药专业子联盟建设,引进海外名校优质在线课程,推进在地国际化。(2)推进"一带一路"药大行动计划,聚焦"一带一路"沿线国家和地区国际高端药学人才培养和教育交流。(3)首次增设"留学生安全法制教育课",不断强化留学生法制安全意识;与知名药企合作共建留学生实习基地,探索留学生产学研联合培养机制。

⊃ 南京师范大学

在拔尖人才培养方面:(1)成立南京师范大学课程思政建设领导小组,专家工作委员会和教学研究中心,完善学校思政理论课课程教材体系。(2)推进实施领导干部深入基层联系学生"厚生领航"计划,构建"全时"教育格局,实施"2＋2"实践育人。(3)聚焦数理化生地等优势基础学科和国家急需紧缺领域,强化全链条培养管理体系建设。

在科学研究创新方面:(1)出台《南京师范大学学科高原造峰建设方案》,构建五大高峰学科群,辐射示范学科整体发展。(2)出台《南京师范大学学部建设与管理实施办法》,在教育学、马克思主义理论、艺术学等学科领域试点学部制建设。(3)出台《南京师范大学人文社会科学重大项目培育暂行办法》,经个人申报、学院推荐、专家评审和校学术委员会(文科组)审定,遴选确立10大培育项目。(4)在人工智能＋教育、人工智能＋语言、食品安全与大健康、碳中和等学科交叉领域遴选确立7个学科交叉研究专项。

在服务经济社会发展方面:(1)依托中国法治现代化研究院、江苏省创新经济研究基地、江苏民营经济研究基地等智库资源,针对我国科技体制改革、法治建设、社会治理、教育公平等重大突出问题,开展决策咨询类研究,服务地方发展。(2)与中南财经政法大学签署共建中国社会治理与法治现代化研究院战略合作协议,为智库发展搭建了一个更高层次的平台。(3)为联合办学的基础教育学校提供各类线上线下的个性化指导服务,推动联办学校办学水平显著提升。

在传承创新优秀文化方面:制定南京师范大学华文教育基地一省帮一国项目规划,以线上线下相结合的方式,继续举办海外华文学校(中小学)示范校长研修班、海外华文学校(幼儿园)园长研修班、海外华文学校各学科教师教学研修班为主的"请进来"师资培训。

第二节　江苏高水平大学建设高峰计划

为了构建具有江苏特点、中国特色、世界一流的高水平大学建设体系,为江苏切实担负起"争当表率、争做示范、走在前列"重大使命而提供强有力的人才支撑、智力支撑和创新支撑,2021年,江苏省正式发布实施《江苏高水平大学建设方案(2021—2025年)》,并遴选17所高校作为江苏高水平大学建设高峰计划建设高校,培养高质量创新人才,培育高素质师资队伍,开展高层次科学研究,提供高水平社会服务,构筑高品位优秀文化,推动高品质国际合作交流,构建现代化治理体系。

一、江苏高水平大学建设高峰计划A类建设高校

2021年,苏州大学、南京工业大学、南京邮电大学、江苏大学、南京信息工

程大学、南京医科大学、南京师范大学、扬州大学、南京林业大学、南京中医药大学被认定为江苏高水平大学高峰计划 A 类建设高校。10 所高校在打造高端创新团队、培养拔尖创新人才、提升科研创新水平、拓展社会服务渠道、深化国际交流合作程度等方面彰显各自特色优势,夯实建设核心基础,推动江苏省高等教育综合实力整体提升。①

⊃ 南京工业大学

在人才培养方面:(1) 高标准建设省级应急管理学院,新建应急技术与管理、应急管理、应急装备技术与工程、化工安全工程等 10 个专业,实现应急管理领域专业全覆盖,着力培养一流应急管理专业人才。(2) 与中国科学院联合新设化学、电气自动化英才班。依托 2011 学院"全员书院制"和"全程导师制"管理模式构建跨界融合和实战驱动的人才培养新范式。(3) 新建"＋智能""＋安全""＋绿色"的防灾减灾科学与工程、机器人工程、智能建造、柔性电子学、储能科学与工程等新专业 10 个,聚焦未来新兴产业和新经济发展下的跨学科前沿技术,满足国家重大需求和江苏产业发展急需。

在教师队伍建设方面:(1) 实施高层次人才举荐制,出台《南京工业大学高层次人才举荐制暂行办法》,举办"梧桐新凤"人才举荐面对面茶话会活动,聘任 12 位人才大使,构建校院系三级引才工作体系,拓宽引才渠道,创新推进招才引智工作。(2) 启动青年才俊拓原工程,出台《南京工业大学青年才俊拓原工程实施办法》,加强青年人才的引培改革。

在科学研究创新方面:(1) 成立"双组长制"的重组领导小组,加快整合优势资源,探索构建"重点实验室人才特区",与南京市江北新区、苏州工业园区等共建创新中心,从领域布局、方向定位、规模调整等方面推进材料化学工程国家重点实验室的重组工作。(2) 成立碳中和协同创新研究院,重点在碳分离捕集与催化转化、新能源与新材料、工业流程再造等方面形成共性支撑技术。(3) 系统构建多学科交叉融合的高水平研究平台,聚焦化工生产的本质安全关键技术,为我国化工安全生产的可持续发展提供技术支撑与应急保障。(4) 以可再生生物质资源的综合炼制为核心,围绕合成生物技术与系统生物工程、生物资源循环利用等方向,打造"生物＋"产业创新生态。

---

① 由于苏州大学、南京邮电大学、南京林业大学、南京信息工程大学、南京医科大学、南京中医药大学、南京师范大学 7 所高校同时也是"双一流"建设高校,各校的建设举措已于前一节进行了阐述,故本节不再重复呈现。

在服务经济社会发展方面:(1)牵头开展"全省化工产业安全环保整治提升攻坚行动",通过技术赋能产业、解决瓶颈问题,推动江苏化工产业体系重构,提升产业"含金量"。(2)建设南京工业大学长三角区域应急治理研究中心,打造基于本质安全设计的特色高端智库,构建"技术+管理+政策+法治+文化"五位一体应急管理基本模式,积极推进我国应急管理体系和能力现代化。

在国际交流与合作方面:(1)加入"一带一路"国际产学研合作联盟、中国—印尼产学研合作联盟、江苏—俄罗斯校群联盟等多个国际合作联盟。(2)聚焦"科技孔子学院"建设,探索"孔子学院+产业园"模式,推进国际学术创新交流和国际产业园布局,助力中非命运共同体构建。

⊃ 江苏大学

在人才培养方面:(1)出台《江苏大学研究生精品课程建设管理办法》《江苏大学专业学位研究生教学案例库建设管理办法》《江苏大学研究生教材建设管理实施细则》等政策,进一步优化四级课程建设体系,积极培育优秀教材、优秀课程和教学案例等优质教学资源。(2)开设"金山英才班""卓越工程师班""吴仲华班"等新工科实验班、新农科"高良润班"实验班,以及菁英学院、创新创业学院、国际组织人才学院等,建立分层分类的多元化拔尖创新人才培养体系。

在教师队伍建设方面:重点推进"095工程",加大"涉农"学科人才的引进和培养力度。

在科学研究方面:(1)围绕农机装备基础理论与关键共性技术,加强农机装备协同研究,形成"重点实验室+农装学部+农业工程学院+涉农研究院+协同创新中心"多位一体的涉农科研创新体系。(2)流体中心科研团队联合行业一流科研院所和领军企业,针对南水北调、海水淡化、深海资源开采等国家重大工程开展相关研究。(3)制定出台《江苏大学"推进哲学社会科学高质量发展"行动计划》,推进哲学社会科学繁荣。

在服务经济社会发展方面:(1)成立校主要领导领衔的农业科技先行县建设领导小组和工作组,组织专家团队进行实地调研考察和研讨,编制共建实施方案。(2)采取"政府+园区+高校+企业"政产学研合作模式,合作打造"智能农机装备研发与智慧农场",加强高端智能农机装备研发攻关与成果转化运用,提升农机装备智能化、现代化水平。

在传承创新优秀文化方面:顺利建成中国农机文化展示馆,推出"农机史话"系列活动,推进农机文化传承。

在国际交流与合作方面:实施"一院一中心"工程,建立 2 个"一带一路"国际农业科技创新院和"智能农业与农产品加工国际合作联合实验室"。

⊃ **扬州大学**

在人才培养方面:(1) 出台《关于加快推进"三全育人"综合改革,完善"大思政"工作格局实施方案》,落实二级学院党建工作和思想政治工作的主体责任。(2) 制定《扬州大学课程思政实施方案》,发挥马克思主义理论学科优势,积极试点探索思政课教师与专业课教师"1+N"结对共建。

在科学研究方面:(1) 围绕农业生物种质资源挖掘与创新利用、动物重要疫病、人兽共患病等优势领域,通过协同攻关、交叉融合实现关键领域的创新突破。(2) 制定《扬州大学人文社会科学科研创新团队建设与管理办法》,针对不同特点和类型的科研团队,实施分层建设、分类指导,充分激发科研平台创新活力。

在服务经济社会发展方面:成立"扬州大学中国农民发展研究中心""扬州大学中国乡土教育研究中心",服务乡村文化建设。

在国际交流与合作方面:启动筹建世界运河城市大学联盟,起草联盟工作方案和章程,梳理世界运河城市大学清单。

二、江苏高水平大学建设高峰计划 B 类建设高校

江苏科技大学、常州大学、南通大学、徐州医科大学、江苏师范大学、南京财经大学、南京艺术学院是江苏高水平大学建设高峰计划 B 类建设高校。7 所高校在人才培养、师资队伍建设、科学研究、社会服务以及国际交流与合作等方面持续推进体制机制改革,汇聚特色优势,积极为江苏经济社会发展做出贡献。

⊃ **南通大学**

在人才培养方面:(1) 在课程体系中明确学科交叉课程、研究型课程、创新创业课程等,出台《南通大学教学成果奖评选办法》等文件。(2) 与南通市港闸区人民政府共建通科微电子学院,与国际家纺产业园区共建现代家纺产业学院,实现产业学院与产教育人的深度融合,创新"政产学研"一体化的人才培养模式。

在教师队伍建设方面:(1) 实施包含省级基地创优计划、师德师能提升计

划、绩效评价赋能计划、师德典型培育计划的"师德领航工程"。（2）依托国家教育行政学院组织导师开展专题网络培训，涵盖政治理论与教育政策、师德师风与学术规范、科研诚信与全方位指导等全方位内容。

在科学研究方面：（1）围绕组织工程神经和神经再生修复机制进行创新研究，拓展"周围神经修复移植物"产品的临床应用，建立应用方案及指南。（2）在风力发电机组、电动汽车充电设备等环节破解关键技术难题。

在传承创新优秀文化方面：筹划成立张謇研究联盟，推进成立张謇研究高端智库，加强"张謇的传奇人生"慕课建设，形成特色课程。

在国际交流与合作方面：（1）加入"苏港澳高校合作联盟"，与澳门科技大学、澳门城市大学、圣若瑟大学、香港耀中幼教学院签订校际合作协议，开展学生交流、交换及保荐研究生等项目。（2）神经再生重点实验室与澳门科技大学中药质量研究国家重点实验室签订《组织工程与再生医学联合实验室组建框架协议》。

⊃ 江苏师范大学

在人才培养方面：（1）出台《关于加快构建思想政治工作体系的实施意见》《思想政治理论课质量提升行动方案》等系列文件，实施理论武装"筑基筑魂"、学科教学"创新创优"、日常教育"励志励行"等七大思政工程。（2）启动新文科专业建设探索，融入人工智能技术赋能文科教育，构建语言学（＋人工智能）、数字金融和师范（＋人工智能）等新文科专业集群和师范类专业集群。（3）推动新文科"金课"，建立健全汇入"中国元素"和"地方元素"的优质文科课程体系。

在教师队伍建设方面：（1）成立师德师风建设与评价研究院，推进师德师风建设工作研究创新。（2）出台《师德专题教育实施方案》，开展师德师风专题警示教育、优秀案例评选、知识竞赛答题、"与师范生谈师德修养"专题讲座等系列活动。（3）制定《"十四五"师资队伍建设规划暨人才优先发展战略行动计划》，起草《青年英才"苗圃计划"实施办法》《新时代人才强效实施办法》，为青年人才发展配备导师，实施院校两级后备人才遴选和培养监督机制。

在科学研究方面：启动建设语言脑机制与类脑智能实验室，搭建语言能力研究重大创新平台，推进语言学与脑科学、人工智能多学科交叉。

在传承创新优秀文化方面：（1）启动实施理论宣讲"十百万"计划，以建设10个理论宣讲示范点、举办100场理论宣讲活动、受众人群达10 000人为目标，形成马克思主义思想宣讲品牌。（2）启动发布两汉文化专项课题，聚焦对

"两汉文化"的思想价值、时代蕴含、现实意义等进行深入研究阐释,加强"中华文脉与两汉文化"传播。(3)启动社会主义先进文化课程群建设,围绕中国精神、中国价值、中国力量,探索高校国际传播文化课程体系建设。

在国际交流与合作方面:(1)推进与圣彼得堡彼得大帝理工大学联合制定中俄合作办学机构的博士培养方案,形成本硕博一体化人才培养体系。(2)先后联合俄罗斯圣彼得堡彼得大帝理工大学、俄罗斯科学院西伯利亚分院自动化和电测量研究所以及法国里昂第一大学等高校和科研院所,加快教育部国际合作联合实验室培育建设进度。(3)制定江苏师范大学人才工作全球布局图和重点学科人才分布地图,建立海外人才引进工作网络。

⊃ 江苏科技大学

在人才培养方面:出台《江苏科技大学研究生"课程思政"示范课程建设管理办法》《江苏科技大学研究生精品课程建设管理办法》《江苏科技大学专业学位研究生教学案例库建设管理办法》《江苏科技大学校外硕导聘任管理办法》《江苏科技大学导师遴选办法》等文件,实施卓越研究生创新能力培养工程。

在教师队伍建设方面:持续推进"深蓝人才"工程,拓展"深蓝团队"培养类型,提高青年人才创新能力,不断完善优秀人才遴选机制。

在科学研究方面:实施"高技术船舶数字化设计制造创新计划""高端装备制造关键材料及先进焊接技术创新高地计划""海洋开发技术及装备创新计划""蚕桑功能基因与资源利用创新计划",围绕国家发展重大需求,解决"卡脖子"难题。

在传承创新优秀文化方面:(1)实施"船魂"精神文化建设工程,推进"课程思政聚合行动",建设"中国近现代船舶工业的发展与中华民族的命运"主题国家在线开放课程,做精"深蓝"文化品牌。(2)建设蚕桑科技文化展厅,完成蚕桑特色通识课程和江苏省品牌公益教育在线课程优化;建设蚕桑文化讲堂,构建春蚕精神育人体系。

在国际交流与合作方面:成立中葡博士联合培养项目工作组,与葡萄牙里斯本大学签署了2+3双学位博士生联合培养项目和3+1+X博士生交换项目合作协议。

⊃ 常州大学

(1)在人才培养方面:出台《关于新时代提升思想政治教育工作质量的实施办法》《课程思政建设实施方案》,成立常州大学课程思政教学研究中心,培育课程思政教学改革研究项目,推动思政教师与 22 个基层教学组织结对,实现院系全覆盖。(2) 布局集成电路设计与集成系统、生物制药、应急技术与管理 3 个新专业。(3) 出台《常州大学研究生教育高质量发展工作方案(2021—2025)》,制定研究生质量提升八大行动计划。

在教师队伍建设方面:(1) 构建以"领军人才＋团队组建＋特殊政策"为运行模式的人才管理改革试验区,在资源调配、人才选聘、平台搭建、团队组建、经费使用、项目组织、绩效分配、工作模式等方面给予最大力度的政策支持。(2) 实施"领军选先"计划、"青年培优"计划、实施"梯队建设"计划,构建个性化、多通道、递进式培养体系。

在科学研究方面:(1) 在催化新材料、过程强化和生物资源利用等领域进行理工协同科研攻关,推进"减碳、零碳、负碳"关键技术研究与产业化应用。(2) 建立动力电池安全与事故防控技术工程实验室、精细化工反应安全风险评估联合实验室等面向区域和行业的安全技术创新中心。

在传承创新优秀文化方面:成立全国首家馆校合作联盟,邀请全国 64 所高校和 52 座革命纪念馆参加。

⊃ 徐州医科大学

在人才培养方面:(1) 以"一流课程建设为中心、优质教材建设为支撑、微专业建设为创新点",积极建设"懂医精药的临床药学人才培养体系"。(2) 成立课程思政教学研究中心,搭建课程思政资源库,进一步推进课程思政教育教学相关研究工作。

在教师队伍建设方面:落实"5555"人才引培计划,坚持"以才引才""以会引才""联合引才",加强多途径、高起点、立体式的吸纳人才宣传方式。

在科学研究方面:(1) 麻醉学重点实验室围绕医疗卫生领域国家重大战略需求,开展麻醉与镇痛、围术期脑健康和全麻机理的原始创新。(2) 创建长三角国家技术创新中心首家细胞治疗药物专研所,进行"卡脖子"核心技术集中攻关。(3) 采用"选择性优秀、关联性拉动",打造以麻醉与脑科学为主的特色学科群、以肿瘤和免疫为主的优势学科群、以医技与医工为主的交叉学科群,加快新医科、新高峰、新高原的学科发展"三新"建设。(4) 设立"校院联合基金项目",支持基础医学与临床医学精准对接、医学与工科交叉融合的科研项目,基于实践问题开展临床医学探索性研究。

在服务经济社会发展方面:(1) 成立转化医学研究院和数字医学研究院,打造医疗器械研发平台,围绕数字技术在医疗健康领域的运用。(2) 构建"优势学院—龙头企业—特色园区"三位一体创新发展格局,实现大学创新资源与社会资源汇聚融合。(3)成立徐州医科大学卫生健康政策研究中心,形成以居家为基础、社区为依托、机构为补充、医养相结合的养老服务体系。

在传承创新优秀文化方面:(1)以赤脚医生博物馆为主线,融合生命科学馆、口腔实验教学中心、基础和临床医学实验室的医学人文体验服务大平台,面向社会所有人员开放。(2)建成江苏省卫生健康系统医德医风教育基地、江苏省高校统一战线同心教育实践基地、江苏省新中国医学史教育基地、徐州市医德医风教育基地。

在国际交流与合作方面:(1)与美国北卡罗来纳教堂山公立大学、塔夫茨大学医学院、日本鹿儿岛大学签署海外交流项目,实现学分互认。(2)与马来亚大学医学中心、利比里亚杰克逊·菲亚·多伊纪念区转诊医院签订合作协议,拓展海外实习基地。

⊃ 南京财经大学

在人才培养方面:(1)出台《南京财经大学基层党组织"强基创优"建设计划实施方案》,实施"学生党支部政治辅导员领航计划",建立"常态化下沉一线"制度,构建"4+3+N"学生党建新模式。(2)构建财经类专业学位研究"全程协同、双元融合"的人才培养模式,在产教联动和实践创新方面聚焦研究生专业素养和实践能力提升。(3)制定《南京财经大学关于加强和改进美育工作的实施方案》,在通识教育六大模块中新设"艺术修养与审美体验"模块,把美育工作纳入人才培养总体规划。

在教师队伍建设方面:出台《南京财经大学招聘人员思想政治素质和师德师风考察工作办法》等规定,实施高水平人才与团队引培专项计划,推进人才梯队建设。

在科学研究方面:(1)出台《南京财经大学关于进一步加强科研工作的指导意见》《南京财经大学科研诚信管理办法》等制度,完善科研管理机制。(2)联合粮食行业主管部门、领军企业、科研院所等创新主体,在粮食安全和粮食产业链发展等方面进行关键技术突破。

在服务经济社会发展方面:(1)搭建集粮食领域人才服务、技术服务、大数据服务、金融服务、法律服务等为一体的"苏粮智谷"高水平社会服务载体。(2)完成"粮库实操培训和评价考核系统""综合粮情在线检测系统"等多个粮食信息化平台产品,"全国临时应急企业信息监测与统计监管平台"进行全面推广,有效保障疫情防控期间粮食应急保障工作的高效有序运行。

在国际交流与合作方面:(1) 建设"南京财经大学梅西学院",为新西兰高校在江苏设立的首个中外合作办学机构;成立"南京财经大学来华留学生高等教育质量认证工作小组",构建多维度国际化人才培养新体系。(2) 依托中国加拿大储粮生态研究中心建设,共建南京财经大学—曼尼托巴大学粮食流通与安全国际合作联合实验室,有效支撑粮食行业和区域经济发展。

○ 南京艺术学院

在人才培养方面:(1) 修订印发《南京艺术学院研究生指导教师管理办法(修订)》,举办南京艺术学院研究生教育工作会议。(2) 依托"思政名师分层培育、思政精品课程孵化、思政特色实践创新、思政建设融合创新"四大项目,系统谋划思政育人融合创新的实施路径。

在教师队伍建设方面:与中国教育干部网络学院合作,全校教职工参加"坚守教育初心勇担育人使命,深化新时代师德师风建设"专题网络培训。

在服务经济社会发展方面:(1) 开展"社会主义文化强国先行区建设""江苏文化高质量发展研究""江苏数字文化产业发展研究"等重大智库咨政课题,以《文创智库专报》《文创智库要报》形式向国家有关部委和省级政府机构报送咨政研究成果。(2) 制定《高水平大学高峰计划:乡村振兴文化服务工程》项目实施方案;完成《淮安"十四五"文化产业发展规划》《无锡"十四五"文化改革发展规划》。

在传承创新优秀文化方面:(1) 与中央编译出版社联合推进马克思主义中国化艺术研究与创作中心建设。(2) 面向全社会推出庆祝建党 100 周年展演活动,包括"壮阔百年·艺心向党"为主题,美术/书法/设计作品展、大型文艺专场演出、原创党史题材音乐剧《隐秘的光》、"奋斗之路"舞蹈晚会、大型舞台剧《那时花开》、"流金岁月传唱经典"流行音乐专场演出等精品艺术展演。

第三章
学科建设

"双一流"建设进入"第二轮",学科建设水平取得新突破。江苏高校48个"双一流"建设学科共建有66个国家级教学平台,获评江苏省优秀博士学位论文69篇;培育有103个国家级高水平创新团队,高层次人才数量持续增长;建有49个国家级科研平台,新增国家级科研重大项目153项,在世界顶级期刊Nature、Science、Cell主刊发表学术论文13篇;建有国际合作平台74个,新增国际合作项目143项,共派出超过1 800名学生赴境外学习三个月及以上,招收培养境外留学生超过2 500人。

优势学科达成"第三期"任务,推动学科建设体系整体提升。2021年底,江苏省178个优势学科全部顺利完成了三期项目的建设任务。2018—2021年,优势学科共新增省部级及以上科研平台209个,新增国家级创新团队35个,高层次人才引培再破新高;共获评国家教学成果奖57项,国家级教学名师16名,国家级优质课程资源236项,江苏省优秀博士学位论文275篇;共获国家科技重大奖项50项,高水平科研成果奖项近400项,立项高水平科研重点项目超过1 000项,发表顶级期刊学术论文近400篇,一流期刊学术论文超过11 000篇;新增国际合作平台38个,国家合作项目近800项,主办(承办)国际性学术会议近1 000场,资助师生参加境外交流近18 000人次,境外学习三个月以上学生超过7 000名,累计招收培养境外留学生近10 000名,共开设国际化课程近1 800门。

重点学科面向"十四五"目标,促进学科建设布局协调发展。2021年,为贯彻落实国家新时期学科专业体系改革和重点领域急需学科专业建设相关文件精神,构建定位科学、布局合理、结构清晰的江苏高校学科生态和体系,推动江苏高等教育高质量发展,江苏省组织开展了"十四五"重点学科的遴选工作。全省共327个学科立项为"十四五"重点学科,其中普通高校入选312个重点学科。

学科体系建设成效稳中有进,获得国际第三方学科评价广泛认可。2021

年,江苏省 32 所高校的 200 个学科进入 ESI 前 1‰,分列全国第一和第二;入选 ARWU、QS、U. S. News 等学科评价前 25％的学术数均保持在全国前列。

第一节 "双一流"建设学科

48 个"双一流"建设学科代表江苏高校学科建设体系中的最高水平,依托长久以来积累的优势,在人才培养、科研创新、服务社会等方面不断创新突破和树立典范,引领学科建设体系发展壮大。

一、总体情况

在教育部、财政部、国家发展和改革委员会公布第二轮"双一流"建设高校及建设学科名单中,江苏省 16 所"双一流"建设高校共 48 个学科进入"双一流"建设学科行列(表 3‐1),分布在 8 个学科门类。其中,工学 28 个(58.33％)、理学 8 个(16.67％)、农学和医学各 3 个(6.25％)、文学 2 个(4.17％)、哲学、经济学、管理学和艺术学各 1 个(2.08％),见图 3‐1。法学、教育学和历史学等学科门类尚未有学科入选。

表 3‐1 江苏新一轮"双一流"建设高校的学科分布

学校	学科名称	学科数/个
南京大学	哲学、理论经济学(新增)、中国语言文学、外国语言文学、物理学、化学、天文学、大气科学、地质学、生物学、材料科学与工程、计算机科学与技术、化学工程与技术、矿业工程、环境科学与工程、图书情报与档案管理	16
苏州大学	材料科学与工程	1
东南大学	机械工程(新增)、材料科学与工程、电子科学与技术、信息与通信工程、控制科学与工程、计算机科学与技术、建筑学、土木工程、交通运输工程、生物医学工程、风景园林学、艺术学理论	12
南京航空航天大学	力学、控制科学与工程(新增)、航空宇航科学与技术(新增)	3
南京理工大学	兵器科学与技术	1
中国矿业大学	矿业工程、安全科学与工程	2
南京邮电大学	电子科学与技术	1
河海大学	水利工程、环境科学与工程	2

（续表）

学校	学科名称	学科数/个
江南大学	轻工技术与工程、食品科学与工程	2
南京林业大学	林业工程	1
南京信息工程大学	大气科学	1
南京农业大学	作物学、农业资源与环境	2
南京医科大学（新增）	公共卫生与预防医学（新增）	1
南京中医药大学	中药学	1
中国药科大学	中药学	1
南京师范大学	地理学	1

注：高校按学校代码排序，本章同。

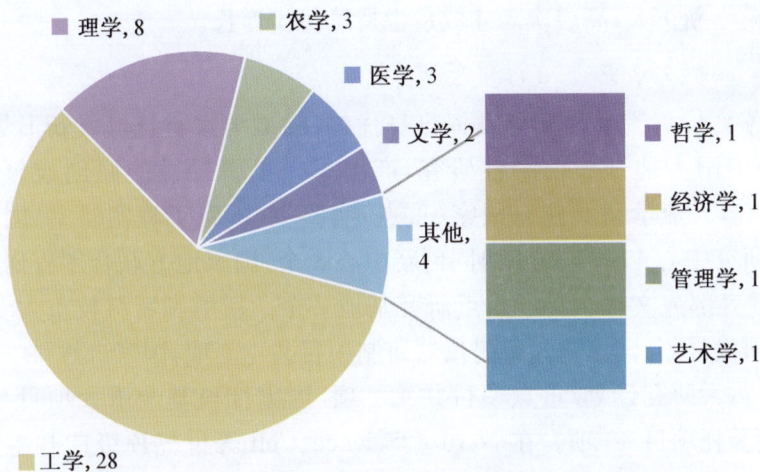

图 3-1　江苏新一轮"双一流"建设学科名单的学科门类分布（个）

二、建设成效

　　江苏高校48个"双一流"建设学科落实立德树人根本任务，以实现世界一流为根本目标，在学科建设体系中发挥龙头示范的引领作用，在人才培养、师资队伍建设、科学研究和国际交流合作中取得大量突破性成果，不断推动江苏高等教育综合实力呈现新高度。

（一）引领人才培养质量提升

江苏高校一流学科牢牢把握立德树人根本任务,统筹推进拔尖人才培养模式改革,不断完善人才培养机制。截至 2021 年底,一流学科共建有国家级教学平台(国家级实验教学示范中心和国家虚拟仿真实验教学中心)66 个,获评江苏省优秀博士学位论文 69 篇,全国博士学位论文抽检合格率平均99.14%。江苏高校一流学科在全省高校深化教学改革、提高人才培养质量方面起到了引领示范作用。

（二）汇聚顶尖师资人才队伍

江苏高校一流学科不断加大高层次人才引培力度,加快聚集领军人才和创新团队,为人才培养和科学研究提供了强有力的人才支撑。截至 2021 年底,一流学科累计培育出国家自然科学基金委创新群体 29 个,教育部创新团队、科技部重点领域创新团队 74 个;经引培,现有国家级人才 1 207 人。创新团队规模不断扩大,高层次人才数量也持续稳步增长。

（三）推动科学研究创新突破

江苏高校一流学科充分发挥自身优势,瞄准国家科技发展新形势、新趋势,扎根中国大地开展前瞻性研究,产出了一批引领性的原创成果。截至2021 年底,一流学科共建有国家(重点)实验室、国家工程实验室、国家工程(技术)研究中心 41 个,2011 协同创新中心 8 个,国家地方联合工程研究中心15 个,教育部人文社会科学重点研究基地 7 个。新增国家科技重大专项、国家重点研发计划、国家重大科研仪器研制项目共 159 项,国家自然科学基金重大项目/重大研究计划/重点项目共 120 项,国家社科基金重大项目/重点项目/特别委托项目 40 项。在 Nature、Science、Cell 等世界顶级期刊主刊发表学术论文 13 篇,在各自学科公认的其他一流期刊发表学术论文 4 428 篇。

（四）创新国际合作交流途径

虽然国际交流与合作在疫情特殊时期受到严重影响,但江苏高校一流学科依托先进技术和有效管理创新开辟出各种安全途径,尽可能地保障高校人才培养、学术交流国际化的活跃度。截至 2021 年底,江苏高校一流学科共建国家 111 计划引智基地 61 个、教育部国际合作联合实验室 6 个、科技部国际联合研究中心 6 个,主办(承办)国际性学术年会(含线上)127 场,共派出 1 805名学生赴境外学习(三个月及以上),招收培养境外留学生 2 550 人,新增国际合作项目 143 项。

第二节 江苏高校优势学科建设工程

2021 年,江苏高校优势学科建设工程(以下简称优势学科)三期项目进入收官之年。在为期 4 年的建设周期内,全省 178 个优势学科集中各自优势和特色,对接一流学科建设,瞄准学科前沿,紧跟国家或地方战略发展需求,是江苏省学科建设体系的中坚力量。

一、总体情况

根据《江苏高校优势学科建设工程三期项目管理办法》(苏教研函〔2019〕4号)和《关于做好江苏高校优势学科建设工程三期项目期满验收工作的通知》(苏高建办函〔2022〕1 号),江苏高水平大学建设领导小组办公室组织开展了江苏高校优势学科建设工程三期项目期满验收工作,经资金审计、高校自评、初步审查、专家审核、综合认定等程序,认定 178 个学科(A 类 44 个、B 类 100个、C 类 34 个)全部通过期满验收,其中 70 个学科为"优秀",优秀率达39.33%(表 3‐2)。

表 3‐2 江苏高校优势学科建设工程三期项目验收结果

高校	优秀	合格
南京大学(19)	理论经济学(A)、社会学(A)、中国史(A)、数学(A)、地理学(A)、生态学(A)、电子科学与技术(A)、软件工程(A)、工商管理(A)、管理科学与工程(B)、公共管理(B)	法学(A)、应用经济学(B)、政治学(B)、马克思主义理论(B)、新闻传播学(B)、考古学(B)、世界史(B)、城乡规划学(B)
苏州大学(20)	化学(B)、光学工程(B)、基础医学(B)、特种医学(B)、临床医学(C)	软件工程(A)、设计学(A)、法学(B)、政治学(B)、马克思主义理论(B)、体育学(B)、中国语言文学(B)、外国语言文学(B)、数学(B)、物理学(B)、计算机科学与技术(B)、化学工程与技术(B)、纺织科学与工程(B)、药学(B)、工商管理(B)
东南大学(12)	仪器科学与技术(A)、城乡规划学(A)、管理科学与工程(A)、哲学(B)、机械工程(B)、动力工程及工程热物理(B)、电气工程(B)、化学工程与技术(B)、软件工程(B)、医学技术(B)	应用经济学(B)、环境科学与工程(B)

高校	优秀	合格
南京航空 航天大学 (8)	机械工程(A)、管理科学与工程(A)、电气工程(B)、控制科学与工程(B)、航空宇航科学与技术(B)	计算机科学与技术(B)、软件工程(B)、材料科学与工程(C)
南京理工大学 (6)	化学工程与技术(A)、机械工程(B)、光学工程(B)、控制科学与工程(B)、材料科学与工程(C)	计算机科学与技术(B)
江苏科技大学 (3)	船舶与海洋工程(C)	材料科学与工程(C)、管理科学与工程(C)
中国矿业大学 (6)	测绘科学与技术(A)、机械工程(B)	地质资源与地质工程(A)、土木工程(B)化学工程与技术(B)、管理科学与工程(B)
南京工业大学 (6)	化学工程与技术(A)、动力工程及工程热物理(B)、轻工技术与工程(B)、安全科学与工程(B)	材料科学与工程(B)、土木工程(B)
常州大学 (2)	化学工程与技术(C)	材料科学与工程(C)
南京邮电大学 (3)	光学工程(B)、信息与通信工程(B)	软件工程(B)
河海大学 (6)	土木工程(A)、软件工程(C)	马克思主义理论(B)、管理科学与工程(B)、工商管理(B)、海洋科学(C)
江南大学 (4)	设计学(A)	控制科学与工程(B)、化学工程与技术(B)、纺织科学与工程(C)
南京林业大学 (4)	风景园林学(A)、林学(A)	生物学(C)、环境科学与工程(C)
江苏大学 (10)	农业工程(A)	机械工程(B)、材料科学与工程(B)、动力工程及工程热物理(B)、控制科学与工程(B)、计算机科学与技术(B)、环境科学与工程(B)、食品科学与工程(B)、管理科学与工程(B)、临床医学(C)
南京信息 工程大学 (4)	环境科学与工程(C)	计算机科学与技术(B)、地理学(C)、信息与通信工程(C)

（续表）

高校	优秀	合格
南通大学 （2）	机械工程（C）	基础医学（C）
南京农业大学 （8）	园艺学（A）、植物保护（A）、农林经济管理（A）、畜牧学（B）	食品科学与工程（A）、公共管理（A）、兽医学（B）、农业工程（C）
南京医科大学 （6）	公共卫生与预防医学（A）、临床医学（B）	基础医学（B）、口腔医学（B）、药学（B）、护理学（B）
徐州医科大学 （1）		基础医学（C）
南京中医药大学 （3）	中医学（A）、中西医结合（A）	护理学（B）
中国药科大学 （2）	药学（A）	生物学（C）
南京师范大学 （14）	马克思主义理论（A）、教育学（A）、生物学（B）	中国语言文学（A）、外国语言文学（A）、美术学（A）、哲学（B）、法学（B）、心理学（B）、体育学（B）、新闻传播学（B）、数学（B）、化学（B）、音乐与舞蹈学（B）
江苏师范大学 （6）	中国语言文学（B）	教育学（B）、地理学（C）、生物学（C）、统计学（C）、光学工程（C）
南京财经大学 （3）		应用经济学（B）、工商管理（B）、食品科学与工程（C）
江苏警官学院 （1）		公安学（C）
南京体育学院 （1）		体育学（C）
南京艺术学院 （5）	美术学（A）	音乐与舞蹈学（A）、设计学（A）、艺术学理论（B）、戏剧与影视学（B）
苏州科技大学 （3）		城乡规划学（B）、土木工程（C）、环境科学与工程（C）
扬州大学 （7）	兽医学（A）、作物学（B）	马克思主义理论（B）、中国语言文学（B）、化学（B）、畜牧学（B）、水利工程（C）
南京审计大学 （2）		工商管理（B）、应用经济学（C）

(续表)

高校	优秀	合格
江苏海洋大学 (1)		海洋科学(C)
全省 **(178)**	**70(39.33%)**	**108(60.67%)**

注:学科名称后为该学科在江苏高校优势学科建设工程三期项目中的建设等级。

二、建设成效

在 2018 年至 2021 年为期 4 年的建设周期内,全省 31 所高校 178 个优势学科紧扣建设目标,聚焦高质量内涵建设,聚力推进改革创新,重点围绕优质资源、创新团队、人才培养、科研创新、国际交流与合作等方面开展建设,成果数量丰富、质量突出,标志性成果接连涌现,充分发挥了辐射作用,全面支撑江苏省高等教育整体实力的不断提升。[①]

(一)高层次科研平台接连增加

优质平台资源是学科发展的基石和支撑。各优势学科积极推进各类重大科研平台建设,不断夯实学科科研创新与人才培养的基础。2018—2021 年,全省优势学科新增国家级科研平台 52 个,省级科研平台 157 个(表 3-3)。

表 3-3　2018—2021 年江苏省优势学科(三期)优质资源建设标志性成果　单位:个

优质资源	A 类	B 类	C 类	全省
国家级科研平台	9	35	8	**52**
省部级科研平台	33	82	42	**157**

注:1. 国家级科研平台包含国家(重点)实验室、国家工程实验室、国家工程(技术)研究中心建设、国家级 2011 协同创新中心等。

2. 省级科研平台包含国家地方联合工程研究中心(工程实验室)、教育部工程研究中心、江苏省工程技术研究中心、江苏省协同创新中心、省部共建协同创新中心、教育部哲学社会科学研究基地、江苏省哲学社会科学研究基地、江苏省重点高端(培育)智库建设等。

(二)师资队伍建设持续加强

高层次人才、高层次创新团队是学科发展水平提升的主力军。各优势学

---

①　所有资料来源取自各校优势学科建设绩效期满验收报告。

科不断加大人才引进与培育力度,强化科研创新团队、高端人才队伍建设。2018—2021 年,全省优势学科共新增国家级创新团队 35 个,引培高层次人才共 927 人(表 3－4)。

表 3－4　2018—2021 年江苏省优势学科(三期)创新团队建设标志性成果

师资队伍建设	A 类	B 类	C 类	全省
国家级创新团队/个	17	16	2	**35**
高层次人才引培/人	293	470	164	**927**

注:1. 国家级创新团队指国家自然科学基金委创新群体、教育部创新团队、科技部重点领域创新团队。

2. 高层次人才主要包括中国科学院院士、中国工程院院士、"长江学者"特聘教授、国家杰出青年科学基金获得者、"万人计划"领军人才、"万人计划"教学名师、"长江学者"青年学者、国家优秀青年科学基金获得者、"万人计划"青年拔尖人才、国家级百千万人才工程人选、江苏省社科名家、江苏特聘教授、省"333 工程"一层次培养对象等。

(三)创新型人才培养质量稳步提高

为进一步践行立德树人使命,积极服务江苏高质量发展的人才需求,各优势学科以人才培养作为落脚点,不断创新人才培养体系。2018—2021 年,全省优势学科共斩获国家级教学成果奖 57 项,省级教学成果奖(一等奖及以上)74 项;共新增国家级教学平台 7 个、国家级优质课程资源 236 项、国家级教学名师 16 名;共获评省级优秀博士学位论文 275 篇;全国博士学位论文抽检合格率达平均 99.18%(表 3－5)。

表 3－5　2018—2021 年江苏省优势学科(三期)人才培养标志性成果

人才培养标志性成果	A 类	B 类	C 类	全省
国家教学成果奖/项	27	25	5	**57**
省级教学成果奖(一等奖及以上)/项	24	40	10	**74**
国家级教学平台/个	2	4	1	**7**
国家级优质课程资源/项	79	126	31	**236**
国家级教学名师/名	10	5	1	**16**
全国博士学位论文抽检率(平均)/%	99.55	97.99	98.75	**99.18**
省级优秀博士论文/篇	105	152	18	**275**

(四)科研创新能力不断增强

围绕"四个面向"完成高水平科研创新工作,自主知识产权比例不断提高,科研创新能力进一步提升。2018—2021年,全省优势学科共获评国家级科技重大奖项50项,高水平自然科学研究成果奖219个,高水平社会科学研究成果奖166个;共获批高水平自然科学研究重点项目643项、高水平社会科学研究重点项目404项;共发表顶级期刊学术论文386篇,发表一流期刊学术论文11 073篇(表3-6)。

表3-6　2018—2021年江苏省优势学科(三期)科研创新标志性成果

科研创新标志性成果	A类	B类	C类	全省
国家级科技重大奖项/个	19	28	3	**50**
高水平自然科学科研成果奖/个	63	115	41	**219**
高水平社会科学科研成果奖/个	81	77	8	**166**
高水平自然科学研究重点项目/项	209	352	82	**643**
高水平社会科学研究重点项目/项	124	260	20	**404**
顶级期刊学术论文/篇	177	128	81	**386**
一流期刊学术论文/篇	3 076	5 567	2 430	**11 073**

注:1. 国家科技重大奖项包含国家自然科学类\科学技术发明奖\科学技术进步奖二等奖及以上、国防科学技术奖一等奖及以上。

2. 高水平自然科学科研成果奖包含教育部高等学校科学研究优秀成果奖(科学技术)二等奖及以上、江苏省科学技术一等奖及以上等。高水平社会科学科研成果奖包含教育部高等学校科学研究优秀成果奖(人文社科)二等奖及以上、江苏省哲学社会科学优秀成果奖一等奖及以上等。

3. 高水平自然科学重点项目包含国家科技重大专项、国家重点研发计划、国家重大科研仪器研制项目、高等学校自然科学基金重大项目/重大研究计划/重点项目。高水平社会科学重点项目包含国家社科基金重大项目/重点项目/特别委托项目、教育部哲学社会科学研究重大课题攻关项目、江苏省社科基金重点项目、江苏省教育科学"十三五"规划重大课题和重点资助课题等。

4. 顶级期刊学术论文包括发表在Nature、Science、Cell、PNAS等世界顶级期刊(含子刊)的学术论文。一流期刊学术论文包括发表在本学科公认的其他顶级期刊的学术论文。

(五)国际交流与合作平稳推进

不断挖掘学科特色与国际化资源,各类精品化国际合作项目继续落地落实,并在疫情防控期间优化调整策略,积极探寻新途径,使国际交流与合作呈现出特殊时期的新特征。2018—2021年,全省优势学科共新增各级各类国际合作平台38个,国际合作项目789项;主办、承办国际性学术会议931场,资助师生参加国际学术交流17 575人次;派遣境外学习(三个月以上)学生数达

7 066 人次；公招收培养境外留学生 9 908 人，开设国际化课程 1 746 门（表 3-7）。

表 3-7　2018—2021 年江苏省优势学科（三期）国际交流与合作标志性成果

国际交流与合作标志性成果	A 类	B 类	C 类	全 省
国际合作平台（省级及以上）/个	16	17	5	**38**
国际合作项目/项	204	403	182	**789**
主办、承办国际性学术会议/场	261	517	153	**931**
资助师生参加国际学术交流/人次	6 450	8 104	3 021	**17 575**
境外学习经历学生数（三个月以上）/人次	1 934	3 844	1 288	**7 066**
招收培养境外留学生/人	3 123	4 809	1 976	**9 908**
国际化课程/门	473	904	369	**1 746**

第三节　江苏省重点学科

江苏省重点学科（以下简称重点学科）旨在引导和支持江苏高校主动服务国家重大战略和江苏经济社会发展需求，立足高校自身优势和特色，优化学科结构，凝练学科方向，突出建设重点，推动学科建设体系的协调发展。

为贯彻落实国家新时期学科专业体系改革和重点领域急需学科专业建设相关文件精神，构建定位科学、布局合理、结构清晰的江苏高校学科生态和体系，推动江苏高等教育高质量发展，江苏省教育厅于 2021 年 12 月组织开展了"十四五"重点学科遴选工作。共 327 个学科被遴选为"十四五"重点学科，其中普通高校 312 个重点学科（表 3-8）。

表 3-8　江苏省"十四五"重点学科分类建设名单（不含部队院校）

高校	A 类	B 类	C 类
南京大学 （10）	光学工程、信息与通信工程、地质资源与地质工程、基础医学、临床医学、口腔医学、药学、戏剧与影视学、集成电路科学与工程、国家安全学（10）	—	—

（续表）

高校	A类	B类	C类
苏州大学（6）	哲学、应用经济学、教育学、中国史、公共卫生与预防医学、护理学(6)	—	—
东南大学（11）	马克思主义理论、外国语言文学、数学、物理学、生物学、力学、光学工程、网络空间安全、公共卫生与预防医学、临床医学、集成电路科学与工程(11)	—	—
南京航空航天大学（8）	马克思主义理论、数学、光学工程、仪器科学与技术、动力工程及工程热物理、信息与通信工程(6)	电子科学与技术、工商管理(2)	—
南京理工大学(12)	马克思主义理论、数学、物理学、力学、动力工程及工程热物理、电子科学与技术、航空宇航科学与技术、环境科学与工程、软件工程、管理科学与工程(10)	外国语言文学、安全科学与工程(2)	—
江苏科技大学(9)	—	马克思主义理论、机械工程、冶金工程、动力工程及工程热物理、控制科学与工程、计算机科学与技术、土木工程、工商管理、能源化学工程(9)	—
中国矿业大学(7)	数学、地质学、力学、电气工程、控制科学与工程、计算机科学与技术、公共管理(7)	—	—
南京工业大学(8)	化学(1)	外国语言文学、控制科学与工程、建筑学、环境科学与工程、食品科学与工程、管理科学与工程、药学(7)	—
常州大学（8）	安全科学与工程(1)	马克思主义理论、化学、动力工程及工程热物理、计算机科学与技术、石油与天然气工程、环境科学与工程、工商管理(7)	—

高校	A类	B类	C类
南京邮电大学(9)	控制科学与工程、网络空间安全、集成电路科学与工程(3)	社会学、马克思主义理论、教育学、材料科学与工程、计算机科学与技术、管理科学与工程(6)	—
河海大学(10)	社会学、力学、电气工程、计算机科学与技术、测绘科学与技术、地质资源与地质工程、农业工程(7)	数学、机械工程、公共管理(3)	—
江南大学(7)	机械工程、软件工程(2)	教育学、数学、光学工程材料科学与工程、管理科学与工程(5)	—
南京林业大学(10)	生态学、机械工程、轻工技术与工程、农林经济管理(4)	马克思主义理论、材料科学与工程、电子科学与技术、土木工程、化学工程与技术、设计学(6)	—
江苏大学(8)	数学、交通运输工程(2)	应用经济学、马克思主义理论、教育学、物理学、化学、中药学(6)	—
南京信息工程大学(7)	数学、人工智能(2)	马克思主义理论、海洋科学、光学工程控制科学与工程、设计学(5)	—
南通大学(8)	临床医学、特种医学(2)	马克思主义理论、教育学、中国语言文学、化学、控制科学与工程、纺织科学与工程(6)	—
盐城工学院(6)	—	机械工程、材料科学与工程、化学工程与技术、生物工程(4)	信息与通信工程、土木工程(2)
南京农业大学(5)	草学、生态学(2)	化学、机械工程、环境科学与工程(3)	—
南京医科大学(3)	生物学(1)	公共管理、生物医学工程(2)	—
徐州医科大学(7)	临床医学(1)	生物学、公共卫生与预防医学、药学、医学技术、护理学(5)	信息与通信工程(1)

(续表)

高校	A类	B类	C类
南京中医药大学（8）	—	生物学、公共卫生与预防医学、公共管理、人文医学基础医学、临床医学、药学（7）	医学技术（1）
中国药科大学（3）	—	生物医学工程、基础医学（2）	环境科学与工程（1）
南京师范大学（9）	应用经济学、政治学、中国史、物理学、环境科学与工程、戏剧与影视学（6）	动力工程及工程热物理、电气工程、计算机科学与技术（3）	—
江苏师范大学（10）	—	哲学、应用经济学、法学、马克思主义理论、外国语言文学、世界史、数学、化学、机械工程、戏剧与影视学（10）	—
淮阴师范学院（7）	—	中国语言文学、生态学（2）	马克思主义理论、教育学、数学、物理学、化学（5）
盐城师范学院（4）	—	—	马克思主义理论、教育学、中国语言文学、生物工程（4）
南京财经大学（9）	—	理论经济学、法学、马克思主义理论、外国语言文学、新闻传播学、数学、软件工程、公共管理、管理科学与工程（9）	—
江苏警官学院（5）	—	公安技术（1）	法学、网络空间安全、公共管理、国家安全学（4）
苏州科技大学（6）	—	世界史、数学、光学工程、材料科学与工程、建筑学、风景园林学（6）	—
常熟理工学院（4）	—	—	材料科学与工程、动力工程及工程热物理、控制科学与工程、生物工程（4）

(续表)

高校	A类	B类	C类
南京工业职业技术大学(1)	—	—	软件工程(1)
淮阴工学院(6)	—	化学工程与技术、交通运输工程、作物学(3)	机械工程、软件工程、设计学(3)
常州工学院(4)		—	机械工程、电气工程、土木工程、工商管理(4)
扬州大学(10)	体育学、外国语言文学、中国史、物理学、生物学、土木工程、植物保护、草学(8)	法学、机械工程(2)	—
三江学院(2)		—	信息与通信工程、设计学(2)
南京工程学院(7)	—	机械工程、电气工程(2)	材料科学与工程、动力工程及工程热物理、控制科学与工程、工商管理、设计学(5)
南京审计大学(6)	统计学(1)	理论经济学、法学、计算机科学与技术、公共管理(4)	马克思主义理论(1)
南京晓庄学院(3)		—	教育学、中国语言文学、生态学(3)
江苏理工学院(5)		教育学、机械工程(2)	控制科学与工程、计算机科学与技术、工商管理(3)
江苏海洋大学(4)		应用经济学、机械工程、生物工程、药学(4)	
徐州工程学院(4)	—	—	机械工程、食品科学与工程、安全科学与工程、工商管理(4)
南京特殊教育师范学院(4)	—	—	教育学、中国语言文学、数学、公共管理(4)
南通理工学院(2)	—	—	机械工程、工商管理(2)

高校	A类	B类	C类
南京森林警察学院(2)	—	—	公安学、公安技术(2)
泰州学院(3)	—	—	机械工程、药学、管理科学与工程(3)
无锡太湖学院(3)	—	—	应用经济学、设计学、计算机科学与技术(3)
金陵科技学院(5)	—	—	城乡规划学、软件工程、园艺学、工商管理、设计学(5)
南京传媒学院(1)	—	—	新闻传播学(1)
无锡学院(4)	—	—	电子科学与技术、控制科学与工程、网络空间安全、管理科学与工程(4)
苏州城市学院(1)	—	—	光学工程(1)
宿迁学院(3)	—	—	机械工程、计算机科学与技术、土木工程(3)
江苏第二师范学院(4)	—	—	教育学、中国语言文学、数学、生物学(4)
西交利物浦大学(1)	—	—	计算机科学与技术(1)
中共江苏省委党校(2)	—	政治学、马克思主义理论(2)	—
江苏省中国科学院植物研究所(1)	—	生物学(1)	—
全省	93	138	81

第四节　第三方评价

江苏高校学科建设体系协调发展,在国际主流学科评价中均获得了较高评价,形成了良好的学科成长态势。

一、ESI 学科评价

根据科瑞·唯安公司(Clarivate Analytics)2022 年 1 月发布的《基本科学指标》(Essential Science Indicators,以下简称 ESI)数据进行统计,2021 年,江苏 32 所高校的 200 个学科进入 ESI 前 1‰,14 所高校的 25 个学科进入前 1‰,东南大学的工程学进入前 1‱。其中,10 个学科进入前 50 位,较 2020 年新增 1 个;另有 12 个学科进入前 51—100 位(不含前 50),较 2020 年新增 1 个(表 3 - 9)。①

表 3 - 9　2021 年江苏高校 ESI 学科评价结果(截至 2021 年 1 月)

高校	前 1‰学科	前 1%(不含前 1‰)学科
南京大学(18)	化学★ 材料科学★ 地质学◆ 环境生态学◆ 工程学 临床医学	物理学◆、数学◆、计算机科学、药理学与毒理学、生物学与生物化学、神经科学与行为学、免疫学、分子生物学与遗传学、农业科学、社会科学、植物与动物科学、经济学与商务学(新增)
苏州大学(15)	材料科学★ 化学◆	药理学与毒理学、生物学与生物化学、工程学、物理学、分子生物学与遗传学、神经科学与行为学、临床医学、数学、计算机科学、免疫学、农业科学、环境生态学、社会科学(新增)
东南大学(13)	工程学★(前 1‰) 计算机科学★ 材料科学◆	数学◆、物理学、临床医学、化学、药理学与毒理学、生物学与生物化学、神经科学与行为学、社会科学、环境生态学、分子生物学与遗传学
南京航空航天大学(7)	工程学◆	材料科学、计算机科学、化学、社会科学、数学(新增)、物理学(新增)
南京理工大学(6)	工程学◆	计算机科学、材料科学、化学、物理学(新增)、环境生态学(新增)

① ESI 相关统计数据由江苏省教育评估院课题组提供。

(续表)

高校	前1‰学科	前1%(不含前1‰)学科
江苏科技大学(3)		工程学、材料科学、化学
中国矿业大学(8)	工程学◆	地质学、材料科学、化学、数学、计算机科学、环境生态学、社会科学(新增)
南京工业大学(5)	化学 材料科学(新增)	工程学、生物学与生物化学、环境生态学(新增)
常州大学(3)		材料科学、化学、工程学
南京邮电大学(5)		计算机科学、材料科学、化学、工程学、物理学(新增)
河海大学(9)	工程学(新增)	计算机科学、环境生态学、农业科学、材料科学、地质学、数学(新增)、化学(新增)、社会科学(新增)
江南大学(9)	农业科学★	工程学、化学、生物学与生物化学、材料科学、临床医学、计算机科学、药理学和毒理学、环境生态学(新增)
南京林业大学(7)		植物与动物科学、工程学、农业科学、材料科学、化学、环境生态学、生物学与生物化学(新增)
江苏大学(9)	工程学(新增)	材料科学、化学、农业科学、临床医学、药理学与毒理学、生物学与生物化学、环境生态学、临床医学(新增)
南京信息工程大学(7)	计算机科学★	地质学◆、工程学、环境生态学、化学、农业科学(新增)、材料科学(新增)
南通大学(6)		神经科学与行为学、临床医学、药理学与毒理学、工程学、生物学与生物化学(新增)、化学(新增)
盐城工学院(3)		材料科学(新增)、化学(新增)、工程学(新增)
南京农业大学(10)	农业科学★ 植物与动物科学★	微生物学、环境生态学、生物学与生物化学、工程学、分子生物学与遗传学、化学、药理学与毒理学、社会科学(新增)
南京医科大学(9)	临床医学 药理学与毒理学◆ (新增)	分子生物学与遗传学、免疫学、化学、材料科学、神经科学与行为学、生物学与生物化学、社会科学、
徐州医科大学(4)		临床医学、药理学与毒理学、神经科学与行为学、分子生物学与遗传学(新增)

(续表)

高校	前1‰学科	前1%（不含前1‰）学科
南京中医药大学（4）		药理学与毒理学、临床医学、化学、生物学与生物化学（新增）
中国药科大学（5）	药理学与毒理学★	化学、临床医学、生物学与生物化学、材料科学
南京师范大学（10）		化学、农业科学、工程学、材料科学、植物与动物科学、地质学、环境生态学、数学、计算机科学（新增）、社会科学（新增）
江苏师范大学（3）		化学、工程学、材料科学（新增）
南京财经大学（2）		农业科学、工程学（新增）
苏州科技大学（1）		工程学
淮阴工学院（1）		工程学（新增）
扬州大学（11）		农业科学、化学、植物与动物科学、材料科学、工程学、临床医学、计算机科学、生物学与生物化学、微生物学（新增）、药理学与毒理学（新增）、环境生态学（新增）
南京工程学院（1）		工程学
西交利物浦大学（1）		工程学、计算机科学（新增）、社会科学（新增）
昆山杜克大学（1）		临床医学
中国人民解放军陆军工程大学（2）		计算机科学、工程学

注：表中标注"★"说明该学科进入全球前50位；标注"◆"说明该学科位列全球前51—100位；备注"（新增）"说明该学科于2021年内新进入ESI前1%。

从高校数来看，江苏32所高校拥有ESI前1%学科，占全国的8.82%，位列第一（图3-2）；14所高校拥有ESI前1‰学科，占全国的17.95%，位列第二。

从学科数来看，江苏共200个学科进入ESI前1%，占全国的11.46%，位列第二；25个学科进入ESI前1‰，占全国的12.44%，位列第二。

从学科领域来看，江苏ESI前1%的学科分布于19个学科领域（学科领域总数为22），与山东、陕西、湖南并列全国第六。

对比2017—2021年ESI数据统计结果，江苏在2021年进入ESI前1%和1‰的学科数和高校数均持续增加。在学科数方面，ESI前1%学科数较2020

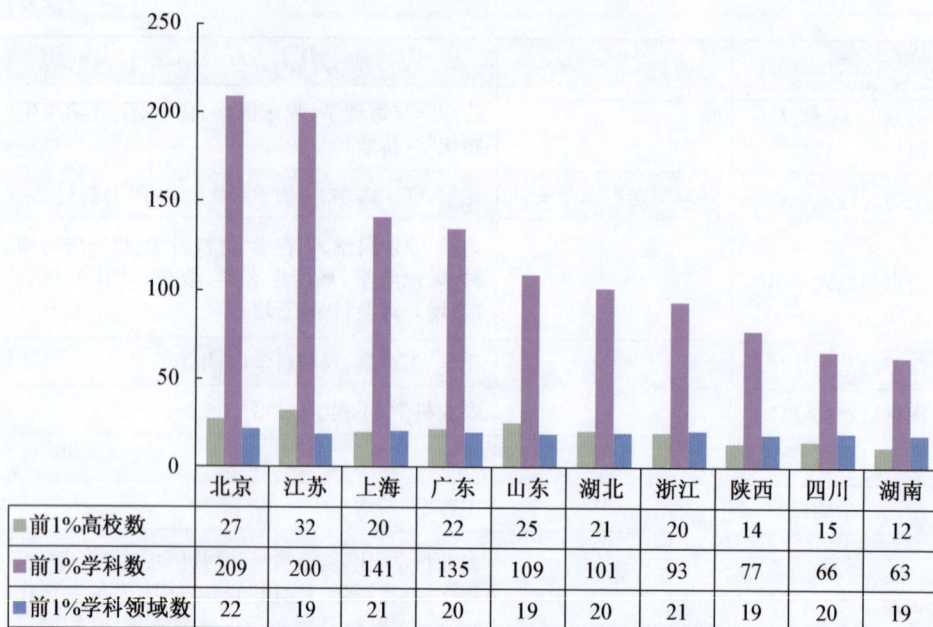

	北京	江苏	上海	广东	山东	湖北	浙江	陕西	四川	湖南
■前1%高校数	27	32	20	22	25	21	20	14	15	12
■前1%学科数	209	200	141	135	109	101	93	77	66	63
■前1%学科领域数	22	19	21	20	19	20	21	19	20	19

图 3-2　2021 年 ESI 学科评价结果全国境内高校分布情况(前 1%)

年新增 35 个,增幅达 21.21%(图 3-3),较 2017 年累计新增 91 个,增幅达 83.49%。ESI 前 1‰学科数较 2020 年新增 5 个,较 2017 年累计新增 14 个。在高校数方面,ESI 前 1%学科涉及高校数较 2020 年新增 2 所,较 2017 年累计新增 9 所。ESI 前 1‰学科涉及高校数较 2020 年新增 2 所,较 2017 年累计新增 7 所。

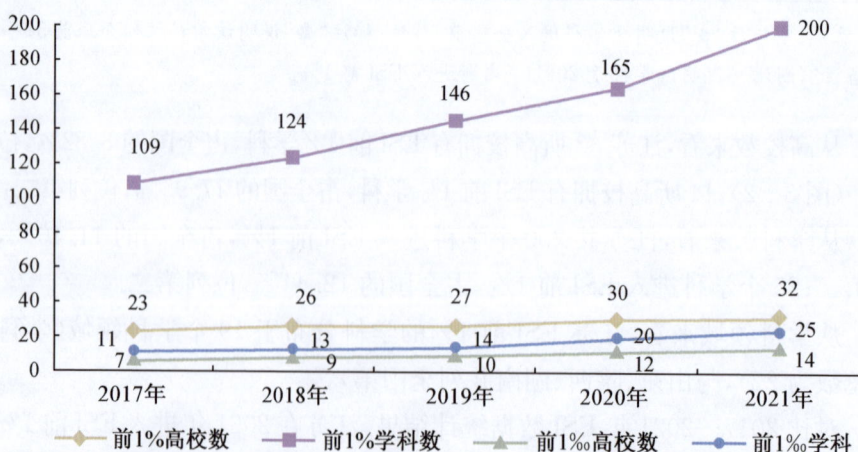

图 3-3　江苏 ESI 前 1%和前 1‰学科数和涉及高校数变化趋势(2017—2021 年)

二、ARWU 学科评价

2021 年 6 月，世界大学学术排行榜（Academic Ranking of World Universities，ARWU)发布了最新一期全球学科评价结果(Global Ranking of Academic Subjects 2021，以下简称 ARWU 学科评价)。ARWU 学科评价的对象为自然科学、工程学、生命科学、医学和社会科学五大领域的 54 个学科方向。评价指标包括科研产出、科研影响力、国际合作、学术获奖等。江苏 16 所高校共 74 个学科进入各自学科前 25％(表 3－10)，学科数位于全国第二(图 3－4)。[①]

表 3－10　2021 年江苏省普通高校 ARWU 学科评价结果(前 25％)

高校	学科名单
南京大学(15)	物理、化学、地球科学、大气科学、通信工程、生物医学工程、化学工程、材料科学与工程、纳米科学与技术、能源科学与工程、环境科学与工程、水资源工程、生物工程、遥感技术、公共卫生
苏州大学(7)	化学、生物医学工程、化学工程、材料科学与工程、纳米科学与技术、能源科学与工程、环境科学与工程
东南大学(12)	数学、机械工程、电力电子工程、控制科学与工程、通信工程、仪器科学、生物医学工程、计算机科学与工程、土木工程、材料科学与工程、纳米科学与技术、交通运输工程
南京航空航天大学(4)	机械工程、航空航天工程、通信工程、仪器科学
南京理工大学(6)	控制科学与工程、通信工程、仪器科学、材料科学与工程、纳米科学与技术、冶金工程
中国矿业大学(1)	矿业工程
南京工业大学(5)	化学工程、材料科学与工程、化学、纳米科学与技术、能源科学与工程
南京邮电大学(3)	通信工程、材料科学与工程、交通学科与技术
河海大学(2)	水资源工程、土木工程
江南大学(3)	食品科学与工程、生物工程、仪器科学
江苏大学(4)	化学工程、食品科学与工程、仪器科学、能源科学与工程
南京信息工程大学(2)	大气科学、环境科学与工程

---

① 鉴于不同学科方向参评高校数量并不统一，本报告对 ARWU、QS、U. S. News 三个评价仅统计各学科方向内排名前 25％的学科。

(续表)

高校	学科名单
南京农业大学(5)	食品科学与工程、生物工程、农学、兽医学、环境科学与工程
中国药科大学(1)	药学
扬州大学(3)	兽医学、农学、食品科学与工程
南京林业大学(1)	农学

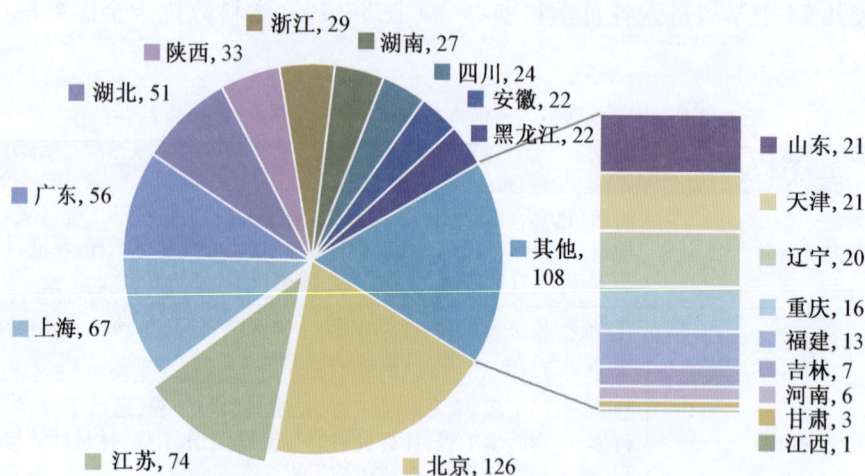

图3-4 2021年ARWU学科评价全国境内高校省域分布情况(前25%)(个)

三、QS学科评价

2022年3月,夸夸雷利·西蒙兹咨询公司(Quacquarelli Symonds,QS)发布了最新一期QS世界高校学科评价结果(QS World University Rankings by Subject 2022,以下简称QS学科评价)。QS学科评价的对象包括艺术与人文、工程与技术、生命科学与医学、自然科学和社会科学与管理五大领域的48个学科方向。评价指标主要包括学术声誉、雇主声誉、科研产出和科研影响力等。江苏5所高校共12个学科进入各自学科前25%(表3-11),学科数位于全国第四(图3-5)。

表 3‒11　2021 年江苏省普通高校 QS 学科评价结果(前 25%)

高校	学科名单
南京大学(8)	化学工程、计算机科学与信息系统、生物科学、药剂与药理学、化学、环境科学、材料科学、物理学与天文学
中国矿业大学(1)	矿物与采矿工程
江南大学(1)	农学与林学
南京农业大学(1)	农学与林学
中国药科大学(1)	药剂与药理学

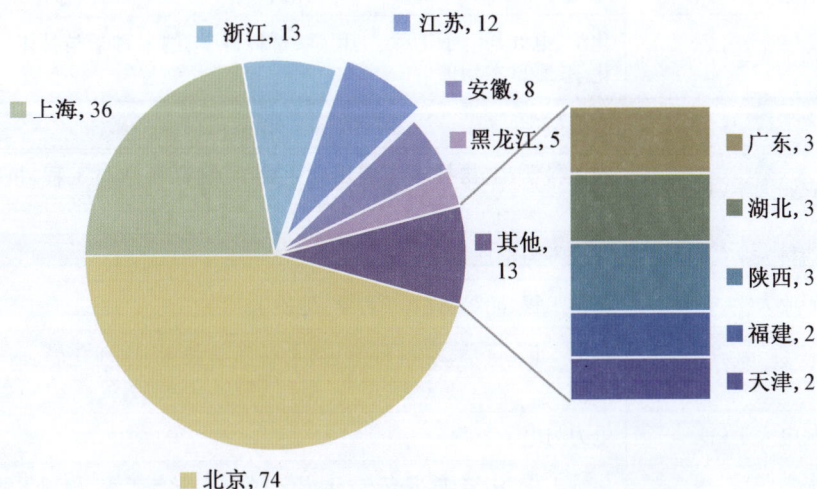

图 3‒5　2021 年 QS 学科评价全国境内高校省域分布情况(前 25%)(个)

四、U. S. News 学科评价

2021 年 10 月,《美国新闻和世界报道》(U. S. News & World Report,简称 U. S. News)公布了最新一期全球高校在 22 个学科领域中的评价结果。评价指标包括科研产出、科研影响力、科研声誉与国际合作等。江苏 18 所高校共 75 个学科进入各自学科前 25%(表 3‒12),学科数位于全国第二(图 3‒6)。

表 3-12 2021 年江苏省普通高校 U.S. News 学科评价结果(前 25%)

高校	学科名单
南京大学(14)	凝聚态物理、化学工程、化学、计算机科学、电气与电子工程、能源燃料、工程学、环境学与生态学、地质学、材料科学、纳米科学与技术、光学、物理化学、物理学
苏州大学(9)	化学工程、化学、能源燃料、工程学、材料科学、纳米科学与技术、物理化学、高分子材料科学、凝聚态物理
东南大学(10)	化学、土木工程、计算机科学、电气与电子工程、工程学、材料科学、数学、机械工程、光学、物理化学
南京航空航天大学(3)	电气与电子工程、工程学、物理化学
南京理工大学(7)	化学、电气与电子工程、工程学、材料科学、纳米科学与技术、物理化学、凝聚态物理
江南大学(2)	农业科学、食品科学与工程
南京农业大学(4)	农业科学、生物技术与应用微生物学、食品科学与工程、植物动物学
中国药科大学(1)	药理学与毒理学
中国矿业大学(4)	化学工程、能源燃料、工程学、地质学
南京工业大学(6)	化学工程、化学、材料科学、纳米科学与技术、物理化学、凝聚态物理
南京邮电大学(1)	电力与电子工程
江苏大学(6)	化学工程、化学、能源燃料、工程学、食品科学与工程、物理化学
南京信息工程大学(3)	计算机科学、电气与电子工程、地质学
扬州大学(1)	食品科学与工程
南京医科大学(1)	肿瘤学
南京林业大学(1)	高分子材料科学
江苏科技大学(1)	材料科学
河海大学(1)	工程学

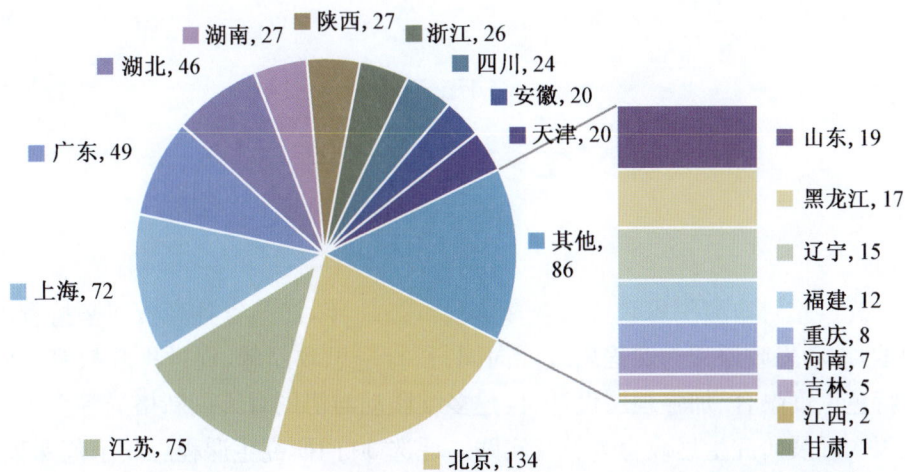

图 3-6　2021 年 U.S. News 学科评价全国境内高校省域分布情况(前 25%)(个)

第四章
研究生教育特色举措

扎实推进研究生思政育人教育实践。2021年,江苏省各高校在坚持育人为本,推动思政课程与课程思政同向同行、打造思政品牌,促进思政教育与院校特色深度融合、加强顶层设计,构建多维联动与协同育人创新格局等多个方面深入开展研究生思政育人教育实践。评选30门研究生课程思政示范课程。各校统筹协调推进课程建设,扎根实践锤炼信念品格;发挥社团示范引领作用,创新网络思政育人模式;赓续院校红色血脉,培育青年家国情怀;坚持价值引领文化育人,健全特色育人长效机制。

多措并举推进研究生教育资源建设与改革。2021年,江苏省各高校通过深入建设研究生课程体系、全面提升教材质量、遴选优秀教学案例、加强教学督导与评价、加大项目经费投入等措施稳步推动教育资源建设与改革。各校整体升级,面向未来,服务国家战略;优中择优,贯通课程,培养拔尖人才;注重应用,打造团队,探索开放合作。

有力有序有效开展研究生科研创新实践活动。2021年,江苏省立项研究生科研与实践创新计划5 327项;举办18场研究生科研创新实践大赛、32个暑期学校和48个研究生学术创新论坛,系列活动的举办广受研究生参与者好评。

持续推进研究生培养产教融合品牌项目。2021年,江苏省新聘200位研究生导师类产业教授,58位研究生导师类产业教授被评为"优秀";认定新增299家研究生工作站和3家优秀研究生工作站示范基地。江苏高校优选大院名企实施研究生联合培养,推动科技创新与研究生教育紧密结合以及产业发展与研究生教育深度融合。

稳步推进研究生国际交流与合作。2021年,江苏高校通过积极促进优质课程资源共享、推动线上线下学术交流、支持研究生参与国际会议、拓展中外合作办学渠道、助力研究生国际联合培养,强化来华留学生管理等举措,积极推进服务"一带一路"建设,推动研究生教育国际化发展。各校稳步提升国际交流层次水平,探索疫情期间"在地国际化"培养模式;健全国际化培养体制机制,切实提升研究生教育质量;加强软硬环境建设,提高国际化办学水平。

不断深化研究生体制机制创新。2021 年,江苏省各高校以提高研究生培养质量为目标,围绕研究生培养全过程建立健全质量保障体系,进行质量保障体制机制创新改革。一是全过程监督研究生教育质量,健全研究生培养质量保障体系;二是科学构建导师评价体系,健全基于大数据背景下的导师动态调整机制;三是创新产教融合培养机制,着力提升研究生创新能力。各校打造基础学科高层次卓越人才"全链条"培养体系;推动科研创新,打造社会实践服务品牌;优化顶层设计,健全体制机制;控制过程,严把出口,切实提升学位论文质量;突出系统协同治理,注重考核评价与资源保障再优化。

第一节　研究生思政育人教育实践

一、特色举措

江苏省各高校紧扣立德树人根本任务,创新思政育人体制机制,教育引导广大青年学子筑牢思想根基,不断提升思政育人实效。一是坚持育人为本,推动思政课程与课程思政同向同行。各高校制定了新时代思政课程改革创新、课程思政建设、课程思政与思政课程融合发展的实施方案和指导意见,在其中紧密融合价值塑造、知识传授和能力培养,发挥思政课程和课程思政的协同效应。二是打造思政品牌,促进思政教育与院校特色深度融合。各高校充分发挥自身培养特色,结合院校所在地区红色资源,开发构建多样化、个性化的思政课程和思政活动,构建"沉浸式"思政教育情境,激发研究生思政学习热情。三是加强顶层设计,构建多维联动与协同育人创新格局。各高校结合自身在课程建设和实践育人等方面的发展需求,优化顶层设计,加强思政教师队伍建设,推动构建"大思政"育人工作格局,谱写思政育人"协同曲"。

(一)坚持育人为本,推动思政课程与课程思政同向同行

统筹推进思政课程与课程思政是高校落实立德树人根本任务的重要抓手,也是全面贯彻党的教育方针、办好中国特色社会主义高等教育的内在要求。下面以东南大学和南京航空航天大学为例,具体介绍各高校在坚持育人为本,推动思政课程与课程思政同向同行方面的实践举措。

东南大学切实推进研究生思政课程与课程思政同向同行,实施研究生思

政课质量创新创优工程行动计划,开展研究生思政必修课和思政选修课分类教学。规范使用马工程教材最新版本,将新媒体技术引入思政课教学,实现网络思政课资源共享和网络集体备课,开发"新时代中国特色社会主义理论与实践"等思政课程慕课。推进研究生课程思政示范引领提升计划;将课程思政建设作为导师培训的主要内容;组织制订院系研究生课程思政建设实施方案,完成研究生课程大纲新一轮修订。入选教育部首批课程思政示范课1门、研究生课程思政教学名师和团队1个;入选首批江苏高校课程思政示范课2门、研究生课程思政教学名师和团队2个,目前共建设196门校级课程思政示范课,其中37门为校级优秀示范课。

南京航空航天大学积极推动思政课程与课程思政同向同行。在思政课程建设方面,学校深入贯彻落实《关于深化新时代学校思想政治理论课改革创新的若干意见》等文件精神,按要求配齐配强思政课教师;整体推进教材、教学、课程等方面的综合改革,坚持选用马克思主义理论研究和建设工程教材,重点打造培育包括"理解中国""中国思维""理论中国"等课程的"中国系列"特色思政课程群。在课程思政方面,学校发布《课程思政建设实施意见》,成立5个院级课程思政教学研究中心,以学院为中心推进课程思政建设;开设"院士思政公开课""校友总师思政公开课"和"重大科研团队思政公开课",持续打造具有南航特色的课程思政品牌;推进研究生课程思政示范项目建设,专题立项建设研究生"课程思政"课程8门,立项研究生教育教学改革课程思政专项课题11项。

(二)打造思政品牌,促进思政教育与学校特色深度融合

打造思政教育品牌有助于增强高校思政教育课程和思政教育活动的吸引力和感染力,提高研究生在思政教育中的获得感。下面以河海大学和南京财经大学为例,具体介绍高校在打造思政品牌、促进思政教育和学校特色深度融合方面的实践举措。

河海大学擦亮"红帽子大学"品牌,传承红色基因。张闻天、沈泽民、曹锐、严偅等革命先驱曾在河海求学并走上革命道路,他们播下的种子生根发芽,鞭策着河海学子赓续红色血脉。研究生入学教育必须到张闻天陈列馆、校史馆打卡。开设《河海校史与革命文化专题》,编写《中国河湖的红色记忆》,激荡爱党、爱国情怀。党史教育走深走实,组织开展"百校研究生颂百年""百名辅导员说党史""百年党史万人答""百名学生党员百篇党史书法展""百名学生骨干老区行""百个学生支部讲党史"等活动,在提升思想政治教育体验中践行研究生的忠诚担当,着力培养具有"中国灵魂、全球视野、河海特质"的德才兼备的

高层次人才。

　　南京财经大学推出"党史中的财经故事"系列在线微课程,打造富有财经特色的思政品牌课程。学校以献礼党的百年华诞为契机,将党史与专业课程有机融合,挖掘生动鲜活的思政元素,打造品牌在线课程。"党史中的财经故事"系列微课程由 80 多位党员教师经过近百天精心打磨,该课程将党史与专业课程有机融合,于"七一"前夕推出,为中国共产党百年华诞献礼。"党史中的财经故事"系列微课程成为学校党史教育、课程思政和校园文化建设的一大亮点,被学习强国、扬子晚报等多家中央媒体、省级媒体广泛报道。

(三)加强顶层设计,构建多维联动与协同育人创新格局

　　加强思政育人顶层设计,提升思政教师队伍素质,构建思政教育大格局有助于高校激活思政育人活力、提高思政育人成效。下面以中国药科大学和徐州医科大学为例,具体介绍各高校在加强顶层设计,构建多维联动与协同育人创新格局方面的实践举措。

　　中国药科大学加强组织领导,提升思政教育质量。校领导高度重视研究生思政教育工作,书记为新生开讲"大学第一课"、为毕业生党员上"离校前的一次特殊党课"。校长主持"校长有约",听取学生意见建议。全体校领导联系学生班级和党团支部,参与国旗下的公开课、授课建党对象培训班和学生骨干训练营等。研究生工作部全面负责研究生思政教育工作。学校不断加强辅导员队伍建设,出台辅导员高级职员职称、辅导员培训管理、研究生担任兼职辅导员等制度。加强研究生骨干队伍培养。召开第十三次研究生代表大会,依托研究生会开辟学生与学校的沟通交流渠道,为学生组织的健康发展和广大青年学生的成长成才创造良好环境。

　　徐州医科大学将红色文化作为办学特色之一,全校齐抓共建红色文化,积极构建"一条主线""五大行动"和"十红工程"研究生红色文化育人体系,持续打造研究生思政教育新模式。"一条主线"为开展爱国主义教育;"五大行动"为以中国红为底色,实施"课程育人、科研育人、实践育人、管理育人、组织育人";"十大工程"为立"红馆"(红色文化主题教育馆,全省高校首家)、建"红库"(红色文化资源大数据库)、编"红书"、办"红刊"、建"红院"(近现代史与红色文化研究院)、组"红联"(红色文化宣传教育阵地联盟)、设"红课"等。学校依托"红色基因传承社"平台,覆盖了全校 486 名研究生党员和 3400 余名研究生,讲好红色故事,打造饱含红色元素的校园文化,营造传承红色基因的校园氛围。

二、典型案例

(一)统筹协调推进课程建设,扎根实践锤炼信念品格

➲ 南京大学

习近平总书记指出,高校立身之本在于立德树人,要坚持把立德树人作为中心环节,把思想政治工作贯穿教育教学全过程,实现全程育人、全方位育人。南京大学认真学习贯彻习近平总书记在全国高校思想政治工作会议和学校思想政治理论课教师座谈会上的重要讲话精神,落实立德树人根本任务,通过"多维并举、校院协同、走向基层、强化管理"等方式着力构建和完善课程思政工作体系,不断提升教师课程思政建设的意识和能力,努力培养德智体美劳全面发展的社会主义建设者和接班人。

1. 多维并举,加强研究生思政课程建设

提高政治站位,深入推进习近平新时代中国特色社会主义思想进课堂。组织全体研究生思政课教师参加教育部网上培训,系统深入学习,领会最新精神。开设思想政治理论必修课和选修课5门。充分发挥"传帮带"优势。设立专项经费5万,对青年教师在思政课研究与交流等方面提供扶持,推动教师科研成果及时转化为教学成果。资助思政类优秀课程制作慕课,已正式上线3门。

2. 校院协同,全方位推进课程思政建设

出台实施办法,突出思政育人在课程建设中的地位。开展专题培训,推广标杆课程建设经验。建立校级荣誉体系,推动全校课程思政建设。鼓励教师将课程思政元素融入教材,资助研究生课程思政英语教学团队出版教材一部。院系课程思政建设情况纳入教学及年度绩效考核。开设研究生体育公选课35门次、中国传统文化公选课3门次。2021年遴选校级课程思政标杆课程37门,培育校级课程思政标杆课程19门。1门课程入选全国课程思政示范课程,教学团队入选全国课程思政教学名师和团队;1门课程入选省课程思政示范课程。

3. 走向基层,实践育人服务国家需求

强化实践创新、服务社会经济发展,充分发挥南京大学博士生讲师团理论宣讲引领作用,开展校内外宣讲活动110余场。开展"硕博生进基层"活动,建立常态化校地合作机制。抓社团改革,推动顶层设计,实施社团骨干培训提升

计划。

选派的优秀研究生赴青海、海南藏族自治州支教,获评"海南州荣誉教师"称号。八百余名研究生响应号召,冲锋暑期南京疫情防疫一线,先后四批次参与全员疫情防控工作。与地方政府合作成立首个研究生理论宣讲实践基地。获得 2021 年全国大学生优秀实践团队、江苏省研究生社会实践和志愿服务"十佳个人"和"十佳团队"等各类荣誉奖励多项。

4. 强化管理,构建"熔炉工程"协同育人体系

明晰"学校—研工—院系—导师"四级责任,强化校院协同管理。发挥课题组、实验室思想引领育人功效,选聘优秀党员教师担任研究生党支部书记、新生党支部指导教师等。完善网格化管理模式,建立网格节点辐射全体研究生,在思政、心理健康、安全教育等方面做到帮扶全覆盖。打造具有先锋示范作用的研究生骨干队伍。启动实施"南京大学研究生导师协同育人计划",选聘 175 名研究生导师担任德育导师。推进研究生心理育人协同管理,构建心理健康教育与咨询服务体系,排查问题,开展重点帮扶。学校专任思政课教师师生比约为 1∶150。马克思主义学院研究生第二党支部入选教育部全国高校"百个研究生样板党支部";一位研究生辅导员获评"江苏省辅导员年度人物";"红色主题信息检索大赛"入选"江苏省网络文明建设优秀案例"。

(二)发挥社团示范引领作用,创新网络思政育人模式

⊃ 南京理工大学

信息技术革命与中华民族伟大复兴战略全局和世界百年未有之大变局发生历史性交汇,为高校网络思政工作发展带来了新的机遇和挑战。在疫情背景下,探索新时代高校网络思政新路径是当前高校思政教育的重要任务。南京理工大学充分发挥优秀学生社团"红话筒"的示范引领作用,创新网络思政育人方式,实现思政育人的"载体创新、形式创特、成效创优"。

1. 载体创新:"支部＋社团"深度融合

"红话筒"政治理论宣教团(以下简称"红话筒"社团)是南京理工大学最大的思想政治型学生社团。在载体创新方面,"红话筒"社团一是结合时事动态,带领全校青年党员深入学习党的创新理论,连续 4 年组织开展全校研究生微党课大赛,累计 336 名党员参与,覆盖全校近 200 个党支部。二是以重大纪念日为契机,广泛开展多种形式的思想教育活动。三是围绕弘扬红色文化,深入开展爱国主义教育和时代精神教育。开展"探寻人民兵工,赓续忠诚奉献"系

列主题活动,成立"党史宣讲团",面向全校及周边大中小学、企事业单位开展党史宣讲教育,累计开展主题宣讲 84 场,惠及 153.3 万余人次。

2. 形式创特:"线上＋线下"同频共振

"红话筒"社团主动适应新媒体时代,搭建红色自媒体"红星志"微信公众号,构建思政"空中课堂"。定期推送团队自制的微党课视频音频以及各类优质学习资源,推动资源共享,促进思想交流,成为校园网络文化的积极创造者、建设者。公众号自创办以来共推送 300 余期,总浏览量达 10.3 万余次;并定期增设公众号版块,如开创党史故事专栏等,形成理论知识共学共享的新景象。"红话筒"社团在线下同频打造"红书屋"经典理论学习空间,服务全校青年的基础理论学习,定期邀请校内外知名专家学者进校开展"信仰公开课";课后组织成员之间开展"思想小聚汇",深入讨论交流;并通过开展"情景大课堂",前往南京、江阴、太原等多地进行实践调研,在实践活动中深化、巩固所学理论知识。

3. 成效创优:"示范＋辐射"协同育人

"红话筒"社团主动依托互联网平台,以微党课视频、音频为主要"发声"载体,结合重大时政热点,制作微党课视频和经典诵读音频进行学习和传播,受到了广大青年的欢迎。目前"红话筒"已制作完成系列微党课视频、音频百余部。"红话筒"社团积极拓展四条传播路径,即坚持以我为主、服务全校、对外交流、网络传播,推动新媒体与传统媒体、线上与线下、院内与院外、校内与校外四个紧密结合,多次参加教育部、省委组织部、省委宣传部、教育厅相关比赛并获得优异成绩,有力地扩大了"红话筒"社团的活动影响和辐射作用。

(三)赓续院校红色血脉,培育青年家国情怀

➲ **南京邮电大学**

历史是最好的教科书,建设世界一流的中国特色社会主义大学,要加强校史资料的挖掘、整理和研究,深挖校史中的"红色元素";要创新方式方法,讲好中国共产党的故事以及党推动高等教育发展的故事。南京邮电大学传承"八路军战邮干训班"红色基因,赓续战邮精神,德智体美劳五育并举,培养具有国际视野、家国情怀、崇尚一流、南邮特色的电子信息英才,着力培育战略性领军人才和高素质拔尖创新人才。

1. 发挥红色校史育人优势,推动研究生思政课程建设提质增效

南京邮电大学发挥红色校史育人优势,推进红色校史育人"十个一"工程。

结合"四史教育""红色校史教育"推动研究生思政课程改革研究,立项了14个思政课程改革项目,要求每位思政课教师的教案中均包含红色校史育人元素;校领导班子成员共同讲授红色校史系列专题思政课,打造特色思政"金课";搭建红色校史思政教育"实境课堂",在老书记老红军秦华礼塑像前给研究生讲授思政课;推进新版校歌《信达天下》的传唱,进行红色校史剧《赤子》展演,让研究生从红色校史中传承革命精神,筑牢为党育人、为国育才的信仰之基。自编红色校史读本《红绿蓝:南邮的色彩》,并在开学前寄送给研究生新生,打造新生"首堂思政课"。

2. 构建红蓝融通育人模式,推进课程思政与思政课程同向同行

南京邮电大学赓续学校红色基因,传承"战邮"精神,以红色为本色、以信息蓝为底色,红蓝融通,将红色校史文化育人与专业课程教学融通。学校实施红色校史固本铸魂工程,出台《南京邮电大学研究生课程思政示范课程建设管理办法》,构建"1131"课程思政示范项目建设体系。2021年,学校在70门研究生课程思政立项建设课程中遴选了13门课程作为学校首批研究生课程思政示范课培育课程,建设以"中国芯""5G领跑"等为代表的课程思政育人案例库。通过在课程学习中融入思政元素,形成"门门有思政、院院有精品、课课有特色、人人重育人"的课程思政建设格局,实现课程思政和思政课程同向同行。

3. 弘扬信息报国精神,筑牢实践育人阵地

学校秉承"信达天下承使命,守志报国育英才"的红色初心,从红色校史中汲取信息报国的精神传承,挖掘实践育人的精神内涵。持续推动"硕博生进基层"主题社会实践活动走深走实,鼓励广大研究生到基层去、到西部去、到祖国和人民最需要的地方去。2021年,累计115人走向基层企业,87人去往西部地区,"硕博进甘霖"科技服务团56人前往办学旧址革命老区。学校构建研究生社团"线上+线下"协同发展新模式,搭好思政活动平台,"研途有我,共话初心"系列宣讲团累计开展活动23次,创办"研习沙龙"学习社开展专题宣讲15次;站好网络思政高地,运营"苏研圈""鼎山红研"等新媒体社团,突出思想引领、服务育人等功能,建立健全网络思政工作体系,充分发挥好微信、微博、视频等新媒体平台的思想政治教育功能,传递正能量、传播好声音。

4. "党建双创"引领基层建设,"红蓝融通"强化思政格局

学校坚持以立德树人为根本发挥党建主心骨作用,通过紧抓高校"百个研究生样板党支部"和"百名研究生党员标兵"的遴选培育工作,矢志推进研究生党建示范创建活动和质量创优品牌行动。深入构建"红蓝融通"思政育人体系,强化特色育人的价值主体,深化特色育人价值导向,全方位推进思政育人"十个一"工程,通过入脑、入心、践行、聚魂、内化的层层深入,将红色校史的研究成果及资源运用于育人全过程;以"心灵工程"建设为抓手,创新开展研究生"温馨谈话季",持续推进研究生"心理健康节",构筑起具有南邮特色的研究生心理健康教育体系。通过在相关科研团队或课题组建立基层党支部,成立研支团、临时党支部等,进一步健全可持续的研究生党组织导生协同共建机制。

(四)坚持价值引领文化育人,健全特色育人长效机制

➲ 南京工业大学

红色文化是我国重要的人文资源,蕴含着丰富的革命精神。将红色文化融入思政教育体系,有助于发挥红色文化的教育价值,促进教育生态的进一步发展。南京工业大学以党史学习教育为重要抓手,坚持"四为"方针,坚持"爱与服务"理念,构建以价值引领为魂、文化育人为翼、服务育人为爱、安全管理为基、队伍建设为能的"五位一体"思政工作体系,着力提升研究生思政教育质量。

1. 全面加强思想政治教育与价值引领

南京工业大学构建"日常教育＋主题教育""线下教育＋网络思政"新模式,结合党史学习教育等重大主题和建党百年等重要节点,开展"研学党史·勇担使命"党史学习教育主题活动,开设微信公众号党史学习教育专栏,举办"百年梦想"主题诗会、博士新生沉浸式入学教育、主题升旗仪式等活动,引导研究生重温党的历史、感悟伟大成就、汲取奋进力量。

2. 全面推进研究生党建特色创新

南京工业大学以党建为引领,发挥"头雁效应",扎实推进研究生"双创党建",构建研究生"党建固本计划""党建创新计划""党建先锋计划",按课题组垂直设置研究生党支部,开展本研一体化党建;发挥研究生党员先锋模范作用,开展党员宿舍挂牌活动,以党建带动宿舍文明建设,实现党建工作、思政工作和日常管理工作同向发力。

3. 全面打造研究生四大文化育人工程

南京工业大学打造"学术文化、创新文化、导学文化、安全文化"四大育人工程,构建研究生特色育人体系与长效机制。开展研究生科技论坛、学术会客厅、学术大讲堂等活动,打造研究生学术交流和成果展示平台;举办"我和我的导师"主题征文活动、别样"入学礼"等师生互动活动,加强导学思政建设;开展

研究生实验室安全知识竞赛、安全嘉年华、安全教育现场教学和体验等活动，提升研究生安全素养与自救互救能力；开展研究生新生心理普查和特色心理健康教育主题活动，建立"预防为主＋特别干预＋应急响应"的研究生心理健康防控机制。

4. 多举措推动研究生思政队伍建设

南京工业大学选聘 21 名优秀青年教师担任研究生辅导员，学校现有专职研究生辅导员共 65 人(1∶146)，充分汇聚多方育人合力；定期召开研究生思想政治教育工作会议、研究生辅导员交流会，积极推进研究生思想政治教育队伍建设；设立研究生思想政治工作精品项目，打造独具特色和影响力的研究生思政工作品牌。

第二节　研究生教育资源建设

一、特色举措

江苏各高校积极采取多项有力措施，在各个环节都稳步推动着教育资源建设与改革。第一，各高校都不断优化课程设置，持续推进研究生课程体系建设，积极开发在线课程和校企合作课程，提高本硕博课程设计的连贯性。第二，在教学资源上，各高校关注到校本教材的持续开发，兼顾基础与创新，对境外教材进行专项检验，并成立教材工作领导小组与教材建设管理委员会，以全面提升教材质量。第三，各高校积极遴选优秀教学案例，采取多样化举措来加强研究生案例库建设。第四，在实施环节中，各高校加强了教学督导与评价，保障课程与教学高质量地展开。第五，各高校通过加大项目经费投入等措施，激励教师积极参与，保障了教育资源的建设。

（一）持续推进研究生课程体系建设

各高校不断优化课程设置，持续推进研究生课程体系建设，积极开发在线课程和校企合作课程，提高本硕博课程设计的连贯性。以下是河海大学和中国药科大学在深入开展研究生课程体系建设方面的举措。

河海大学重视研究生课程建设工作，不断优化课程与教学资源。在 2021 版博士研究生培养方案中，优化直博生的课程设置，以提高本硕博课程设计的连贯性。学校每年定期开展校级优秀研究生课程建设申报、中期检查和结题验收工作，项目实施周期为两年。2021 年投入 145 万，资助建设 13 门研究生在线课程,同时 22 门在线课程通过中期检查,13 门精品课程通过结题验收。

中国药科大学积极开展在线课程建设,2021 年度共建设校级示范在线课程 31 门(其中 2021 年度新增立项 12 门)。为培育优秀在线课程参与江苏省及教育部研究生国家一流课程的评选,经过专家评审推荐,学校选定了前期建设优秀的"药物创新之路""药物非临床研究的思路和方法""药品价值与经济性评价"三门在线课程进入首批研究生一流课程申报培育项目,并追加资金继续优化,目前已在国内主流 MOOC 平台之一的"学堂在线"平台上线并对外共享开放。

（二）全面提升教材质量

教育资源的建设与改革离不开教材的支撑。兼顾基础与创新,开发高水平特色教材,对境外教材进行专项检验,成立教材工作领导小组与教材建设管理委员会是江苏各高校开展教材建设的重要举措。以下是东南大学和江南大学在推进教材开发、提升教材质量方面的主要举措。

东南大学为进一步实施教材精品战略,全面提升研究生教材质量,充分发挥优秀教材在教学工作中的基础性作用,组织开展了研究生校级规划教材立项建设工作。立项教材兼顾了反映学科行业新知识、新技术、新成果,内容创新、富有特色的公共基础课、专业基础课和专业课教材;教学急需、填补学科专业空白的教材;新兴学科、边缘学科、交叉学科的教材;体现改革创新的实验教学教材和实习实训类教材;双语教学(全英文授课)教材。共有 24 本教材获得立项,其中 1 本教材 2021 年已经出版,其余教材 2022 年出版。

江南大学根据《江苏省教育厅办公室关于开展对高等学校相关教材摸底工作的通知》要求,制定《江南大学教材建设与管理工作实施办法》,并对全校 2020—2021 学年外国语言类教材与其他学科专业类境外教材进行全面摸底。摸排发现 30 门课程选用其他学科专业类境外教材、14 门课程选用了外国语言类教材,所选用教材均政治方向正确,符合国家政策法规和社会道德规范要求;内容均坚持正确的学术导向,突显学科特点和发展前沿,符合研究生培养目标和课程开设要求;首次开展以"优、新、特、高"为原则的教材建设工作,重点支持了研究生核心课程教材、基础性专业性通用性课程配套教材,以及反映学校教育教学改革成果、课程思政建设成果和体现学科专业优势的教材。

（三）遴选优秀教学案例

江苏各高校采取多样化的举措来加强研究生案例库建设。如南京农业大学成立专业学位案例研究与开发中心,结合乡村振兴实践系统采集教学案例素材;南京邮电大学制定相关条例,构建校院两级研究生优秀教学案例培育机制;南京财经大学将研究生教学案例纳入学院评价指标,充分调动教师编写案例的积极性。

南京邮电大学制定了《南京邮电大学专业学位研究生教学案例库建设办法》,构建校院两级研究生优秀教学案例培育机制,实施"一类别一院"推进研究生优秀教学案例库建设,围绕"5G、人工智能、大数据、区块链"等科技前沿,与行业需求对接,培育优秀研究生教学案例。2021年学校立项培育研究生优秀教学案例10项。2021年3项案例入选中国管理案例共享中心案例库,1项案例入选中国工商管理国际案例库。

南京财经大学将研究生教学案例入库纳入学校高水平学院建设遴选指标体系、学院年度综合考核指标体系,加大权重比例成为关键指标,不断提高学院对研究生教学案例的重视程度。将研究生教学案例入库纳入学校科研成果目录体系,与青年教师发表论文、职称评定相联系和挂钩,在教师年终高质量成果综合考评中予以奖励,充分发挥青年教师参与研究生教学案例建设的积极性。通过系列"组合拳",充分调动教师编案例、学案例、用案例热情,开发并形成一批基于真实情境、符合案例教学要求的高质量教学案例,提高学校案例编写质量和案例教学水平。

(四)加强教学督导与评价

教学督导与评价是教学质量管理体系中的重要一环。江苏各高校高度重视课程评价,加强督导巡查,完善课程教学质量管理机制,以保障课程与教学活动的高质量开展。现以南京大学和南京航空航天大学为例进行介绍。

南京大学进一步加强和改进教学督导巡查工作。学校遴选8位教授组成督导小组,有针对性地对重点建设的部分课程进行听课和督察。基于听课结果,学校会向任课老师进行反馈和沟通。同时,学校全面实现学生线上课程评教。2021年,评教课程共计2 364门。根据评教结果,学校对排名靠后的课程提出整改要求。

南京航空航天大学修订《研究生课程教学及考核管理办法》,强化教学质量监督考核,对5门教学效果不佳的课程进行停课处理。学校制定《领导干部听课实施办法》,开展开学第一课听课巡查等活动。学校书记、校长带头进课堂,开展线上巡课。

（五）加大项目经费投入

加大对研究生课程建设以及教育资源的投入，是保障研究生教育质量的重要前提。江苏各高校主要从两方面加大经费投入：一是完善相关项目的立项工作，使经费分配更加规范；二是制定相关制度，加强对课程经费的管理。以下对南京医科大学和扬州大学经费投入方面的举措进行介绍。

南京医科大学将"研究生优质教育资源建设计划"列为十大计划之一，先后印发《关于开展研究生优质教育资源建设工作的通知》等 4 个文件，开展优质教育资源建设项目申报及建设工作，共立项 112 项，建设包括新型教学方法应用课程、线上精品课程、课程思政课程、实践类课程等 8 个类型项目，总计资助超 200 万元。学校定期走访二级培养单位了解项目进展情况，统一对立项项目开展中期检查，并重点对 20 项优秀项目追加资助，进一步培育精品，推动高质量建设，争创国家级、省级优秀项目。

扬州大学 2021 年投入 217 万元用于优质教学资源的建设和奖励，在资助课程、教材、案例库立项项目建设的基础上，特别加大对视频案例和省级以上案例入库等重点项目建设奖励力度，激发广大导师积极参与优质教学资源研究和建设的主动性和积极性。

二、典型案例

（一）整体升级，面向未来，服务国家战略

🔾 南京农业大学

南京农业大学以新农科建设为契机，把握国际农业科技发展新趋势和国内乡村振兴发展新动态，启动研究生优质教学资源建设，建立适应社会发展需求、符合创新人才培养目标的农林特色优质研究生教学资源体系，打造具有引领性和示范性的课程、案例和教材，构建丰富稳定开放的研究生教学资源体系。

1. 五大建设模块，推动教学资源体系整体升级

学校制定研究生优质教学资源建设系统规划。在"十四五"期间，学校每年投入超百万研究生教学资源建设专项经费，以"课程思政"示范课程建设、精品课程建设、教学案例建设、在线课程建设、优秀教材建设 5 大类项目为支撑，全面覆盖 2021 版培养方案课程体系中的公共基础课、专业核心课、学科交叉课、综合素质课等类型，逐步形成以各学科专业核心课程为基础、必修选修相互协调的高质量研究生课程平台，建成一批反映农林学科发展和教学改革成

果的研究生教材。深入推进课程体系改革创新,实现研究生教学资源体系整体升级。

2. 三大培养方向,推进面向未来的人才分类培养

学校立足自身办学定位,依托特色优势学科,探索创新型、复合型、应用型新农科领军人才培养模式,推进适应三种类型人才培养的课程体系建设和知识结构变革。学术型研究生核心课程推进课程教学与科研训练相结合,培养面向未来的农业科技创新型人才;专业学位研究生核心课程推进课程教学与实践训练相结合,培养善于解决问题的涉农行业技术研发及乡村治理应用型人才;交叉学科研究生核心课程推进多学科知识融合和多领域技术集成,培养在更广阔学科专业空间内推动重大原始创新和核心关键技术突破的复合型人才。

3. 上线教学案例库,服务国家乡村振兴战略

学校牵头联合经管院 MBA 中心,成立专业学位案例研究与开发中心,结合乡村振兴实践系统采集教学案例素材,对应专业学位核心课程进行系统案例开发,上线启用乡村振兴教学案例库。聚焦乡村振兴主题,其中乡村发展案例从产业发展、生态文明、乡村文化与治理等角度提炼知识点,涉农企业经营案例从生产运营、品牌营销、战略管理等视角进行研究,目前已上线首批案例150 个。案例库注重学理亲近业界,并引入市场化机制,实现共创、共建和共享,为涉农高校人才培养、乡村干部培训、乡村振兴咨询等提供高质量服务。

(二)优中择优,贯通课程,培养拔尖人才

⇒ 苏州大学

为推进创新人才培养模式改革,培养具有创新思维能力、学科交叉优势、国际化视野和人文素养的高素质人才,苏州大学自 2020 年起,率先在纳米科学技术学院探索"本硕博一体化"人才培养模式,按照"资源集中、开放共享、层次融合"的理念整合形成了本硕博贯通的教学体系,实现了本科生和研究生培养方案的一体化。

1. 加强宣传,择优遴选

该计划依据"优中择优"的原则,通过从获得推免资格的本科生中遴选出综合素质强、科研潜力大并有强烈读博意愿的本科生,以直博生的形式完成从本科到博士的全链条培养,最短学习总年限为 8 年。学院定期面向在读本科生召开"本硕博一体化"计划的动员大会,向学生们深入解读项目政策,鼓励学生们积极申报。满足基本条件的本科生可向学院提出加入"本硕博一体化"培养计划的申请,双向选择确定导师并通过考核后进入该计划的培育阶段。"本硕博一体化"工作小组将在第四年秋季学期对培育阶段的学生进行再次考核,并根据当年度学校下拨的"本硕博一体化"计划专项招生名额择优选拔,该计划的名额由研究生院单列保障。2021年,6名"本硕博一体化"培养的学生进入研究生培养阶段。

2. 贯通课程,落实"三早"

为了打破本科生和研究生课程间的壁垒,纳米学院先试先行,以"学段贯通、学科融合"为目标,对本专业的课程进行梳理与整合,从课程名称、教学大纲等方面进行了全面调整,筛选出共计19门研究生阶段专业课程作为本硕博贯通课程,供进入该计划的本科生自主研修。课程改革在很大程度上节约了学生的时间成本,提高了学生的学习效率,使原来独立的两个培养体系具有了交叠区域和贯通渠道,吸引着越来越多的本科生提前做好发展规划、立志深造学有所成。同时,学院在本科阶段即推行探究式、启发式、引导式的教学方式,实行全程导师制,鼓励本科生"三早":早进团队、早进实验室、早进课题。同时将科研资源全部转换为优质教育资源,科研平台与高端设备都可面向本科生开放,为培养学生的科研创新能力打下了坚实的基础。

3. 优先支持政策,培养拔尖人才

为拓宽学生视野,正式入选"本硕博一体化"培养计划的学生使用学科交叉的本硕博一体化培养方案,在读期间至少有一年的出国交流培养时间;在奖学金政策方面,除享受国家和学校常规奖学金外,指导教师会按规定标准发放"博士生＋"津贴,对学生进行额外资助。"本硕博一体化"的培养分别在培育阶段和正式阶段都设立了退出机制,未通过考核的学生可以在本科阶段转为常规本科生培养,在博士阶段可以转为常规硕士研究生培养。

(三)注重应用,打造团队,探索开放合作

➲ 南京信息工程大学

南京信息工程大学为全面推进研究生教育资源的建设,关注了思政类、英语类、科学与人文素养类三类研究生公共课程的改革,提升了公共课程的应用性。同时学校也依托优势学科,打造优秀先进的教师团队,并持续深化中外合作,借鉴外校优秀资源,以培养具有国际视野、通晓国际规则、能够参与国际事务和国际竞争的国际化人才。

1. 全面推进研究生公共课程改革,提升课程应用性

学校全面推进思政类、英语类、科学与人文素养类三种研究生公共课程改革。思政类公共课程设置"中国马克思主义与当代""新时代中国特色社会主义理论与实践研究""自然辩证法""马克思主义与社会科学方法论",遴选知名教授组队授课。研究生英语课程分为公共英语和学术英语,增设国际学术会议模拟实践。公共英语以研究生通过 PETS-5、GRE、雅思、托福等考试为目标,着力提升研究生的听说能力;学术英语以国际交流为主线,系统介绍"学术写作与发表""国际会议"等方面的知识并进行实践操作,重点培养研究生的英语应用能力;国际学术会议模拟实践由各学院组织,点评专家由各学院选派高水平师资组成,以提升研究生综合素质和国际化视野。科学与人文素养课程内容涵盖文化与艺术、哲学与人生、国际政治与经济、科学家精神、科技前沿、社交礼仪与沟通表达、心理与健康、职业发展与规划等 8 个方面,形成包括秦大河院士、黄培义院士、姚富强院士在内的 20 余位专家学者的科学与人文素养大师库,培养青年学生的探索求实科学精神。经过 3 年多的改革,研究生对公共课程质量的总体评价满意度达 97.3%,对公共课程授课内容的评价满意度达 94.8%。研究生思政教育成果——"研究生'三自一体'信仰育人模式"获得江苏省研究生教育改革成果优秀奖;"随机分析"获评为首批江苏省高校研究生课程思政示范课程;授课教师获得江苏省首届、第二届高校研究生思想政治理论课教学比赛二等奖各 1 项。

2. 一流学科引领,打造黄大年式教师团队

大气科学导师团队以教育部特聘教授陈海山教授为带头人,围绕大气科学前沿领域,依托气象灾害教育部重点实验室等一流科研平台开展联合攻关。团队聚焦国家应对气候变化和环境治理重大需求,落实立德树人根本任务,传承和弘扬气象精神、打造科教融合的大气科学专业一流课程群和教学资源,持续提升优化人才培养质量,培养了一批能扎根基层、建功立业、奉献国家的优秀气象人才,成为气象行业人才培养的标杆。团队获批江苏省首个国家自然科学基金基础科学中心项目,主持国家 973 计划项目 2 项、国家重点研发计划项目 7 项和一批国家重大科研项目,获中国气象学会气象科学技术进步成果奖一等奖、国家级教学成果奖一等奖、江苏省教学成果奖特等奖,获评第二批全国高校黄大年式教师团队。

3. 持续深化开放合作,探索"在地国际化"模式

南京信息工程大学雷丁学院自成立以来,秉承"开放、协同、特色"发展理

念,与英国雷丁大学的优势专业强强联合,引进对方优质教学资源,创新国际化人才培养模式,是教育部 2019 年中外合作办学现场评估中唯一获 7 年免评估的单位,获评"十三五"江苏高校中外合作办学高水平示范性建设工程机构。2021 年获批增设电子信息(数据科学)和数据与决策分析两个硕士专业,每年可招收 80 名硕士生,致力于培养具有国际视野、通晓国际规则、能够参与国际事务和国际竞争的国际化人才。学校与爱尔兰沃特福德理工学院联合申报中外合作办学机构,加强双方在学科建设、研究生培养、教育资源共享等方面优势对接,助力学校学科与师资建设,提高研究生培养质量。学校牵头发起成立国际气象教育与科学研究协会(IAMES)并成功举办首届年会;探索"在地国际化"模式,牵头组建世界气象组织倡导的"全球校园"培训计划,搭建气象人才培养、教学、科研、资源建设和共享的平台,促进国际气象人才成长,彰显与国际接轨的气象专业教育的中国贡献。

第三节　研究生科研创新实践活动

一、研究生科研与实践创新计划

2021 年,江苏省研究生科研与实践创新计划共立项 5 327 项(表 4-1),其中,研究生科研创新计划立项 3 527 项,研究生实践创新计划立项 1 800 项。

在研究生科研创新计划立项中,人文社科类 990 项,自然科学类 2 537 项;博士层次 1 570 项,硕士层次 1 957 项;部属院校 1 169 项,省属院校 2 358 项。

在研究生实践创新计划立项中,人文社科类 448 项,自然科学类 1 352 项;博士层次 76 项,硕士层次 1 724 项;部属院校 358 项,省属院校 1 442 项。

表 4-1　2021 年江苏高校研究生科研与实践创新计划立项情况　　　　单位:项

学校名称	科研创新计划			实践创新计划		
	自然科学	人文社科	合计	自然科学	人文社科	合计
南京大学	37	27	64	12	9	21
东南大学	99	10	109	72	2	74
南京航空航天大学	62	10	72	13	1	14
南京理工大学	119	65	184	25	38	63

（续表）

学校名称	科研创新计划			实践创新计划		
	自然科学	人文社科	合计	自然科学	人文社科	合计
河海大学	100	20	120	33	7	40
南京农业大学	87	11	98	22	7	29
中国药科大学	40	5	45	4	1	5
南京邮电大学	111	52	163	60	15	75
南京林业大学	66	8	74	14	10	24
南京信息工程大学	92	21	113	36	21	57
南京工业大学	141	27	168	125	23	148
南京师范大学	91	102	193	26	11	37
南京财经大学	42	95	137	2	25	27
南京医科大学	72	3	75	42	1	43
南京中医药大学	186	7	193	147	1	148
南京审计大学	15	129	144	8	78	86
南京体育学院	15	22	37	1	6	7
南京艺术学院	0	16	16	0	12	12
南京工程学院	0	0	0	42	0	42
江苏警官学院	0	0	0	0	7	7
江南大学	46	2	48	0	0	0
中国矿业大学	353	76	429	96	16	112
江苏师范大学	73	79	152	15	54	69
徐州医科大学	103	2	105	17	1	18
常州大学	113	36	149	124	16	140
江苏理工学院	0	0	0	34	0	34
苏州大学	54	44	98	19	6	25
苏州科技大学	58	14	72	51	24	75
南通大学	67	10	77	36	13	49
江苏海洋大学	8	1	9	7	1	8
淮阴师范学院	0	0	0	0	7	7
淮阴工学院	0	0	0	18	0	18
盐城工学院	4	0	4	12	0	12

(续表)

学校名称	科研创新计划			实践创新计划		
	自然科学	人文社科	合计	自然科学	人文社科	合计
扬州大学	113	37	150	116	20	136
江苏大学	88	22	110	61	9	70
江苏科技大学	82	24	106	62	6	68
中共江苏省委党校	0	13	13	0	0	0
全省	2 537	990	3 527	1 352	448	1 800

江苏省教育厅要求各培养单位按照自然科学类不低于1.5万元/项,人文社科类不低于0.8万元/项的标准对立项课题进行资助。江苏高校通过各种渠道筹措经费,全力落实资助政策,保障项目研究的顺利开展。从近三年的立项数据来看,江苏高校研究生科研与实践创新计划的立项数逐年显著增加(表4-2)。

表4-2 江苏高校研究生科研与实践创新计划立项情况(2019—2021年) 单位:项

学校名称	科研创新项目			实践创新项目			合计		
	2019	2020	2021	2019	2020	2021	2019	2020	2021
南京大学	53	64	64	9	11	21	62	75	85
东南大学	85	103	109	0	54	74	85	157	183
南京航空航天大学	65	65	72	4	6	14	69	71	86
南京理工大学	154	178	184	52	78	63	206	256	247
河海大学	150	150	120	50	50	40	200	200	160
南京农业大学	114	57	98	43	17	29	157	74	127
中国药科大学	82	83	45	6	6	5	88	89	50
南京邮电大学	128	151	163	66	49	75	194	200	238
南京林业大学	40	54	74	3	10	24	43	64	98
南京信息工程大学	59	82	113	9	29	57	68	111	170
南京工业大学	62	143	168	30	103	148	92	246	316
南京师范大学	120	138	193	42	37	37	162	175	230
南京财经大学	123	107	137	17	21	27	140	128	164
南京医科大学	71	73	75	24	33	43	95	106	118

（续表）

学校名称	科研创新项目			实践创新项目			合计		
	2019	2020	2021	2019	2020	2021	2019	2020	2021
南京中医药大学	152	170	193	83	119	148	235	289	341
南京审计大学	64	95	144	31	48	86	95	143	230
南京体育学院	23	28	37	7	10	7	30	38	44
南京艺术学院	11	24	16	12	15	12	23	39	28
南京工程学院	0	0	0	46	28	42	46	28	42
江苏警官学院	0	0	0	1	12	7	1	12	7
江南大学	95	209	48	31	62	0	126	271	48
中国矿业大学	74	103	429	7	23	112	81	126	541
江苏师范大学	11	366	152	25	101	69	36	467	221
徐州医科大学	42	67	105	14	9	18	56	76	123
常州大学	80	115	149	68	93	140	148	208	289
江苏理工学院	0	0	0	76	32	34	76	32	34
苏州大学	114	110	98	24	27	25	138	137	123
苏州科技大学	29	55	72	30	57	75	59	112	147
南通大学	50	70	77	24	33	49	74	103	126
江苏海洋大学	64	103	9	74	153	8	138	256	17
淮阴师范学院	0	0	0	9	4	7	9	4	7
淮阴工学院	0	0	0	1	19	18	1	19	18
盐城工学院	0	4	4	10	10	12	10	14	16
扬州大学	37	42	150	26	30	136	63	72	286
江苏大学	82	88	110	47	52	70	129	140	180
江苏科技大学	82	73	106	40	53	68	122	126	174
中共江苏省委党校	3	0	13	0	0	0	3	0	13
全省	2 319	3 170	3 527	1 041	1 494	1 800	3 360	4 664	5 327

二、研究生科研创新实践大赛

2021 年，江苏省继续开展研究生科研创新实践大赛，共举办了 18 场大赛。

(一) 总体情况

2021 年,为深入推进研究生教育综合改革,努力提高研究生培养质量,江苏省研究生教育指导委员会继续举办江苏省研究生科研创新实践大赛。研究生科研创新实践大赛将研究生培养与实践有机结合,在注重考察研究生"高层次"实践能力的基础上,兼顾研究生培养的"高学术"要求,以推进高校研究生培养改革。2021 年,共有 12 所高校承办了总计 18 场研究生科研创新实践大赛(表 4-3)。

表 4-3 2021 年江苏省研究生科研创新实践大赛基本情况表

编号	大赛名称	主办教指委	承办单位
1	2021 年江苏省研究生法律案例大赛	哲法史学类	苏州大学
2	2021 年江苏省研究生"后疫情时代的全球供应链革命"科研创新实践大赛	经济学类	南京财经大学
3	2021 年江苏省研究生教育硕士实践创新能力大赛	教育学类	江苏大学
4	2021 年汉语国际教学技能暨中华才艺大赛	文学类	江苏大学
5	2021 年江苏省研究生数学建模科研创新实践大赛	理学 1 类	南京邮电大学
6	2021 年江苏省研究生生物检验科研创新实践大赛	理学 2 类	徐州医科大学
7	2021 年江苏省研究生节能低碳科研创新实践大赛	工学 1 类	江苏大学
8	2021 年江苏省研究生无人机智能集群控制大赛	工学 2 类	南京航空航天大学
9	2021 年江苏省研究生绿色化工创新实践大赛	工学 3 类	常州大学
10	2021 年江苏省研究生冶金工程实践创新大赛	工学 3 类	江苏大学
11	2021 年江苏省研究生未来食品科研创新实践大赛	工学 4 类	江南大学
12	2021 年江苏省研究生智慧交通运输创新实践大赛	工学 4 类	扬州大学
13	2021 年江苏省研究生物种业科研创新实践大赛	农学类	南京农业大学
14	2021 年江苏省研究生医学显微成像科研创新实践大赛	医学类	南通大学
15	2021 年江苏省研究生创新型医学案例大赛	医学类	扬州大学
16	2021 年江苏省研究生乡村振兴案例大赛	管理学类	河海大学
17	2021 年江苏省研究生公共管理案例分析大赛	管理学类	江苏大学
18	2021 年江苏省研究生"百年初心"建党 100 周年美术设计作品大赛	艺术学类	扬州大学

（二）实施成效

为了解江苏省研究生科研创新实践大赛的开展情况,江苏省学位委员会办公室委托课题组对参赛研究生进行了问卷调查。最终共收集到 322 份参赛研究生有效问卷。

1. 对大赛的总体满意度

总体而言,参赛研究生对第四届研究生科研创新实践大赛的总体满意度很高,"非常满意"和"满意"的人数占比超过 80.00％(表 4-4)。在问到参赛收获时,超过 80.00％的参赛研究生表示参加大赛后的收获较大,其中认为收获非常大的有 39.75％,认为收获较大的有 48.76％。

表 4-4　参赛研究生的总体满意度　　　　　　　　　　　　单位：％

总体满意度	非常不满意	不满意	一般	满意	非常满意
参赛研究生	6.21	1.55	8.39	42.86	40.99

2. 参赛单位的组织与动员

参赛研究生对参赛单位的组织与动员工作的满意度比较高,如认为"院系对这次大赛非常重视""院系对参赛队员的选拔标准科学合理""院系对参赛队员的选拔程序非常公平"和"院系对参赛队员进行了有计划的培训"的人数占比均超过了 70.00％,说明参赛研究生所在院系对本届研究生科研创新实践大赛较为重视,相关筹备与组织工作质量较高(表 4-5)。相比之下,满意程度最低的是"院系对参赛队员进行了有计划的培训",这意味着研究生培养高校和相关院系需要继续加强对参加江苏省研究生科研创新实践大赛的重视程度,尤其是切实保障对参赛队员的培训和指导,提升研究生的参赛水准,从而获得更好的比赛结果和研究生培养效果。

表 4-5　对参赛单位的组织与动员工作的评价　　　　　　　单位：％

参赛单位的组织和动员工作	非常不符	比较不符	不确定	比较符合	非常符合
学校对这次大赛非常重视	4.35	2.48	15.22	20.50	57.45
院系对这次大赛非常重视	3.11	3.11	11.49	23.91	58.39
院系对参赛队员的选拔标准科学合理	3.73	1.55	9.32	25.47	59.94
院系对参赛队员的选拔程序非常公平	3.42	1.24	10.25	22.67	62.42
院系对参赛队员进行了有计划的培训	4.66	2.17	16.15	22.05	54.97

3. 领队和指导老师的组织与指导

参赛研究生对领队和指导老师的组织与指导工作评价很高,对全部指标满意及以上(比较符合和非常符合)的人数占比均超过了80.00%(表4-6)。其中,"指导老师非常重视本次大赛"和"领队非常重视本次大赛"2项指标评价为"比较符合"和"非常符合"的人数超90.00%。总体而言,指导老师的专业水平、领队的重视程度和投入度都很高。相比而言,指导老师对参赛队员的指导以及对于比赛规则和程序的了解略显不足,这可能和部分比赛属于首次举办有关。

表4-6 参赛研究生对领队与指导老师的组织与指导工作的评价 单位:%

领队与指导老师的组织与指导工作	非常不符	比较不符	不确定	比较符合	非常符合
指导老师的专业水平非常高	3.11	1.86	5.59	20.19	69.25
指导老师非常重视本次大赛	3.42	1.55	4.97	21.12	68.94
指导老师对参赛队员的指导非常系统	3.42	2.80	7.14	21.12	65.53
指导老师对参赛队员的指导非常充分	3.11	1.55	8.07	21.43	65.84
指导老师对比赛规则和程序非常了解	4.04	2.80	10.87	20.81	61.49
领队非常重视本次大赛	3.42	1.24	5.28	20.81	69.25
领队很好地安排了相关参赛事宜	3.42	0.62	6.83	20.81	68.32

4. 主办方的会议组织与服务

参赛研究生对主办方会议组织与服务的评价较高,对各项指标选择"比较好"和"非常好"的人数占比均超过80.00%。其中,参赛研究生对于"场地布置""比赛设施完备性""工作人员服务态度"和"比赛现场引导工作"评价较高,选择"比较好"和"非常好"的人数占比超过90.00%。相比之下,对于"参赛人员食宿安排"和"比赛信息发布及时性"的满意度略偏低,选择"比较好"和"非常好"的人数占比低于87.00%。这说明大赛主办方需要积极提升比赛信息的发布效率并充分改善参赛人员食宿条件,以提升参赛选手对大赛的满意度和评价从而保障大赛举办效果(表4-7)。

表4-7 对主办方的会议组织与服务评价 单位:%

主办方的会议组织与服务	非常差	比较差	一般	比较好	非常好
场地布置	2.80	0.93	5.28	22.05	68.94
比赛设施完备性	2.48	1.86	3.73	23.60	68.32
比赛信息发布及时性	2.48	1.86	8.70	19.88	67.08
参赛人员食宿安排	3.11	0.93	9.01	22.05	64.91
工作人员服务态度	2.80	0.62	4.04	21.43	71.12
比赛现场引导工作	2.48	0.62	4.35	21.12	71.43

5. 比赛规则和程序

参赛研究生在比赛规则和程序方面给予的评价较高,对各项指标选择"比较符合"和"非常符合"的人数占比均超过 89.00%(表 4-8)。其中,对"比赛程序非常清晰"这一指标选择"比较符合"和"非常符合"的人数占比最高,高达91.31%。而选择"比较符合"和"非常符合"的人数占比较低的是"比赛程序非常合理""比赛规则非常合理",均为 89.75%。这在一定程度上说明参赛研究生对比赛程序及规则的合理性略有质疑,认为在比赛程序及规则方面有待进一步的调整。建议未来各项研究生科研创新大赛在比赛规则和程序方面能更加重视合理性,在总结现有大赛经验和反馈的基础上做进一步完善和调整。

表 4-8 对比赛规则和程序的评价结果 单位:%

比赛规则和程序	非常不符	比较不符	不确定	比较符合	非常符合
比赛规则非常清晰	2.80	1.55	4.66	21.12	69.88
比赛规则非常合理	3.11	0.62	6.52	20.81	68.94
比赛程序非常清晰	2.80	0.62	5.28	20.50	70.81
比赛程序非常合理	3.42	0.62	6.21	20.81	68.94
判分标准非常清晰	2.80	0.62	6.21	19.57	70.81
判分标准非常合理	2.80	0.62	6.52	20.19	69.88

三、研究生暑期学校

研究生暑期学校旨在充分利用江苏省研究生教育教学的优质资源,推动省内研究生培养单位、相关学科实现研究生培养的优势互补、资源共享、学分互认,拓宽研究生学术视野,激发创新思维,提升研究生培养质量。

(一)总体情况

2021 年,江苏省研究生教育指导委员会主办了 32 个暑期学校(表 4-9),其中,哲法史学类 2 个,经济学类 2 个,教育学类 2 个,文学类 1 个,理学类 6 个,工学类 10 个,农学类 2 个,医学类 3 个,管理学类 2 个,艺术类 2 个,参与人数共 7 300 人。

表 4－9　研究生暑期学校基本情况表

编号	暑期学校名称	主办教指委	承办高校
1	江苏省研究生"多学科视野中的新时代乡村振兴"暑期学校	哲法史学类	河海大学
2	江苏省研究生"全球抗'疫'背景下构建人类命运共同体的机遇与挑战"暑期学校	哲法史学类	江苏大学
3	江苏省研究生"经济管理前沿研究方法"暑期学校	经济学类	苏州大学
4	江苏省研究生"应用经济研究方法论"暑期学校	经济学类	南京农业大学
5	江苏省研究生教育哲学暑期学校	教育学类	江苏师范大学
6	江苏省研究生青海支教教师技能专训暑期学校	教育学类	江苏师范大学
7	江苏省新闻传播学优秀研究生暑期学校	文学类	南京大学
8	江苏省研究生数学基础课程选讲暑期学校	理学 1 类	苏州大学
9	江苏省研究生"表面增强拉曼散射理论与技术"暑期学校	理学 1 类	苏州科技大学
10	江苏省研究生"单细胞/颗粒/分子的测量及成像"暑期学校	理学 1 类	南京大学
11	江苏省研究生"科学计算与大数据分析"暑期学校	理学 1 类	江苏师范大学
12	江苏省研究生地球系统科学中的碳循环与碳中和应对暑期学校	理学 2 类	南京大学
13	江苏省研究生地理大数据与空间智能暑期学校	理学 2 类	南京师范大学
14	江苏省研究生"结构健康管理"暑期学校	工学 1 类	江苏大学
15	江苏省研究生"面向动力学科前沿,服务江苏机械行业发展"暑期学校	工学 1 类	南京工业大学
16	江苏省研究生信息与通信工程暑期学校	工学 2 类	东南大学
17	江苏省研究生"智能＋网络计算与信息安全"暑期学校	工学 2 类	南京邮电大学
18	江苏省研究生智慧焊接国际人才协同培育暑期学校	工学 3 类	中国矿业大学
19	江苏省研究生"筑梦化工"暑期学校	工学 3 类	南京工业大学
20	江苏省研究生安全防护用纺织品暑期学校	工学 3 类	南通大学
21	江苏省研究生"韧性城市与智慧建造"暑期学校	工学 4 类	南京工业大学
22	江苏省研究生港口、航道、海岸与海洋工程暑期学校	工学 4 类	河海大学
23	江苏省研究生乡村振兴规划设计暑期学校	工学 4 类	南京大学
24	江苏省研究生智慧畜牧暑期学校	农学类	南京农业大学
25	江苏省研究生"现代农业与作物科技"暑期学校	农学类	扬州大学
26	江苏省研究生麻醉学与脑科学暑期学校	医学类	徐州医科大学

(续表)

编号	暑期学校名称	主办教指委	承办高校
27	江苏省研究生"守正·创新—中医经典研学与实践"暑期学校	医学类	南京中医药大学
28	江苏省研究生"公共卫生科研训练与创新实践"暑期学校	医学类	南京医科大学
29	江苏省研究生数据驱动的优化理论与算法暑期学校	管理学类	南京大学
30	江苏省研究生图书情报与档案管理学科暑期学校	管理学类	南京大学
31	江苏省研究生紫砂文化与生活方式创新体验设计暑期学校	艺术类	江南大学
32	江苏省研究生艺术与乡村:艺术学理论创新暑期学校	艺术类	东南大学

（二）实施成效

为了解江苏省研究生暑期学校的开展情况,江苏省学位委员会办公室委托课题组对参与暑期学校的学生进行问卷调查,共得到有效问卷782份。

1. 学生满意度

2021年江苏省研究生暑期学校的总体满意度较好。有67.39%的参与者对此次暑期学校表示"非常满意",27.37%的参与者对此次暑期学校表示"满意",仅有3.07%的参与者对此次暑期学校表示"非常不满意"(图4-1)。

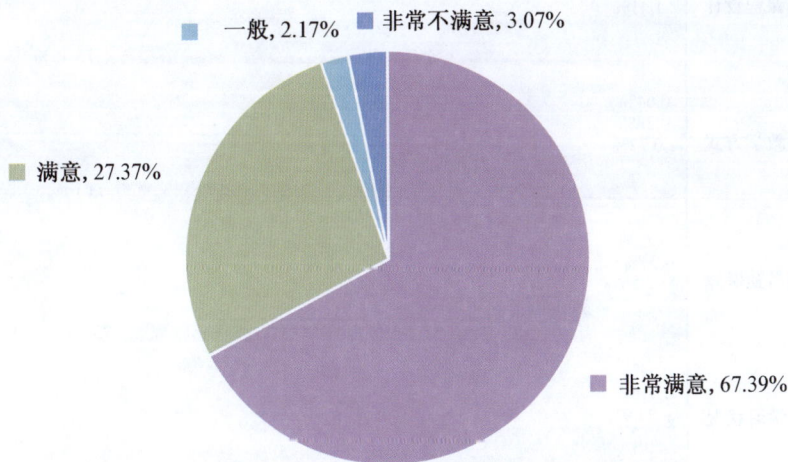

图4-1　暑期学校学生总体满意度分析

　　学生在各个具体题项上的满意度得分均较高,"学科实力""人文关怀"等九个方面持"满意"和"非常满意"的学生比例均在95.00％以上(图4-2)。

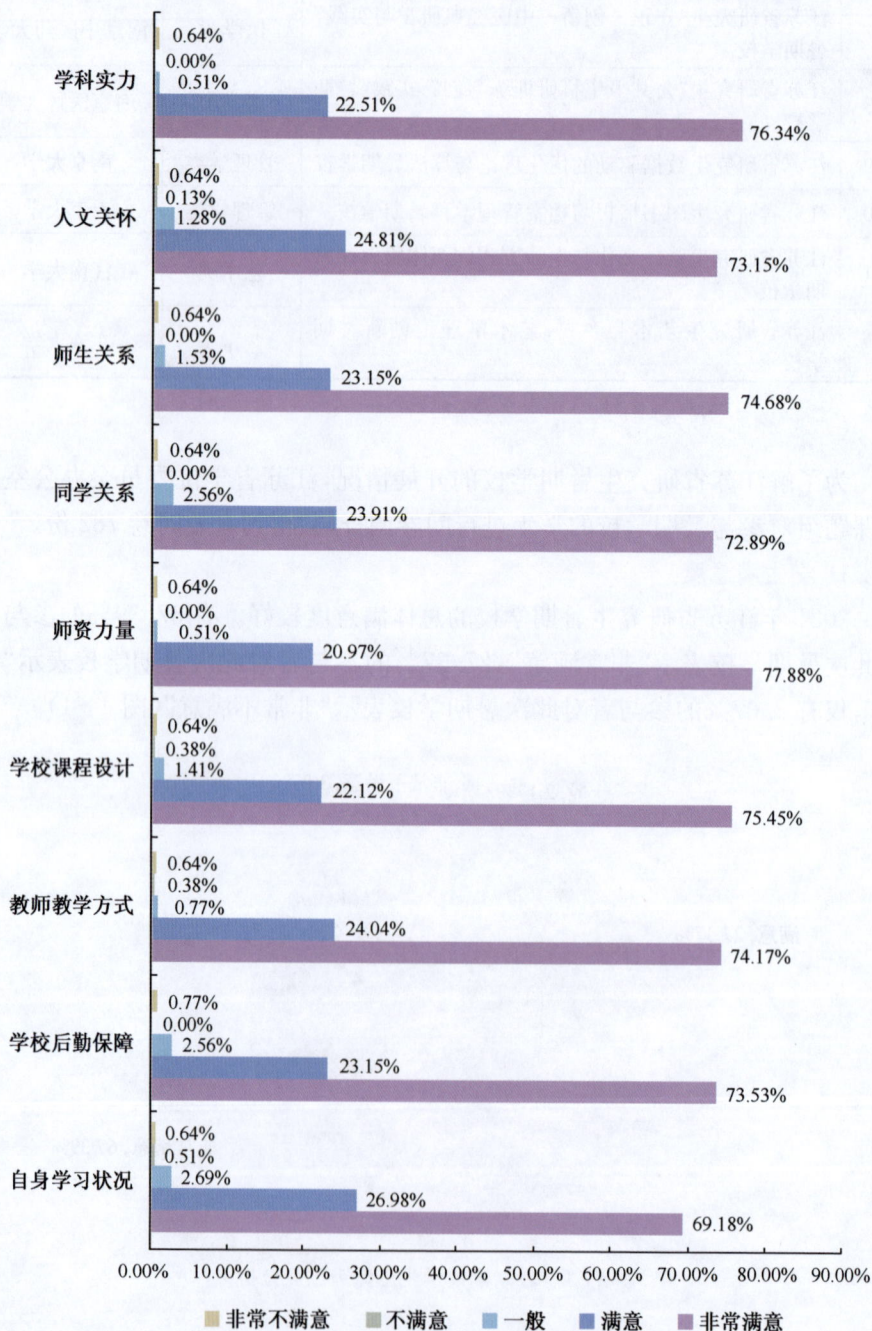

学科实力	0.64% 0.00% 0.51% 22.51% 76.34%
人文关怀	0.64% 0.13% 1.28% 24.81% 73.15%
师生关系	0.64% 0.00% 1.53% 23.15% 74.68%
同学关系	0.64% 0.00% 2.56% 23.91% 72.89%
师资力量	0.64% 0.00% 0.51% 20.97% 77.88%
学校课程设计	0.64% 0.38% 1.41% 22.12% 75.45%
教师教学方式	0.64% 0.38% 0.77% 24.04% 74.17%
学校后勤保障	0.77% 0.00% 2.56% 23.15% 73.53%
自身学习状况	0.64% 0.51% 2.69% 26.98% 69.18%

图例: 非常不满意 不满意 一般 满意 非常满意

图4-2　2021年江苏省研究生暑期学校学生满意度

2. 学习收获

2021 年研究生暑期学校有 404 名学生(51.66%)认为自己在此次暑期学校中收获"非常大",有 318 名学生(40.66%)认为自己在暑期学校中收获"很大",有 57 名学生(7.29%)认为自己收获"一般",只有 3 名学生(0.38%)认为自己收获"很小"或"非常小"(图 4-3)。这表明通过暑期学校学习学生总体学习收获较大。

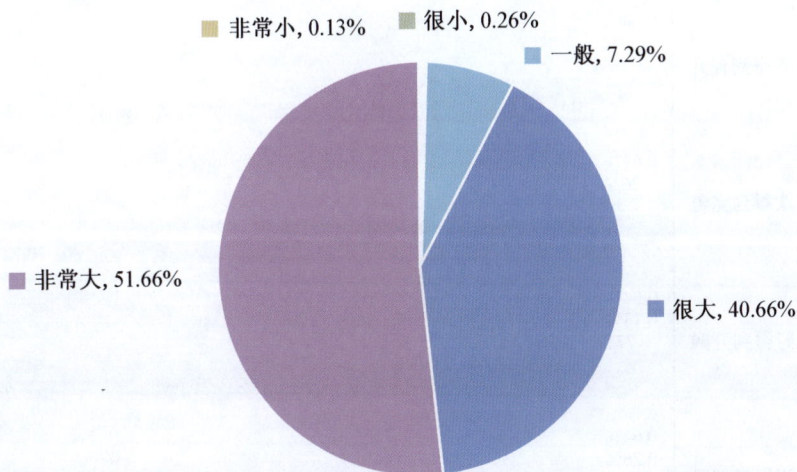

图 4-3 2021 年江苏省研究生暑期学校学生总体学习收获

学生对于自身学习收获的评价较高。在"问题意识得到增强""理论知识得到拓展"等六个方面持"满意"和"非常满意"的学生比例都在 95.00% 以上;在"实践能力得到提高"上持"满意"和"非常满意"的学生比例为 94.88%(图 4-4)。这表明暑期学校整体上给学生带来了较大的收获,但应进一步加强学生实践能力的培养。

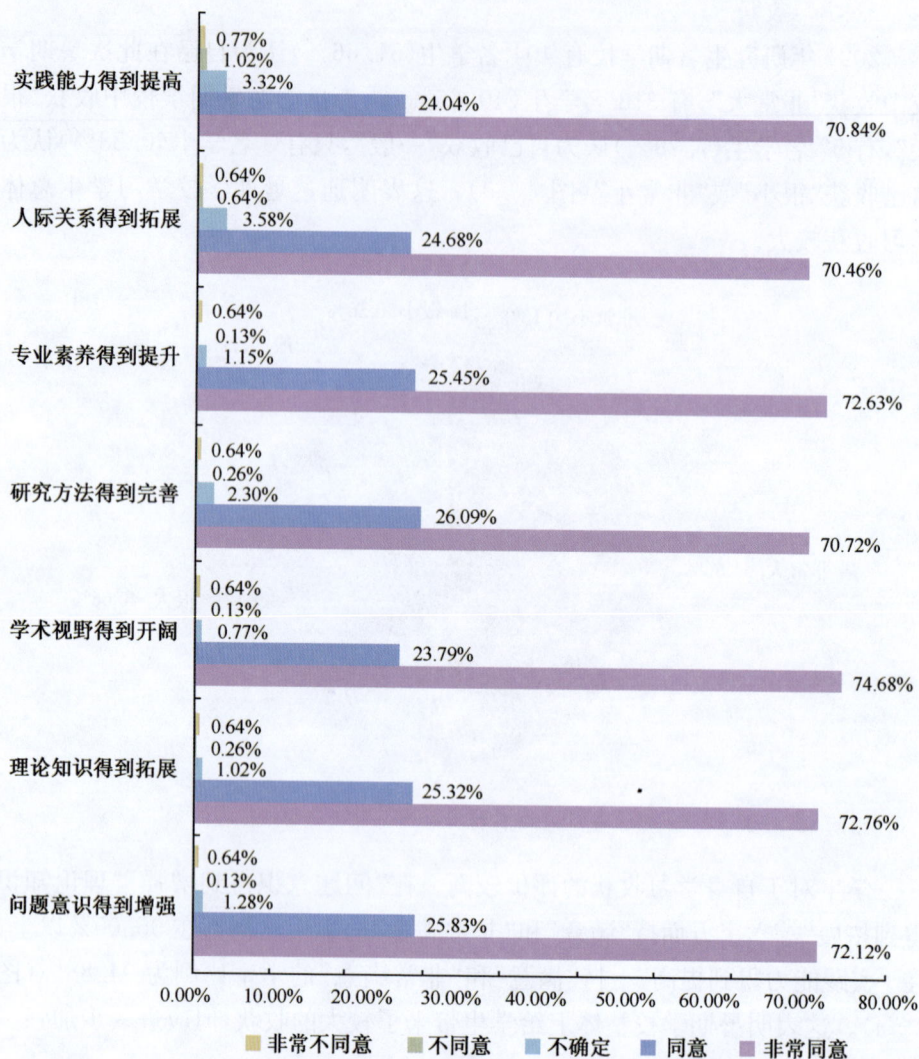

图 4-4 2021 年江苏省研究生暑期学生分项学习收获

3. 课程设计内容

学生对课程设计与内容的评价较高,对"有清晰的课程大纲""课程内容涵盖面广"等七个方面持"同意"和"非常同意"的学生均超过了 95.00%,对"课程重视实践应用"持"同意"和"非常同意"的学生也有 94.89%(图 4-5)。这表明 2021 年江苏省研究生暑期学校的课程设计与内容较为科学,符合学生的期望。

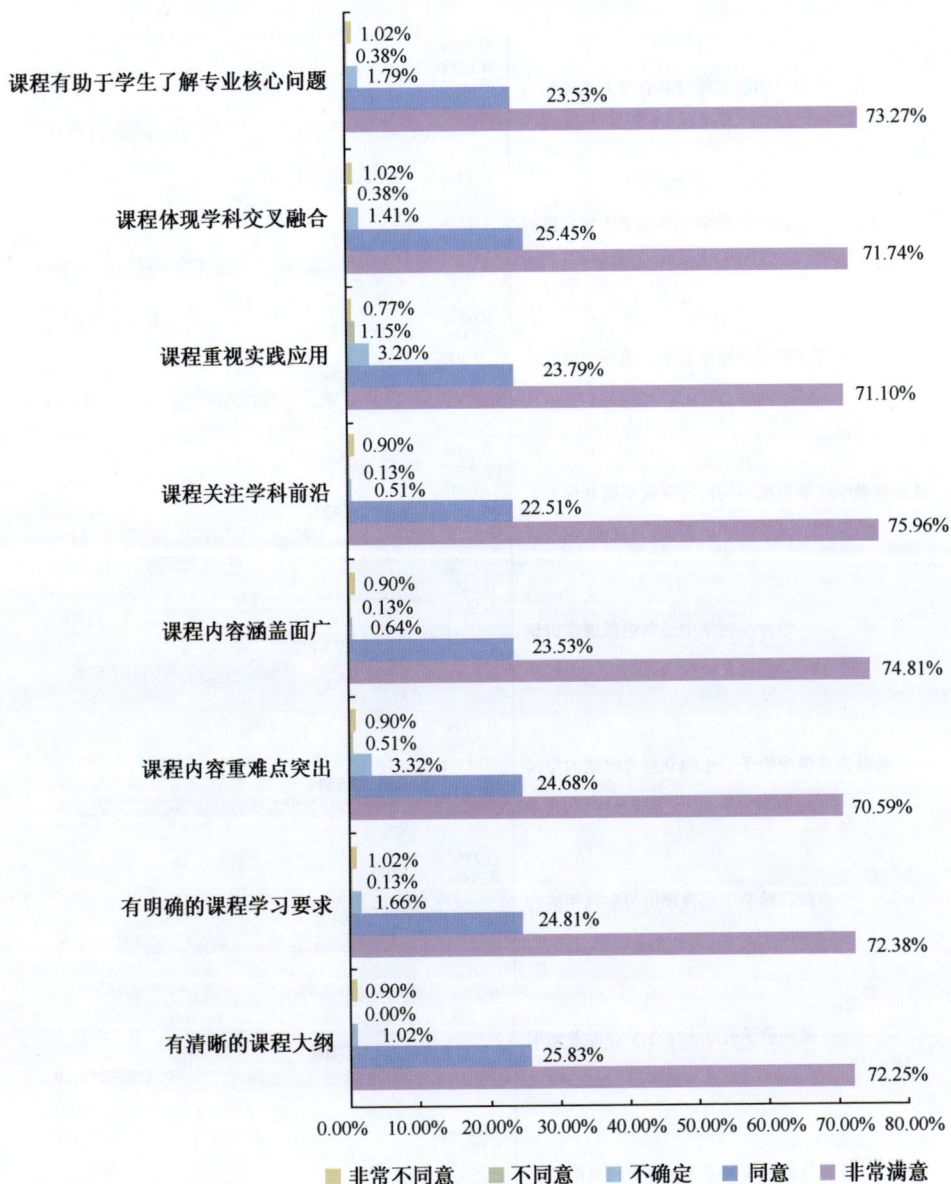

课程有助于学生了解专业核心问题	1.02% 0.38% 1.79%	23.53%	73.27%
课程体现学科交叉融合	1.02% 0.38% 1.41%	25.45%	71.74%
课程重视实践应用	0.77% 1.15% 3.20%	23.79%	71.10%
课程关注学科前沿	0.90% 0.13% 0.51%	22.51%	75.96%
课程内容涵盖面广	0.90% 0.13% 0.64%	23.53%	74.81%
课程内容重难点突出	0.90% 0.51% 3.32%	24.68%	70.59%
有明确的课程学习要求	1.02% 0.13% 1.66%	24.81%	72.38%
有清晰的课程大纲	0.90% 0.00% 1.02%	25.83%	72.25%

0.00%　10.00%　20.00%　30.00%　40.00%　50.00%　60.00%　70.00%　80.00%

■ 非常不同意　■ 不同意　■ 不确定　■ 同意　■ 非常满意

图 4-5　2021 年江苏省研究生暑期学校课程设计与内容

4. 课程教学与师资

学生对于"课程教学与师资"中"教师教学有助于学生了解学科前沿知识""教师教学思路清晰"等九个方面的评价较高,持"同意"和"非常同意"的学生占比均超过了 95.00%;对"教师在教学中经常组织课堂讨论"持"同意"和"非常同意"的学生比例略低,为 94.63%(图 4-6)。

教师在自己的研究领域具有很大的影响力
0.77%
0.13%
0.90%
21.61%
76.60%

教师在教学中鼓励学生发言提问
0.77%
0.13%
1.15%
23.91%
74.04%

教师在教学中注重与学生进行交流互动
0.64%
0.51%
2.30%
23.79%
72.76%

教师在教学中能根据不同内容采取不同教学方案
0.90%
0.77%
3.07%
24.42%
70.84%

教师在教学中经常组织课堂讨论
0.64%
0.90%
3.84%
27.11%
67.52%

教师在教学中给予学生独立思考问题的空间
0.77%
0.26%
2.17%
24.55%
72.25%

教师在教学中重视理论与实践相结合
0.77%
0.26%
2.94%
23.91%
72.12%

教师教学有助于学生掌握专业知识
0.77%
0.13%
0.64%
24.94%
73.53%

教师教学有助于学生了解学科前沿知识
0.90%
0.00%
0.51%
24.55%
74.04%

教师教学思路清晰
0.90%
0.13%
0.51%
25.06%
73.40%

0.00% 20.00% 40.00% 60.00% 80.00%

■ 非常不同意 ■ 不同意 ■ 不确定 ■ 同意 ■ 非常满意

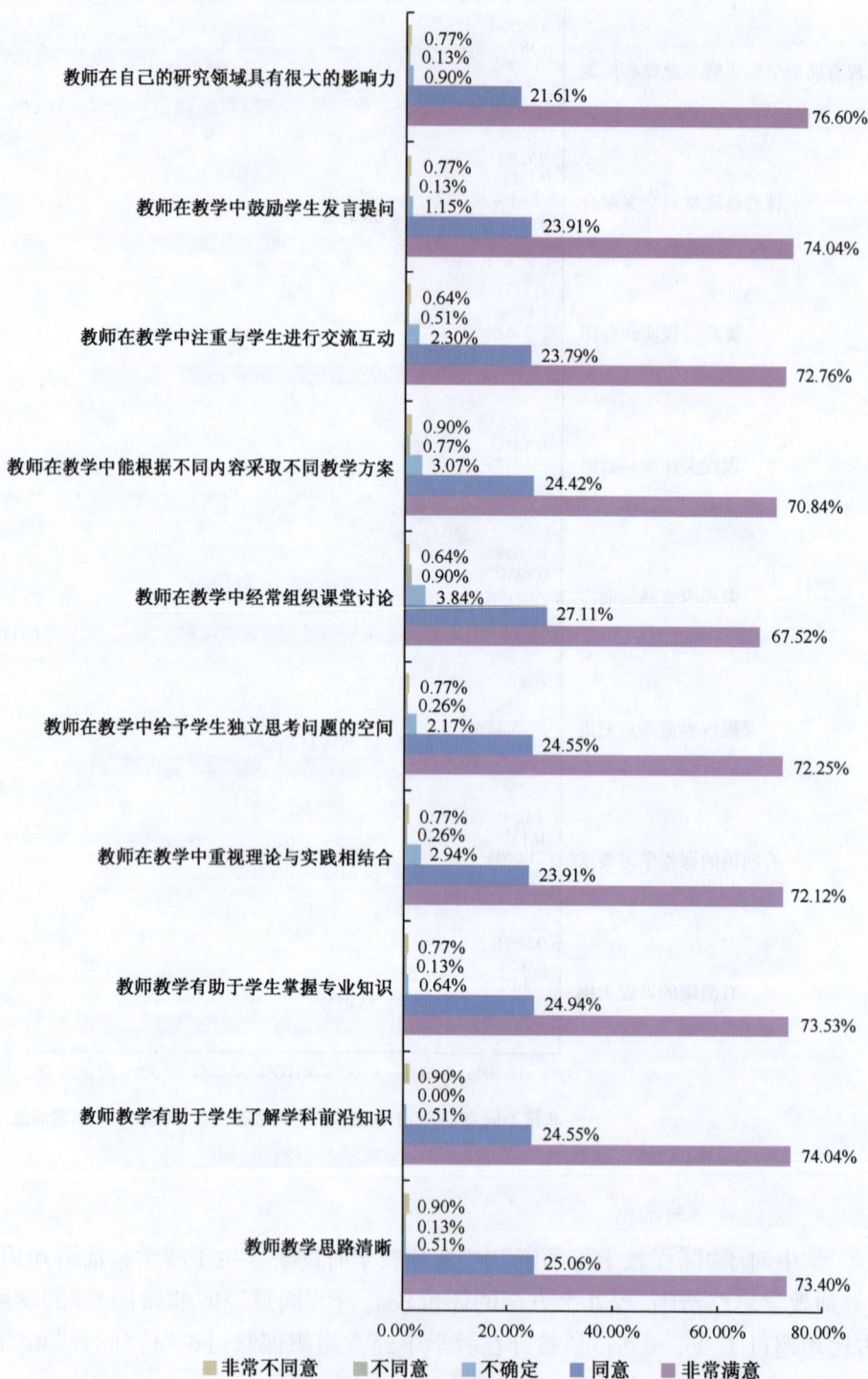

图 4-6 2021 年江苏省研究生暑期学校课程教学与师资

5. 课程参与

学生对"课程参与"的评价存在一定差异。仅在"我会高效完成课业任务，潜心钻研"和"老师、同学对我的学习有任何反馈，我都能及时做出回应"这两方面学生持"同意"和"非常同意"的比例超过 90.00%，分别为 93.48% 和 91.69%；在"我积极参与小组讨论，在与老师、同学的交流中提出自己的想法""我积极回答老师提出的问题，参与课堂学习"以及"我会进行课前预习，带着问题进课堂"这三个方面持"同意"和"非常同意"的学生分别有 89.26%、87.47% 和 88.49%（图 4-7）。

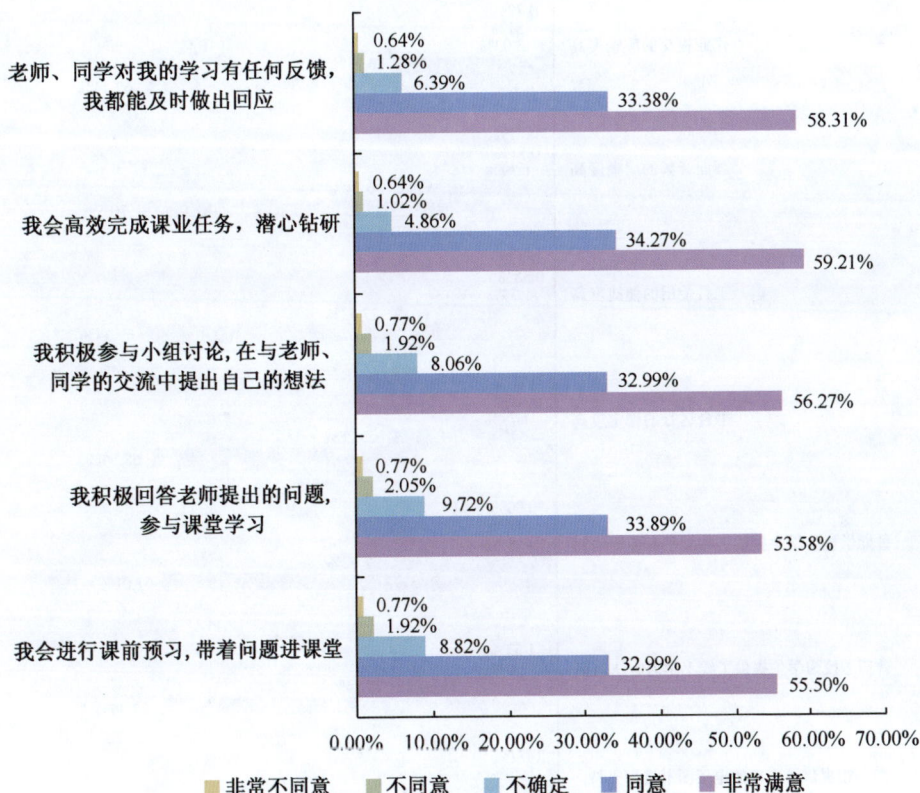

图 4-7　2021 年江苏省研究生暑期学校学生课程参与

6. 硬件保障

学生对于暑期学校硬件保障中"网络速度的流畅度高""师生互动的即时度高""作业提交的流畅度高"等七个方面的评价较高，持"同意"和"非常同意"的学生占比超过了 95.00%；对"图书馆提供了丰富的电子图书资源支持，网络检索等十分便捷""暑期学校为学生提供了线上学习方法培训"和"暑期学校为学生提供了教学平台使用培训"这三方面持"同意"和"非常同意"的学生分别为 92.71%、94.63% 以及 94.63%(图 4-8)。

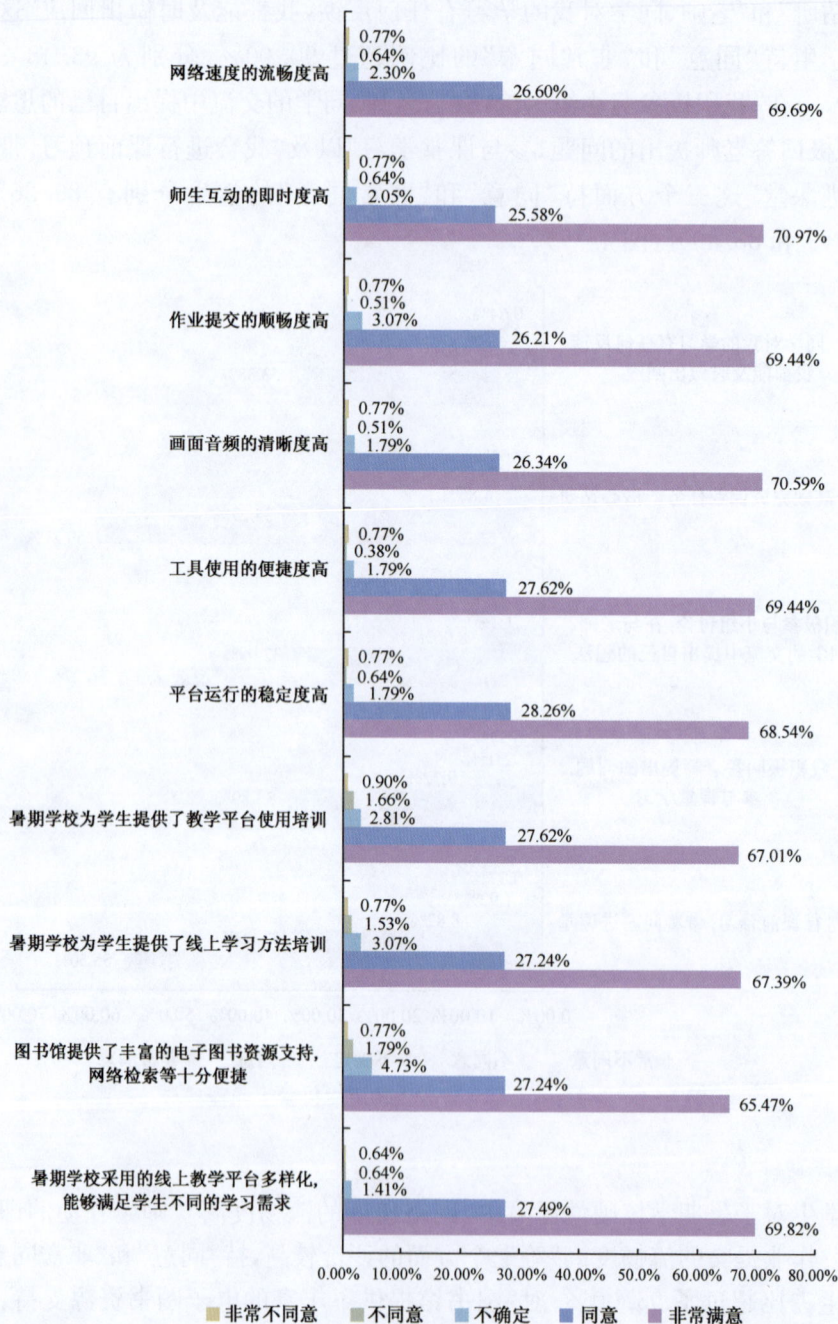

图 4-8 2021 年江苏省研究生暑期学校硬件保障

7. 实践活动

有 65.35％的学生表示所在暑期学校为其提供了实践活动,但也有 34.65％的学生表示可能由于疫情的影响,所在暑期学校没有提供实践活动(图 4－9)。

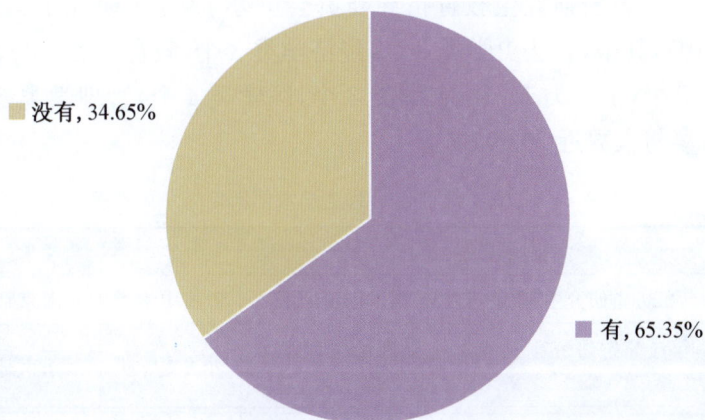

图 4－9　2021 年江苏省暑期学校实践活动

8. 推荐意愿

2021 年江苏省研究生暑期学校有 776 名学生(99.23％)愿意推荐自己的学弟、学妹或朋友来参加自己所参加的暑期学校;仅有 6 名学生(0.77％)不愿意推荐他人来参加(图 4－10)。这充分体现了学生对本次暑期学校的肯定。

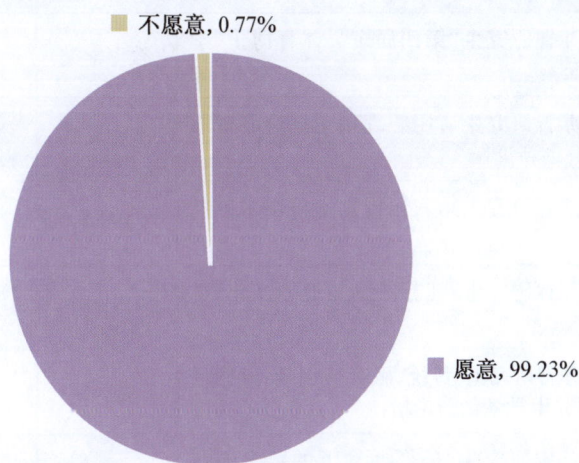

图 4－10　2021 年江苏省研究生暑期学校学生推荐意愿

四、研究生学术创新论坛

(一) 总体情况

2021年,江苏省研究生教育指导委员会主办了48个研究生学术创新论坛(表4-10),其中,哲法史学类3个,经济学类3个,教育学类2个,文学类3个,理学类7个,工学类14个,农学类3个,医学类4个,管理学类6个,艺术学类3个,参与人数近20 000人。

表 4-10 2021江苏省研究生学术创新论坛总体情况

编号	论坛名称	主办教指委	承办高校
1	2021年江苏省研究生"数字与人文"学术创新论坛	哲法史学类	南京师范大学
2	2021年江苏省研究生马克思主义理论学科学术创新论坛	哲法史学类	南京邮电大学
3	2021年江苏省研究生马克思主义理论学术创新论坛	哲法史学类	扬州大学
4	2021年江苏省研究生"面向碳中和的产业转型与低碳发展"学术创新论坛	经济学类	南京航空航天大学
5	2021年江苏省研究生"中国共产党以人民为中心的金融政策:百年沿革与发展"学术创新论坛	经济学类	东南大学
6	2021年江苏省研究生"创新经济与企业高质量发展"学术创新论坛	经济学类	南京师范大学
7	2021年江苏省研究生"第四届东吴体育博士"学术创新论坛	教育学类	苏州大学
8	2021年江苏省研究生应用心理硕士社会心理服务能力提升创新论坛	教育学类	南京师范大学
9	2021年江苏省研究生第八届传媒学科学术创新论坛	文学类	南京师范大学
10	2021年江苏省研究生"江苏戏剧与地方文化"学术创新论坛	文学类	江苏师范大学
11	2021年江苏省研究生"传统、融合与创新:外国语言文学"研究生学术创新论坛	文学类	东南大学
12	2021年江苏省研究生"问题驱动下的数学与应用"学术创新论坛	理学1类	江南大学

（续表）

编号	论坛名称	主办教指委	承办高校
13	2021 年江苏省研究生新型光电材料基础物理与前沿科技学术创新论坛	理学 1 类	南京大学
14	2021 年江苏省研究生大数据统计与金融创新学术创新论坛	理学 1 类	苏州科技大学
15	2021 年江苏省研究生纳米与催化学术创新论坛	理学 1 类	扬州大学
16	2021 年江苏省研究生关注海洋健康·守护蔚蓝星球学术创新论坛	理学 2 类	江苏海洋大学
17	2021 年江苏省研究生海洋科学前沿与实践学术创新论坛	理学 2 类	河海大学
18	2021 年江苏省研究生大气科学学术创新论坛	理学 2 类	南京信息工程大学
19	2021 年江苏省研究生智能装备制造与材料成形技术学术创新论坛	工学 1 类	江苏海洋大学
20	2021 年江苏省研究生能源/兵器/力学前沿交叉学术创新论坛	工学 1 类	南京理工大学
21	2021 年江苏省研究生航空结构与力学原理学术创新论坛	工学 1 类	南京航空航天大学
22	2021 年江苏省研究生电力电子与运动控制学术年会及学术创新论坛	工学 2 类	南京航空航天大学
23	2021 年江苏省研究"新能源发电"学术创新论坛	工学 2 类	中国矿业大学
24	2021 年江苏省研究生"现代农业装备电气化与智能化"学术创新论坛	工学 2 类	江苏大学
25	2021 年江苏省研究生化工新材料学术创新论坛	工学 3 类	江南大学
26	2021 年江苏省研究生"大气污染监测预警与防控"学术创新论坛	工学 3 类	南京信息工程大学
27	2021 年江苏省研究生船舶海洋装备表面技术学术创新论坛	工学 3 类	江苏科技大学
28	2021 年江苏省研究生"资源与环境"学术创新论坛	工学 3 类	江苏理工学院
29	2021 年江苏省研究生水科学与可持续发展学术创新论坛	工学 4 类	河海大学
30	2021 年江苏省研究生"地下工程"学术创新论坛	工学 4 类	中国矿业大学

(续表)

编号	论坛名称	主办教指委	承办高校
31	2021年江苏省研究生智慧交通基础设施学术创新论坛	工学4类	东南大学
32	2021年江苏省研究生未来城市学术创新论坛	工学4类	南京大学
33	2021年江苏省研究生植物保护学术创新论坛	农学类	南京农业大学
34	2021年江苏省研究生园艺与乡村振兴学术创新论坛	农学类	南京农业大学
35	2021年江苏省研究生"兽医学"学术创新论坛	农学类	扬州大学
36	2021年江苏省研究生医用电离辐射防护学术创新论坛	医学类	苏州大学
37	2021年江苏省研究生"重大疾病发生与精准诊疗前沿"学术创新论坛	医学类	江苏大学
38	2021年江苏省研究生药学前沿学术创新论坛	医学类	南京医科大学
39	2021年江苏省研究生"创新与服务"学术创新论坛	医学类	中国药科大学
40	2021年江苏省研究生第二届"智能经济与管理"学术创新论坛	管理学类	苏州大学
41	2021年江苏省研究生"后疫情时代江苏经济高质量发展"学术创新论坛	管理学类	南京财经大学
42	2021年江苏省研究生"数据驱动的管理科学与创新管理"学术创新论坛	管理学类	东南大学
43	2021年江苏省公共管理学科行知研究生学术创新论坛	管理学类	南京农业大学
44	2021年江苏省研究生"新发展格局下的管理创新"学术创新论坛	管理学类	常州大学
45	2021年江苏省研究生"聚焦三农发展、成就百年农经"学术创新论坛	管理学类	南京农业大学
46	2021年江苏省研究生"江南艺术遗产与再造"学术创新论坛	艺术类	江苏大学
47	新风致——2021年江苏省研究生长三角艺术创新论坛	艺术类	南通大学
48	2021年"地域性与国际化：文创设计的新探索"国际研究生学术论坛	艺术类	苏州大学

（二）实施成效

为了解江苏省研究生学术创新论坛的开展情况,江苏省学位委员会办公室委托课题组对论坛参与者进行了问卷调查,共得到 891 份有效问卷。

1. 参与动机

"提升自己的学术专业能力"和"与学术同行进行深入交流"是参与者们参加研究生学术创新论坛的最主要两大动机,均超过了 85％。"受同学的影加""导师要求参与"和"院系要求参与"3 个客观动机影响最小,均低于 20％（图 4－11）。

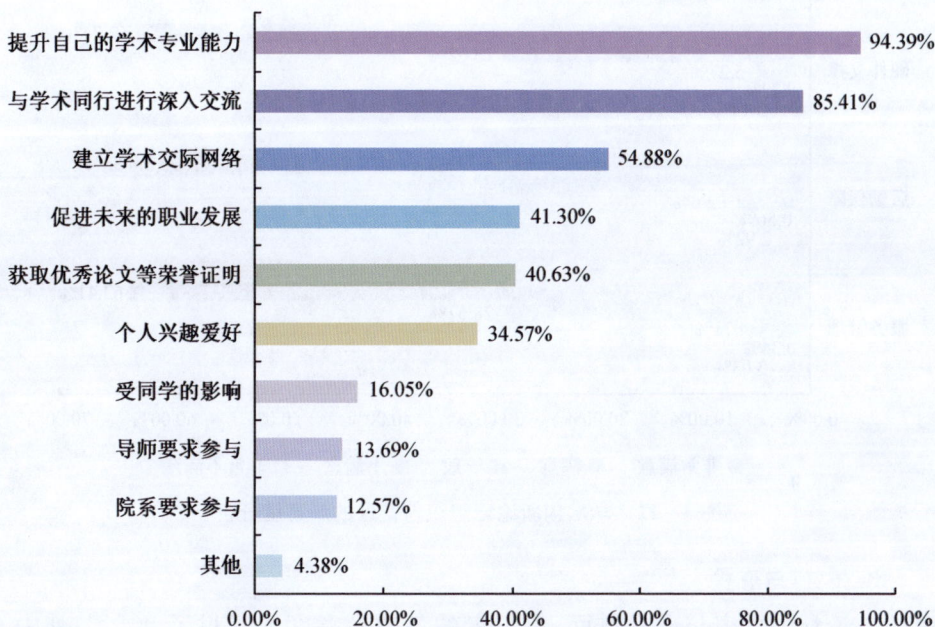

动机	百分比
提升自己的学术专业能力	94.39%
与学术同行进行深入交流	85.41%
建立学术交际网络	54.88%
促进未来的职业发展	41.30%
获取优秀论文等荣誉证明	40.63%
个人兴趣爱好	34.57%
受同学的影响	16.05%
导师要求参与	13.69%
院系要求参与	12.57%
其他	4.38%

图 4－11　研究生学术创新论坛参与动机分析

2. 组织与管理

论坛参与者对组织管理各个方面的评价都很高,满意度均在九成左右（图 4－12）。其中,对于日程安排的满意度最高（92.60％）,随后依次为服务管理（91.92％）、参与名额（91.47％）、硬件支撑（91.36％）、前期宣传（91.36％）、后勤保障（89.56％）。

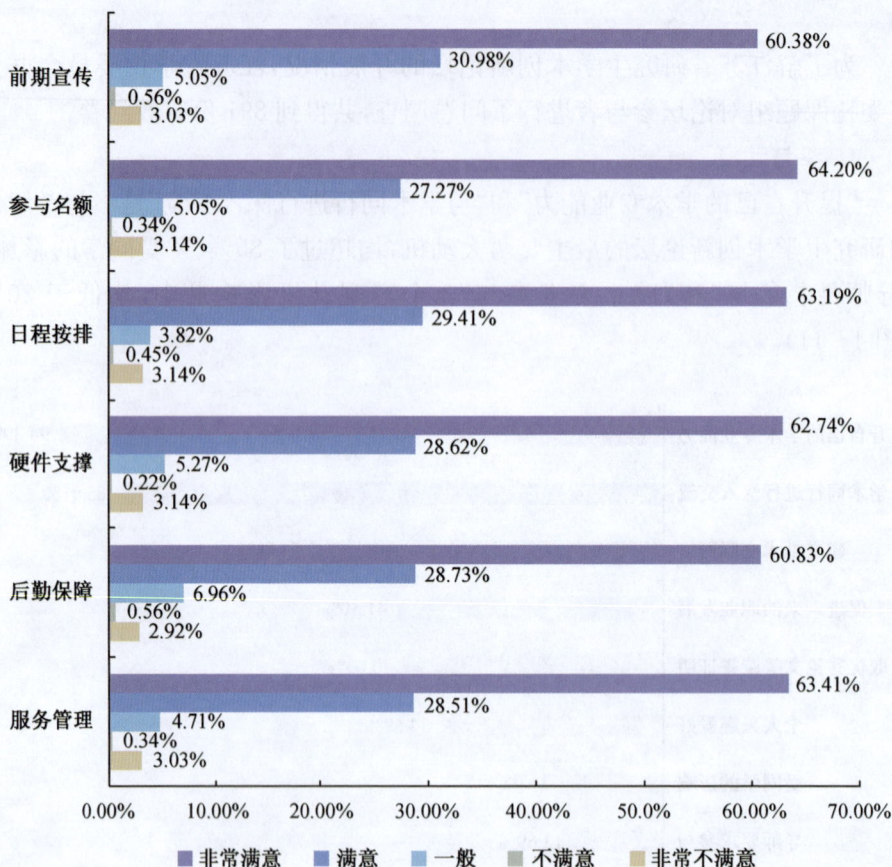

图 4‑12　学术创新论坛组织与管理的满意度分析

3. 内容与形式

在论坛的内容与形式方面,参与者的各项满意度均超过了 90%。其中,对论坛能够提供网络参与机会、论坛主题难度以及论坛主题前沿性的满意度最高(均为 94.95%),并在论文评选的公正性(94.84%)、论坛主题的跨学科性和问题导向(94.50%)、学术报告的水平方面(93.60%)、研究生自主交流(93.83%)以及研究生与专家充分交流(93.04%)等几个方面都有较高评价。参与者们对于论坛网络参与的实际体验(91.92%)和其他活动形式(90.80%)的满意度则相对较低(图 4‑13)。

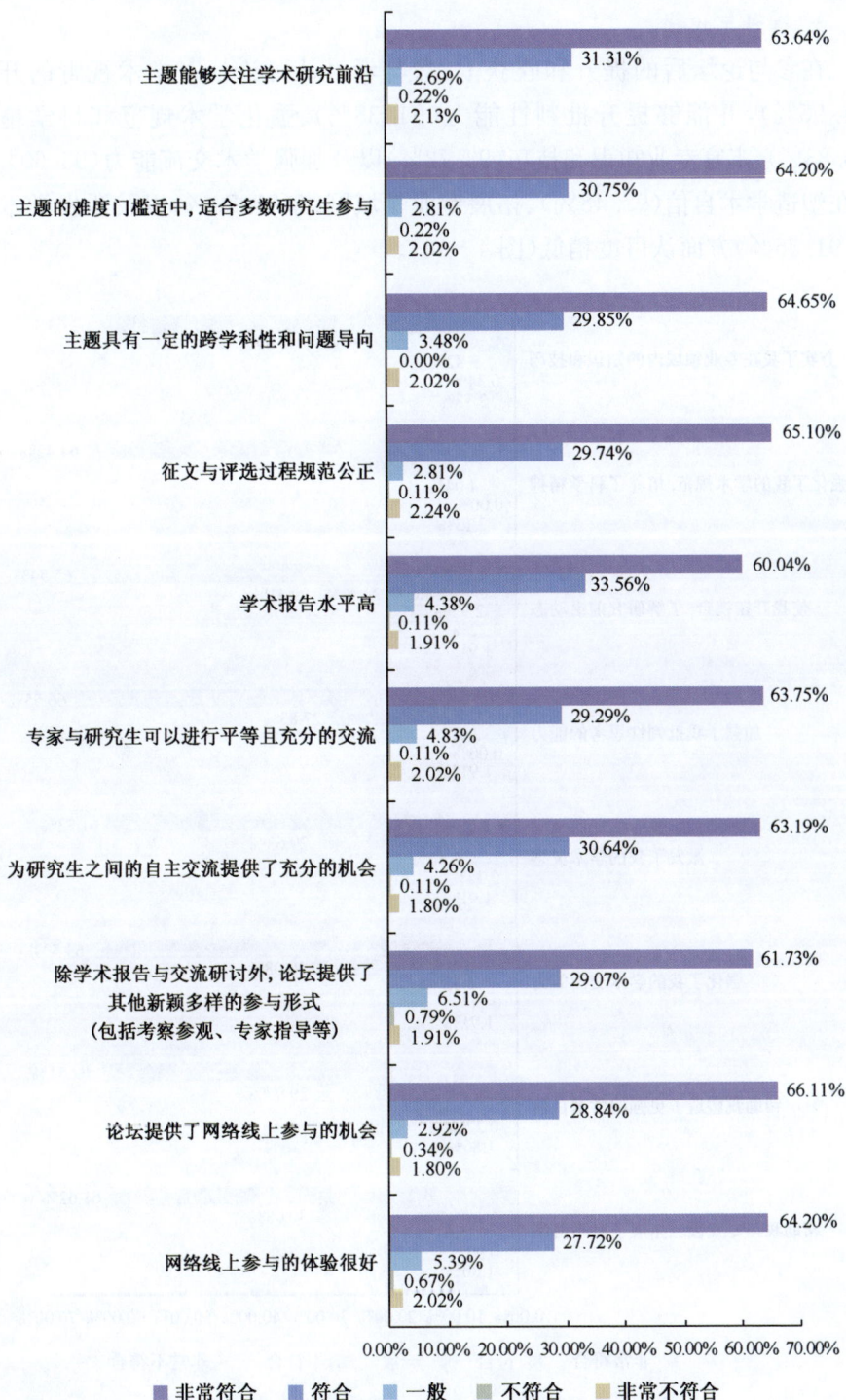

图 4-13　学术创新论坛内容与形式的认可度分析

4. 提升与收获

在参与论坛后的提升和收获上,参与者最认可论坛对学术视野的开拓(94.95%),并能够提升批判性能力(94.38%)、强化学术规范和科学精神(93.83%)、丰富专业知识和技巧(93.72%)以及加强学术交流能力(93.60%)。而在塑造学术自信(92.48%)、拓展专业领域网络(91.70%)以及激发学术灵感(91.36%)方面认可度稍低(图4-14)。

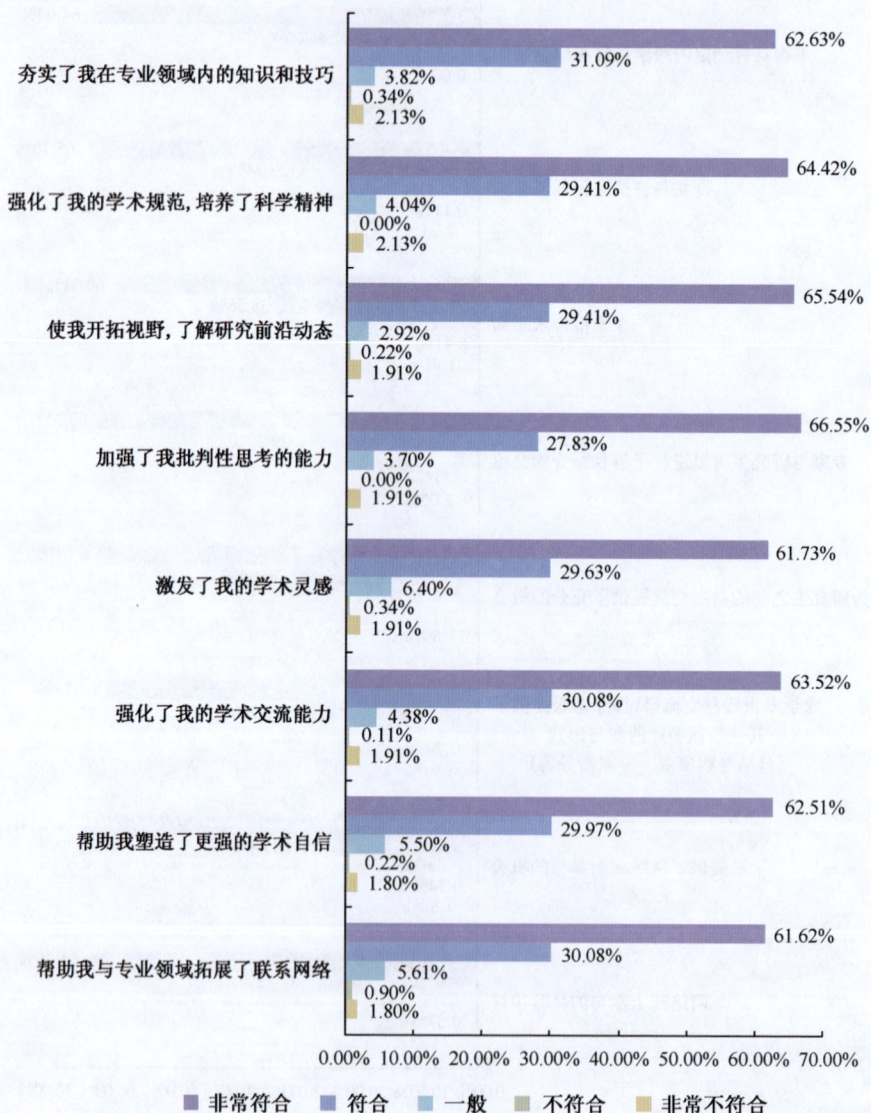

图 4-14 学术创新论坛中参与者提升和收获的认可度

5. 总体收获

在对于参加论坛的总体收获方面,有 93.38％的参与者认为参与本次学术论坛收获大或非常大,仅有 0.67％的参与者认为收获小或非常小(图 4－15)。

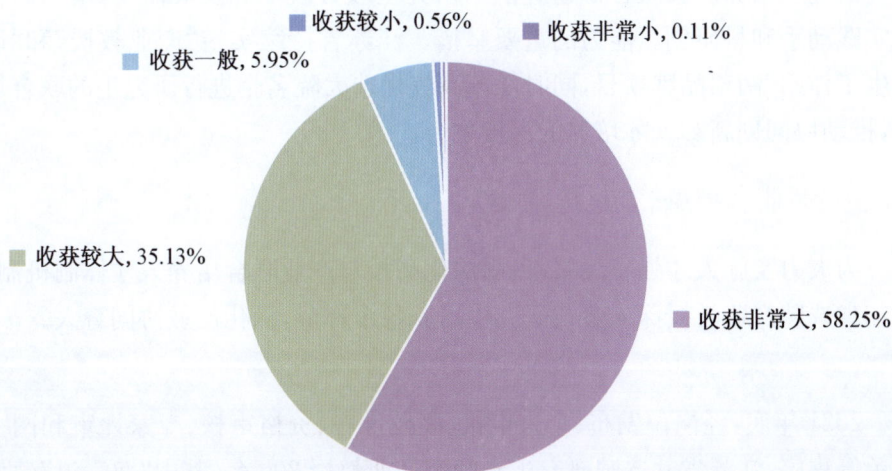

图 4－15　学术创新论坛参与者的总体收获情况

6. 总体满意度

在参与论坛的总体满意度上,91.58％的参与者认为满意或非常满意,仅有 3.48％的参与者认为不满意或非常不满意(图 4－16)。

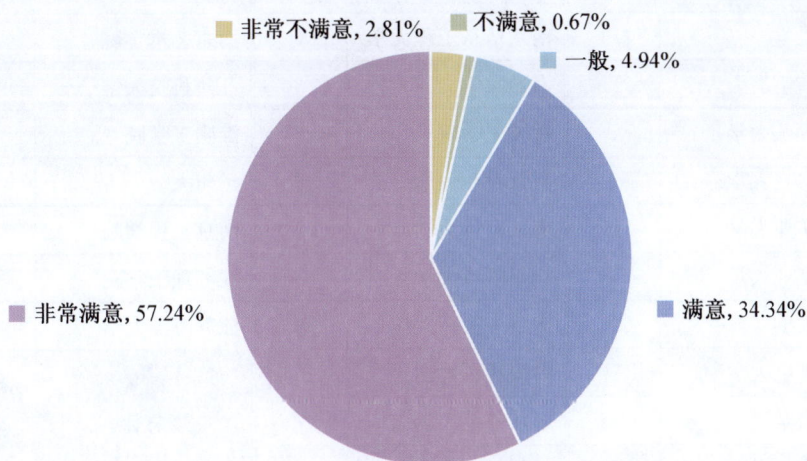

图 4－16　学术创新论坛参与者的总体满意度

<h2>第四节 研究生培养产教融合项目</h2>

研究生培养产教融合是适应国家研究生教育改革和发展需要,增强研究生实践动手和科研创新能力的重要举措。江苏省持续实施"产业教授"和"研究生工作站"两项品牌项目,同时江苏高校优选大院名企进行研究生的联合培养,推动协同创新和人才培养的深度融合。

一、产业教授(研究生导师类)

为大力实施人才强省战略,巩固深化高校与产业联合培养人才体制机制,江苏省选聘产业教授深入参与研究生培养各个环节,深化产教协同育人。

(一) 总体情况

2021 年底,经岗位发布、个人申报、高校推荐、资格审核、专家评审和网上公示等程序,江苏省共选聘研究生导师类产业教授 200 名,其中"双一流"建设高校选聘 121 名,其他高校选聘 79 名(表 4-11)。

表 4-11 2021 年江苏省研究生导师类产业教授(兼职)选聘情况

聘任高校	新聘	聘任高校	新聘	聘任高校	新聘
南京大学	13	南京林业大学	6	南京财经大学	5
苏州大学	6	江苏大学	12	南京审计大学	3
东南大学	13	南京信息工程大学	6	南京艺术学院	1
南京航空航天大学	11	南通大学	3	苏州科技大学	5
南京理工大学	9	盐城工学院	3	淮阴工学院	3
江苏科技大学	4	南京农业大学	8	扬州大学	10
中国矿业大学	10	南京医科大学	2	南京工程学院	1
南京工业大学	9	徐州医科大学	3	江苏理工学院	3
常州大学	7	南京中医药大学	3	江苏海洋大学	4
南京邮电大学	11	中国药科大学	5	总计	200
河海大学	5	南京师范大学	7		
江南大学	6	江苏师范大学	3		

2022 年 4 月,江苏省产业教授选聘办公室对任期满 4 年(截至 2021 年底)

的 205 位研究生导师类产业教授进行了期满考核工作。经考核申请、高校审核、形式审查、专家评议和社会公示等程序,58 位研究生导师类产业教授考核结果为"优秀",在符合申报条件的情况下,经高校和产业教授本人同意可直接续聘;120 位考核结果为"合格",在符合申报条件的情况下,相关高校可优先推荐申报下一轮选聘;6 位考核结果为"不合格",另有 21 位未提交考核申请,五年内均不得再次申报选聘。

（二）聘用实效

2021 年,共 765 位在聘的产业教授（研究生导师类）填报了聘期年度报告,反映了各人在课程教学参与、指导研究生、联合主持科研项目、联合发表学术论文（出版专著）和联合获批专利等方面的聘用实效。

1. 参与课程教学

2021 年,765 位产业教授参与课程教学（含讲座报告）共 1 035 门（场）,人均 1.35 门（场）。其中,1 门（场）及以下的 566 人,2—4 门（场）的 186 人,5 门（场）及以上的 13 人（图 4 - 17）。

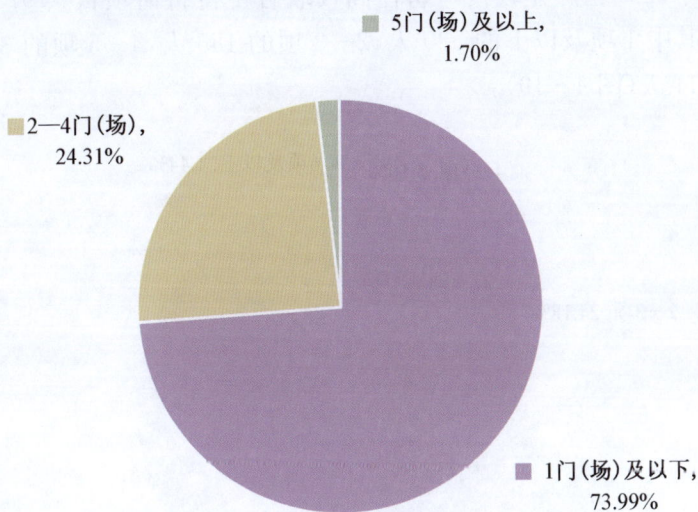

图 4 - 17　2021 年江苏省产业教授参与课程教学情况

2. 合作指导研究生

2021 年,765 位产业教授合作指导研究生共 1 839 名,人均指导 2.40 名。其中,指导 1 名及以下的 311 人,2—4 名的 369 人,5—9 名的 72 人,10 名及以上的 13 人（图 4 - 18）。

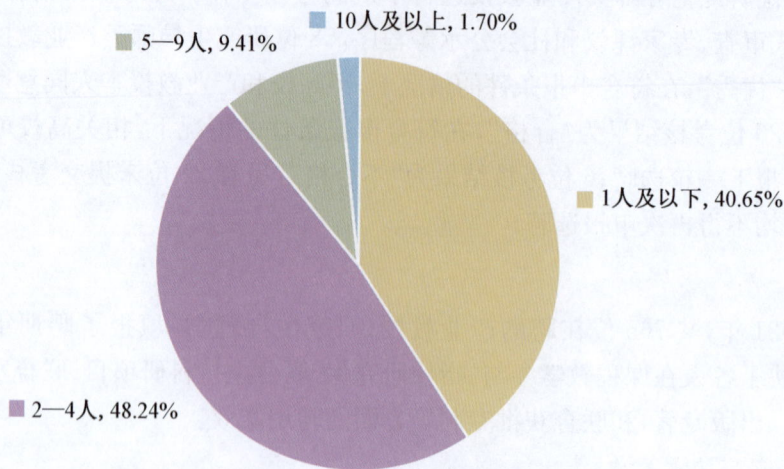

图 4‑18 2021 年江苏省产业教授指导研究生情况

3. 合作主持科研项目

2021 年,765 位产业教授与聘任高校联合主持科研项目共 975 项,人均 1.27 项。其中 1 项及以下的 530 人,2—3 项的 185 人,4—5 项的 39 人,6 项及以上的 11 人(图 4‑19)。

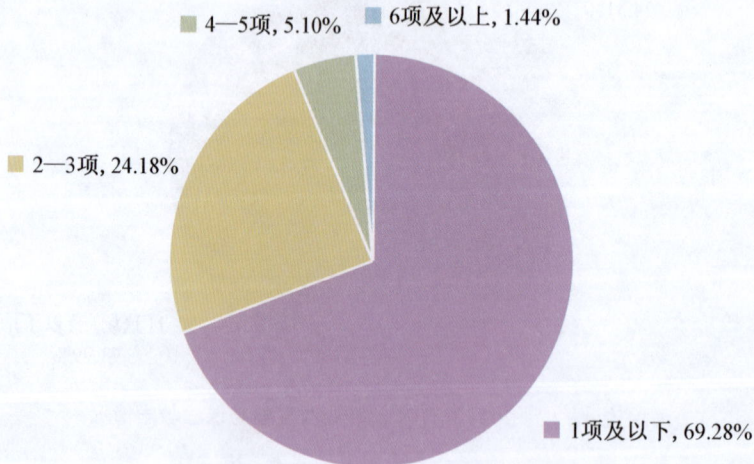

图 4‑19 2021 年江苏省产业教授与聘任高校联合主持科研项目情况

4. 合作发表学术论文(出版专著)

2021 年,765 位产业教授与聘任高校合作发表学术论文(出版专著)808

篇(部),人均1.06篇(部)。其中,1篇(部)及以下的580人,2—3篇(部)的122人,4—5篇(部)的37人,6篇(部)及以上的26人(图4‑20)。

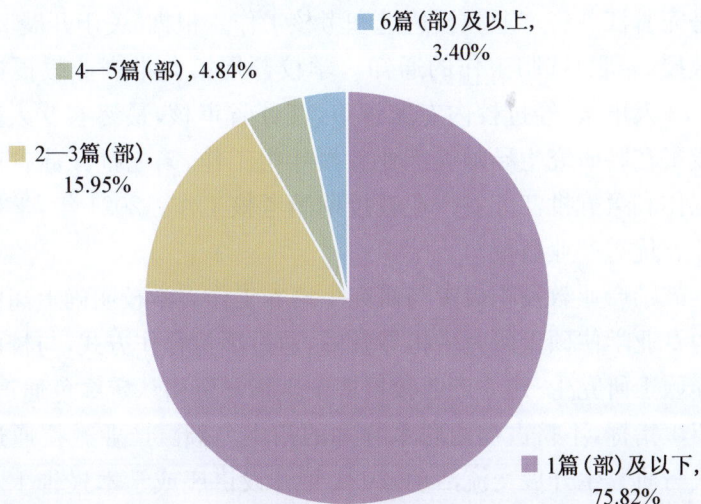

图4‑20　2021年江苏省产业教授与聘任高校联合发表学术论文(出版专著)情况

5. 合作获授权专利

2021年,765位产业教授与聘任高校联合获批专利755项,人均0.99项。其中,1项及以下的601人,2—3项的95人,4—5项的39人,6项及以上的30人(图4‑21)。

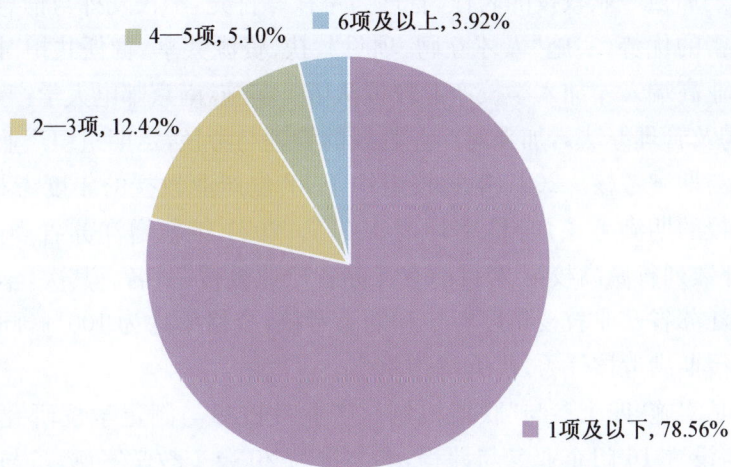

图4‑21　2021年江苏省产业教授与聘任高校联合获批专利情况

（三）典型案例

⊃ 南京理工大学

一是完善江苏省产业教授遴选和考核工作。根据《关于开展 2021 年江苏省产业教授（兼职）选聘工作的通知》，学校开展第九批产业教授遴选推荐工作，共有 13 人申报，经过校内专家评审、江苏省审核，最终有 9 人获批。2021 年还完成了在聘研究生导师类产业教授年报工作、第七批江苏省产业教授中期考核工作和第五批江苏省产业教授期满考核工作。2021 年，学校共有 6 人获批江苏省优秀产业教授。

二是鼓励产业教授积极参与研究生培养工作。学校明确上岗的江苏省产业教授为专业学位硕士研究生指导教师，通过项目合作方式，与校内联系导师联合培养硕士研究生；建立产业教授博士生指导资格认定绿色通道，为产业教授预留招生指标，不挤占校内联系导师的招生名额。产业教授通过线上线下多种形式与研究生开展交流活动，2021 年开设讲座或学术报告 12 场。目前，产业教授正全程参与学校 19 个专业学位研究生培养方案的修订工作。2021 年，陆新林、李爱华、袁文清、蒋平安 4 位产业教授与学校联系教师合作申报的两个江苏省科技成果转化项目获得科技厅立项。产业教授孟庆国与学校联系教师合作完成的成果"面向液体危化品高效安全多式联运的超长超宽重载智能化储运装备研发及产业化"荣获 2021 年度江苏省科学技术三等奖。

⊃ 南京邮电大学

一是加强产业教授的聘任、管理与考核。首先，学校发挥与信息行业企业结合紧密的优势，实施"人才互聘、项目共扶、资源共享、责任共担"机制，持续吸引行业高端人才加入学校产业教授队伍。实施《南京邮电大学产业教授（兼职）选聘及管理办法》，加强对产业教授的管理与考核，定期组织产业教授的年度考核与期满考核。2021 年学校组织了 37 位产业教授的年度考核和 11 位产业教授的期满考核，合格率均为 100%。2021 年新增江苏省产业教授 11 位，获评数列省属高校第 2，目前有江苏省产业教授 79 名。其次，学校产业教授参加江苏省产业教授年度考核和期满考核，合格率均为 100%，同时有 4 位产业教授期满考核优秀，优秀率达 40%。

二是实施"四个参与"联培机制。产业教授参与制定学校研究生培养方案，参与设置 16 门企业参与课程，参与撰写 20 余个教学案例，参与研究生校外实践、开题和结项答辩等培养过程，举办首届江苏省产业教授讲坛，邀请中兴、华为总工定期为研究生讲述情系国脉、信息报国的故事,培养研究生信息报国的责任担当和实践创新能力。举办学校首届江苏省产业教授讲坛,通过网络直播让全校研究生同上一堂"产业大课","南京邮电大学全校研究生共上一堂产业大课"被"江苏教育"报道。并且,产业教授参与申报电子信息专业博士学位授权点成功获批。

二、研究生工作站

(一)总体情况

2021 年 12 月,经单位申报、材料审查、专家评审、网上公示等程序,江苏省教育厅和科技厅共新认定 299 家研究生工作站(表 4 - 12)。其中,"双一流"高校新建研究生工作站 177 家,其他高校新增研究生工作站 122 家。

表 4 - 12　2021 年江苏省研究生工作站新增和期满考核情况　　　　单位:家

建站高校	新增	期满考核		建站高校	新增	期满考核	
		优秀	合格			优秀	合格
南京大学	4	2	9	南京医科大学	6	—	—
苏州大学	11	4	39	徐州医科大学	2	1	1
东南大学	22	1	25	南京中医药大学	3	2	5
南京航空航天大学	28	2	30	中国药科大学	3	—	3
南京理工大学	14	5	9	南京师范大学	4	1	8
江苏科技大学	17	2	13	江苏师范大学	4	—	10
中国矿业大学	10	—	7	南京财经大学	3	—	8
南京工业大学	3	7	8	苏州科技大学	8	2	10
常州大学	15	1	16	淮阴工学院	7	2	3
南京邮电大学	20	—	10	扬州大学	13	4	35
河海大学	6	1	10	南京工程学院	5	—	2
江南大学	9	3	27	江苏警官学院	—	1	—
南京林业大学	7	2	16	江苏理工学院	1	—	10
江苏大学	22	3	50	江苏海洋大学	1	1	5
南京信息工程大学	14	1	8	淮阴师范学院	2	—	—
南通大学	5	2	15	外省高校	—	1	22
盐城工学院	14	1	4	合　计	299	54	423
南京农业大学	16	2	10				

同时,分别与南京大学、东南大学和江苏大学合作共建的3家研究生工作站被认定为优秀研究生工作站示范基地(表4-13)。

表4-13 2021年江苏省优秀研究生工作站示范基地名单

序号	设站单位名称	合作高校名称
1	南京大学环境规划设计研究院集团股份公司	南京大学
2	华设设计集团股份有限公司(原江苏省交通规划设计院股份有限公司)	东南大学
3	江苏铁锚玻璃股份有限公司	江苏大学

2022年3月,江苏省教育厅和科技厅对4年建设期期满的研究生工作站进行了验收。经过验收申请、高校审核、形式审查、专家评审和社会公示等程序,54家研究生工作站期满验收结果为"优秀",获评江苏省优秀研究生工作站,并自动进入下一轮认定有效期;423家期满验收结果为"合格",自动进入下一轮认定有效期;116家期满验收结果为"不合格",另有367家工作站未申请期满验收,均不再作为省级研究生工作站,且三年内不得重新申报。

(二)建站成效

2021年,共2 881家在建研究生工作站提交了年度报告,反映各站在研发经费投入、在站行业专家(技术人员)、联合指导研究生和联合主持科研项目等方面的落实情况。

1. 在站行业专家(技术人员)

2021年,2 881家研究生工作站共拥有在站行业专家(技术人员)369 991人,站均近129人;拥有硕士学位的在站行业专家(技术人员)共89 909人(占比24.30%),站均超31人,拥有博士学位的在站行业专家(技术人员)共11 693人(占比3.61%),站均超4人;拥有中级职称的在站行业专家(技术人员)共94 220人(占比25.47%),站均超32人,拥有高级职称的在站行业专家(技术人员)共53 125人(14.36%),站均超18人。

2. 联合指导研究生

2020年,2 881家研究生工作站中有5 478位行业专家(技术人员)作为在站导师对研究生进行联合指导,站均近2人。3 554位在站导师参与了研究生学位论文开题,3 292位参与了研究生中期考核,2 725位参与了研究生学位论文答辩(图4-22)。

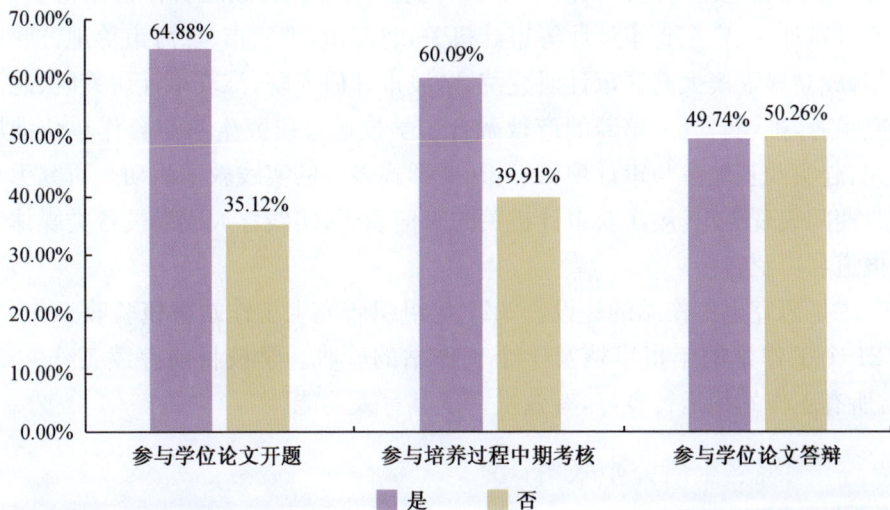

图 4－22　2021 年江苏省研究生工作站在站导师参与研究生联合培养情况

（三）典型案例

🔘 常州大学

一是深化与江苏省产业技术研究院的合作共建。学校采用"项目制"联合培养技术转移领域"集萃研究生"，打造"工程商科融通、多维主体协同"的人才培养体系，构建师资协同机制。目前，该项目共联合培养技术转移研究生 173 名，并于 2021 年被教育部、科技部、国家知识产权局、科技部在全国作为典型经验推广。

二是与中国石油共建创新联合体。学校推进与三大石油公司共建，不断彰显石油石化特色。2021 年，中石油拨款 10 063 万元，与学校共建"中国石油—常州大学创新联合体"，共同推进科技攻关与人才培养，第一期计划联合培养硕士、博士 50 人以上。创新联合体的成立，得到了新华日报、科技日报、中国化工报、中国科技网、光明日报等相关媒体的广泛关注，在行业内和社会上产生了巨大影响和推广效应。

🔘 南京审计大学

一是建立校政军企产教融合基地。学校与江苏省统计局联合成立"政府统计与大数据研究院"；与审计署广州特派办、长沙特派办、武汉特派办、上海特派办、中铁建、云南审计厅、杭州市审计局等 24 家单位签订了实践教育合作协议;与中央军委审计署、国防大学联合勤务学院签署战略合作框架协议;与江苏省审计厅、广东省审计厅等审计机关,北海市、淮安市、珠海市等地方政府合作,成立粤港澳大湾区审计研究院、宁波审计研究院、淮安审计研究院、北海研究院等,推动研究生培养的产教融合。学校通过研究生参与合作单位课题研究、赴实践基地参与审计项目等,开展形式多样的实践教学活动。研究生在实践期间表现突出,屡次获审计机关的来信表彰;实践育人成果被各类媒体频繁报道和广泛宣传。

二是研究生工作站的建设。2021 年组织研究生工作站审核验收工作,完成 21 个工作站的年报审核及 1 个工作站的验收。学校目前存续工作站 20 个,所有工作站均运行良好,有效发挥了其育人功能。

三、大院名企研究生联培计划

(一) 总体情况

2021 年,江苏省各高校统筹产教融合,实施"大院名企研究生联培计划",重点推进与江苏省产业技术研究院实施"集萃研究生"联合培养计划、与中科院南京分院实施"卓越研究生"联合培养计划、与华为公司实施培养人工智能高层次人才的"创智计划",积极推动高校与知名企业、科研院所联合培养研究生。

全省共 21 所普通高校参与"集萃研究生"联合培养计划,分别为常州大学、东南大学、河海大学、江南大学、江苏大学、江苏海洋大学、江苏科技大学、南京大学、南京工业大学、南京航空航天大学、南京理工大学、南京师范大学、南京信息工程大学、南京医科大学、南京邮电大学、南京中医药大学、徐州医科大学、扬州大学、中国矿业大学、中国药科大学和苏州大学。

全省共 9 所高校参与中科院南京分院"卓越研究生"联合培养计划,分别为南京理工大学、南京医科大学、南京师范大学、南京邮电大学、南京工业大学、河海大学、南京信息工程大学、江苏大学和扬州大学。

华为与南京大学、东南大学、南京邮电大学、中国矿业大学等高校共建"智能基座"产教融合协同育人基地,在多层次人才培养合作上形成良性且富有成果的互动,促进了培养链与创新链、产业链的精准衔接,成效显著。

(二) 典型案例

⊃ 南京大学

一是通过"校院企"三方协同,整合高校和产业优质资源,实施"进平台、进团队、进项目"的三进施教路径,构建研究生项目育人、实践育人模式。学校与中科院高能物理研究所、大气物理研究所等多个科研机构签订联合培养博士研究生协议。融合双方优质课程资源,为学科交叉融合创造条件,实现博士培养优势互补。

二是推进"校院企"协同培养机制,科教融合激发创新活力。"校院企"产学研专项经研究生院论证,单独制定培养方案,具备行业实践课程、行业导师、示范性实践基地(省研究生工作站)和成果评价标准等培养全要素。学校已与华为等多个新研机构合作,每年入选产学研专项的研究生 300 余名,其中享受"集萃计划"资助的研究生 50 名。科教融合形成高水平科研成果,获国家自然科学二等奖两项,相关技术已应用于大型企业和国家重大工程及基础研究中。

⊃ 南京理工大学

一是与多家研究院开展研究生联合培养工作。学校与中国科学院南京分院签订研究生联合培养合作协议,2021 年选派 26 名研究生赴中国科学院在苏 5 家研究所开展实践学习;依托江苏省产业技术研究院开展"集萃研究生"联合培养,派出 94 名研究生;与百度公司签订《南京理工大学人工智能产教融合协同育人协议》,开展研究生联合培养工作。此外,学校结合华为技术有限公司等科技单位的项目管理经验,依托校企高水平科研合作项目,联合培养研究生,提高学生的动手实践能力,增强学术科研水平。

二是与研究院合作开设特色高端校企合作课程。学校与中国商飞上海飞机设计研究院合作,为研究生开设"民用飞机机体设计与验证"课程,授课教师全部由上飞研究生院高级专家担任,提升研究生为国家重大战略需求贡献力量的使命感和责任感。

第五节　研究生教育国际交流与合作

一、特色举措

国际交流与合作是培养具有国际视野、通晓国际规则、积极参与国际事务的优秀人才的重要途径,也是服务国家对外开放战略的重要举措。江苏省各高校积极探索疫情背景下国际交流与合作的新模式,推动研究生教育国际化发展。具体表现在以下三个方面:一是探索"在地国际化"培养模式,促进优质课程资源共享。各高校努力开发在线教育资源,引入国际在线课程,提高研究生在线课程的前沿性和国际化。二是促进线上线下学术交流,支持研究生参与国际会议。各高校对研究生参与国际交流予以资助奖励,推进国际交流服务支撑体系建设。三是拓展中外合作办学渠道,助力研究生国际联合培养。各高校推动中外合作办学、联合培养、交换交流项目、寒暑期项目、国际短学期项目等项目建设,拓宽联合培养渠道。四是强化来华留学生管理,推进服务"一带一路"建设。各高校加强对来华留学生的学业考核和管理,提升来华留学生的培养质量。

(一)探索"在地国际化"培养模式,促进优质课程资源共享

受新冠疫情影响,线下国际交流与合作受到了一定的冲击。各高校积极探索"在地国际化"培养模式,引入线上国际课程,创建线上学习平台,满足研究生的学习与发展需求。下面以扬州大学和南京艺术学院为例,具体介绍各校在疫情背景下探索"在地国际化"培养模式,促进优质课程资源共享方面的具体举措。

扬州大学强化云端管理,开展线上教学,为研究生创设"在地国际化"的培养平台,全方位打造"在地国际化"的培养模式。协同外方合作单位,调整交流模式,线上建设研究生全英文课程(专业)。积极应对新冠肺炎疫情影响,以产出高水平成果为目标、以学科交叉为抓手、以科研合作为平台,外引内建,拓宽"在地国际化"培养路径,建设线上全英文课程提供"在地国际化"培养资源,全方位打造研究生"在地国际化"培养模式。

南京艺术学院与意大利博洛尼亚大学继续在"文化遗产保护与修复"专业开展合作办学项目,融合两校相关专业的优势,推动国际化课程体系建设。学校与美国瓦尔帕莱索大学、丹麦 VIA 大学推行学分互认和国际"双学位"人才培养交流计划,与斯图加特国际动画节组委会、德国柏林短片节组委会、歌德学院共同主办南京当代动画艺术文献展、德国电影周等活动,并组织研究生赴丹麦 VIA 大学、英国普利茅斯大学进行学术实践交流。与英国剑桥大学、德国柏林艺术大学、德国卡塞尔艺术学院等国外知名院校建立合作教学团队,开展 40 余项高水平工作坊。

(二)促进线上线下学术交流,支持研究生参与国际会议

参加国际学术会议有助于研究生拓宽研究视野,提升研究水平。各高校不断完善学术交流支持体系,鼓励研究生在国际平台上发言。下面以南京工业大学和南京财经大学为例,具体介绍各校在促进线上线下学术交流、支持研

究生参与国际会议方面的实践举措。

南京工业大学多措并举鼓励研究生积极参加国际交流。克服疫情影响，修订《南京工业大学研究生国际交流资助管理办法》与相关资助规定，将线上国际交流纳入资助范围，加大资助范围与投入。在学院年度目标考核任务下达时明确提出国际交流考核要求，调动学院推进国际交流工作的积极性；在博士研究生培养方案中设置"国际学术会议或短期访学"必修环节，明确规定在读期间须参加一次高级别国际学术会议或短期访学 3 个月以上，实现了博士研究生国际交流全覆盖。

南京财经大学持续鼓励研究生参加国际学术交流。学校、学院和学科列支专门经费，资助研究生出国（境）学术交流，重点支持有突出创新成果的研究生参加重要国际学术会议。学校鼓励和引导研究生出国（境）访学，参与高水平国际课题研究，通过学习国外著名大学研究生课程、参加前沿讲座等获得学分。近年来，校院两级每年投入近 100 万元，每年资助近 200 名研究生参与了国际学术会议，多名研究生赴剑桥大学、埃克塞特大学、南安普顿大学、新加坡南洋理工大学进行课程学习并进行学分互认。

（三）拓展中外合作办学渠道，助力研究生国际联合培养

拓展国际联合培养渠道，创新国际联合培养路径是高校培养高层次人才的重要方式。江苏省各高校不断推进与世界一流大学的交流合作，创新疫情期间的交流合作方式，形成多样化的联合培养模式。下面以南京信息工程大学和中国药科大学为例，具体介绍各高校在拓展中外合作办学渠道，助力研究生国际联合培养方面的实践举措。

南京信息工程大学精准发力，拓展中外合作办学研究生培养模式。南京信息工程大学雷丁学院自成立以来，秉承"开放、协同、特色"发展理念，与英国雷丁大学的优势专业强强联合，引进对方优质教学资源，创新国际化人才培养模式，是教育部 2019 年中外合作办学现场评估中唯一获 7 年免评估的单位，获评"十三五"江苏高校中外合作办学高水平示范性建设工程机构。2021 年获批增设电子信息（数据科学）和数据与决策分析两个硕士专业，每年可招收80 名硕士生。南京信息工程大学与爱尔兰沃特福德理工学院联合申报中外合作办学机构，加强双方在学科建设、研究生培养、教育资源共享等方面的优势对接，助力学校学科与师资建设，提高研究生培养质量。

中国药科大学积极拓展国际交流项目。面对新冠肺炎疫情带来的不良影响，学校采取多种形式积极应对，聚焦"高精尖缺"人才培养。获批国家留学基

金委创新人才合作培养项目 4 个,即中美医药尖端人才培养项目、中法纳米医药双博士学位创新人才培养项目、中美联合高级药物研发创新型人才培养项目和生物统计与生物医药大数据创新型人才合作培养项目,共选拔 5 名研究生参与联合培养。组织开展 2021 年国家建设高水平大学公派研究生项目申报,其中攻读博士研究生项目 11 人,联合培养博士研究生项目 2 人。与美国奥思达药业、华海药业(美国)股份有限公司建立海外联合培养基地,实行"校企双导师"制,目前共有联合培养在校生 34 人。

（四）强化来华留学生管理,推进服务"一带一路"建设

"一带一路"建设为大学构建国际交流合作新模式提供了契机。江苏省各高校把握历史机遇,通过借力和服务于国家"一带一路"倡议来开展国际交流与合作,推进大学自身的国际化发展和世界一流大学建设。下面以南京林业大学和江南大学为例,具体介绍各高校在强化来华留学生管理、推动"一带一路"国际交流与合作的实践举措。

南京林业大学积极推进服务"一带一路"建设。学校依托亚太森林网络和马来西亚、越南建设留学生教育基地,与新加坡国立大学、马来西亚南方大学学院、越南林业大学等"一带一路"国家高校积极推进建立亚太林业教育协调机制,为林业特色学科研究生搭建合作培养平台。

江南大学加强国际交流与合作平台建设,2021 年新增"科创中国""一带一路"国际健康食品绿色加工专业科技创新院。构建价值塑造与情思育人的双向融通人才培养体系,建设行业引领和内涵驱动的多维度协同育人创新模式,加强国际引领与中国特色双轨支撑人才培养系统,培育来华留学生精品课程,建设基于本土化国情的"积极心理学"等课程。

二、典型案例

（一）稳步提升国际交流层次水平,探索疫情期间合作培养模式

◯ 南京航空航天大学

在新冠疫情背景下,南京航空航天大学稳步推进国际交流合作,探索新型国际交流合作模式,提升研究生国际交流合作体验。南京航空航天大学在推进建设双学位、建设短期方向国别专项、举办国际学术会议、建设线上国际课程、建设"海外学习中心"、成立国际直升机教育联盟以及保障研究生正常交流访学等方面取得了积极成效。

1. 大力发展高水平研究生国际合作培养平台,拓展对外合作办学层次

重点谋划,主动培育,组织国家留学基金委创新型人才国际合作培养项目、国别区域研究人才支持计划、俄乌白人才培养专项申报;稳步推进"南航—英国克兰菲尔德联合培养双硕士学位项目""南航—莫航航空航天类研究生双硕士学位项目"的实施。

2. 新设博士生短期访学重点国别专项,应对特殊形势下国际化培养新局面

主动应对当前复杂国际形势,围绕服务国家战略和重点学科领域发展,新设博士生短期访学(重点国别专项),推动实质性研究生国际学术交流与科研合作,首批41人入选。

3. 举办研究生国际学术会议,持续加强研究生国际学术交流平台建设

成功召开第九届南京航空航天大学研究生国际学术会议,创新实现"线上线下"同步进行的研究生国际学术会议模式,在论文投稿数、参会报告学生数以及论文报告质量等方面再创佳绩,多所海内外高校、三百余名研究生参会交流。

4. 稳步推进线上国际化课程建设,拓展海外优质教育资源

为扎实推进"双一流"建设,引入海外优质教育资源,提升国际化办学水平,开拓学生国际视野,2021年,南京航空航天大学继续着力打造"暑期国际课程"品牌项目。7月12日至7月23日,共为研究生免费提供48门线上国际课程。授课外籍教师来自美国、英国、加拿大、俄罗斯等国的著名高校,课程内容覆盖飞行器设计、动力学、电力电子、机械工程、材料科学、管理学、法律、语言、艺术、人工智能等多方面。

5. 建设"海外学习中心",探索疫情期间研究生国际合作新模式

为方便受疫情影响暂时不能出国学习的学生,学校在天目湖校区建设"海外学习中心",与多所海外大学积极沟通,有近百位学生积极利用线上学习平台与线下校园资源开展学习,这是疫情之下国际教育创新合作模式的有益探索。

6. 成立国际直升机教育联盟,搭建高层次国际化人才培养平台

与美国垂直飞行学会等7家海外单位共同发起成立国际直升机教育联盟,搭建直升机教育领域研究生国际交流合作平台,推动联盟成员在人才培养、科学研究、产学研融合等方面深入合作。

7. 关心关爱海外交流研究生,保障特殊时期研究生国际化培养顺利开展

根据疫情发展情况,及时出台《南京航空航天大学关于疫情防控期间研究生国际交流相关事宜通知》，保障和规范疫情下的国际化培养。组织全体在境外交流的研究生与校长连线座谈，解决研究生实际困难，用心用情为每位学生提供坚实支撑和坚强后盾，实现平安留学。

2021 年，南京航空航天大学对外交流与合作取得了良好成效，共有 99 人获批留学基金委公派研究生留学资格。获批留学基金委创新型人才国际合作培养项目 2 项、国别区域研究人才支持计划 1 项，俄乌白人才培养专项 2 项；顺利组织召开"新形势下高等教育国际合作与发展"专题会议；开设研究生国际化课程 273 门，暑期在线国际课程 48 门。

（二）健全完善国际化培养体制机制，切实提升研究生教育质量

⊃ 苏州大学

苏州大学落实《教育部等八部门关于加快和扩大新时代教育对外开放的意见》精神，积极响应教育部、省教育厅相关要求，健全和完善"国家、学校、学院（部）、导师"四位一体的研究生教育国际化建设工作的体制机制。苏州大学以教育理念国际化、师生来源国际化、大学管理国际化、课程教学国际化、科学研究国际化、实践就业国际化为国际化建设的主要内容，妥善应对疫情冲击，在推进研究生国际交流与合作方面取得了优良成效。

1. 提高国际化学术要求

修订研究生培养方案，将海外研修纳入博士研究生的必修环节。

2. 加大经费支持力度

继续推进《苏州大学研究生参加国际学术会议资助办法》《苏州大学关于推进研究生国际交流和海外研修的实施办法（2018 年修订）》资助文件的实施，鼓励研究生参加国际学术会议及中长期海外研修项目。受疫情及部分国家签证政策影响，2021 年苏州大学共计派出 43 位研究生出国（境）交流研修，资助金额达 83.35 万元。

3. 搭建国际学术交流平台

设立研究生国际学术创新论坛（含线上）项目，以学科前沿为引领，举办"江苏国际光电科学与前沿技术研究生创新论坛""分子精准合成与碳循环化学国际研究生创新论坛"等 4 场研究生国际学术创新论坛。论坛以线上线下相结合的方式进行，邀请到了美国纽约州立大学布法罗分校、西澳大学、英国贝尔法斯特女王大学等国际国内知名学者、国内外高水平大学资深研究生管理人员及知名高校博士研究生参加，有力促进了国际学术交流与合作，拓宽了

研究生的学术视野,提高了国际交流能力。

4. 用好国家级和省级留学相关资源

积极推进国家留学基金委公派项目及江苏省政府奖学金留学项目选派工作,2021年苏州大学共推荐42位研究生申报国家公派留学项目,最终录取38人,录取率达90％。

5. 提升留学生培养质量

坚持同质化培养,明确学历留学研究生招生、培养、学位授予、抽检等具体要求。2021年,苏州大学药学院留学生Kifayat Ullah学位论文获评江苏省优秀学术学位硕士论文。

6. 精准对接学科及导师合作需求,开拓高层次国际合作渠道

出台《苏州大学国(境)外博士研究生联合培养管理办法(2021年修订)》,推动开展国(境)外博士研究生联合培养项目。截至目前,该项目已与20所国(境)外知名院校建立了合作关系,累计联合培养66位博士生。其中,2021年新增高层次合作院校8所,联合招收15位博士生。

(三)加强软硬环境建设,构建国际化办学新格局

⊃ 南京审计大学

南京审计大学依托审计行业优势,积极搭建国际合作交流平台,构建以国际学院为主体、"引进来"和"走出去"为两翼、国际化软硬环境建设为"＋"的"一体两翼＋"国际化办学格局,加强国际化人才培养力度,持续推进国际合作办学的提档升级。学校在研究生国际交流与合作方面的重要举措对同类型高校国际化建设具有较好的借鉴意义。

1. 响应国家战略培养国际人才

学校持续发挥审计人才培养优势,扩大国际影响力。继续承办审计署"中国政府审计奖学金"和商务部"援外学历学位教育"的审计硕士专业学位国际化项目,为"一带一路"沿线国家培养高层次审计领军人才,2021年来华留学生毕业获学位人数41人,新入学人数15人。2021年与教育部中外人文交流中心共同设立审计中外人文交流研究院,推进审计领域高等教育对外开放,助力学校学科建设,传播中国审计理念、技术和方法。

学校着力推进国际组织人才培养,服务国家总体战略。全面落实国家关于国际组织人才培养和推送的战略部署,获批教育部国际组织人才创新实践基地,遴选30名学生组建青年国际人才班,组织研究生参加国际组织人才培养和国际公务员职业生涯规划线上课程、国际公务员线上实习,推送 2 名审计硕士研究生参加联合国审计项目。

学校精心甄选优质教育资源,拓展国际联合培养平台。加入江苏与俄罗斯、韩国、英国、加拿大 4 个高校的合作联盟;与美、英、法等 5 个国家的 11 所知名大学建立友好合作关系,签署 12 份合作协议。获批教育部"高层次国际化人才培养创新实践项目基地",加入教育部中外人文交流中心"中外高水平大学学生交流计划"。

2. 国际合作与学术交流

学校依托行业资源提升师资水平。实施海外荣誉院长/教授聘任计划,2021 年聘请国际内部审计师协会原秘书长兼 CEO 理查德·钱伯斯教授为学校首位海外荣誉院长;与哈萨克斯坦欧亚国立大学开展实质性合作与交流,派出 3 名教授为其做高水平讲座,推荐 5 位教授担任哈萨克斯坦欧亚国立大学兼职博导。

学校拓展国际学术交流途径。在疫情影响下,充分利用线上平台,与法国 SKEMA 商学院联合开设六期"国际云课堂"项目。开设"国际内部审计高端讲坛"系列讲座,建立国际内部审计研究平台,全面提升学校在内部审计领域的国际影响力;持续邀请国内外审计专家,打造审视·问道、审计长笔谈品牌。鼓励和支持研究生参加所在专业领域线上国际会议与讲座。

第六节　研究生教育体制机制创新

一、特色举措

江苏省各高校以提高研究生培养质量为目标,围绕研究生培养全过程建立健全质量保障体系,进行质量保障机制体制创新改革。一是全过程监督研究生教育质量,健全研究生培养质量保障体系。建立并完善生源质量、课程教学质量、学位论文质量、学位授权点建设质量、研究生导师指导质量、毕业生职业发展质量为一体的全过程研究生培养质量监督保障机制和研究生教育分流选择机制。二是科学构建导师评价体系,健全基于大数据背景下的导师动态调整机制。各高校通过导师培训、岗位评聘和职责管理等机制,切实提升导师指导能力,全面落实研究生导师立德树人职责。三是创新产教融合培养机制,着力提升研究生创新能力。各高校积极回应新时代发展对高层次应用型人才的迫切需求,以"产学研专项"为主要途径,与合作企业进行链式协同贯通培养,创新专业硕士产教融合培养机制。

（一）全过程监督研究生教育质量,健全研究生培养质量保障体系

各高校以提高研究生培养质量为目标,建立并完善生源质量、课程教学质量、学位论文质量、学位授权点建设质量、研究生导师指导质量、毕业生职业发展质量为一体的全过程研究生培养质量监督保障机制和研究生教育分流选择机制。下面以南京理工大学和江南大学为例,具体介绍高校在全过程监督研究生教育质量,健全研究生培养质量保障体系方面的实践举措。

南京理工大学围绕提高研究生培养质量的目标,以研究生综合管理信息系统为基础,形成研究生培养质量监测、量化、预警、效果评价和反馈机制的综合解决方案,建立包含效果评价体系和数据分析体系在内的研究生培养质量保障体系,达到优化培养过程管理、提高研究生培养质量的目标。2021年继续完善系统,在此基础上开发博士生中期考核在线管理系统模块,共有458名博士生通过中期考核。学校严把学位论文质量关,强化学位论文质量过程监管,开展硕士学位论文在线检测和答辩前的抽检盲评等工作,开展博士学位论文预评审和预答辩工作、实施博士学位论文会前专家风险评估制。学校强化学位申请资格审查力度和学位评定分委员会的初审力度,开展年度"研究生教学质量月"活动,组织督导巡查开题、评审和答辩的规范性;不断完善分流退出机制,加大分流力度,畅通分流渠道。2021年因博士学位论文会前专家评估后存在风险问题而暂停授予学位7人;清理超期博士研究生54人,硕博连读生转为硕士研究生21人。

江南大学持续完善研究生过程培养和学位授予制度。结合研究生培养各环节,加强培养过程管理,建立研究生开题和预答辩环节公示、报备制度,构建研究生督导库,推行督导组对学位论文预答辩和开题抽查审核制。通过导师库系统,运用信息化手段,监测、记录、反馈研究生培养质量(含论文盲审和答辩成绩等),建立以培养质量为导向的新的研究生指标分配方案,建立青年导师成长档案。以食品学院为例,校级研究生教育改革项目"一流学科'食品科学与工程'导师库的建立及研究生培养质量的大数据分析"在2021年底顺利结题,中国学位与研究生教育学会项目"大数据指导下'食品'学术共同体支撑研究生质量工程的研究"在2021年顺利获批重点课题。

（二）科学构建导师评价体系，健全基于大数据背景下导师动态调整机制

各高校通过导师培训、岗位评聘和职责管理等机制，切实提升导师指导能力，全面落实研究生导师立德树人职责。下面以苏州大学和江苏科技大学为例，具体介绍高校在科学构建导师评价体系，健全基于大数据背景下导师动态调整机制方面的实践举措。

苏州大学自 2018 年起实行"逢招生必申请"的动态上岗申请制，分类制定《苏州大学关于实行学术学位研究生指导教师上岗招生申请制的规定》《苏州大学关于实行专业学位研究生指导教师上岗招生申请制的规定》，建立政治素质、育人能力、培养条件的"3"维立体考核标准，着重加强对导师师德师风、身心健康、师生关系、指导经验、学术贡献、科研活力等方面的考核。经过多年的探索，现已逐步建立基于研究生培养绩效的导师动态调整机制，以质量和绩效为先导，将招生计划向人才培养绩效好的导师倾斜，促进资源分配的合理化与科学化。

江苏科技大学建立导师责任连带机制。将研究生的学术不端行为与导师资格和招生资格挂钩，《导师队伍建设与管理》文件规定了 2 类停止招生资格情形和 6 类取消导师资格的情形。严格导师审核，建立导师退出机制。2021年新遴选硕导 132 人，博导 3 人，导师队伍规模进一步扩大；通过招生资格审核，50 多名导师暂停招生。改革考核评价机制，推动导师团队建设。

（三）创新产教融合培养机制，着力提升研究生创新能力

各高校积极回应新时代发展对高层次应用型人才的迫切需求，以"产学研专项"为主要途径，与合作企业进行链式协同，贯通培养，创新专业硕士产教融合培养机制。下面以扬州大学和南京审计大学为例，具体介绍高校在创新产教融合培养机制，着力提升研究生创新能力方面的实践举措。

扬州大学依托学科，创新合作机制。首次将联合培养的学科专业纳入《2022 年扬州大学硕士研究生招生简章目录》，单列招生指标。推进相关学院与名企大院的深入合作，组织多学科的线上线下专场对接会，探索跨学科、跨机构协同培养。鼓励产业教授和研究生工作站导师参与各学科（专业）实验平台建设、培养方案制定、教材与教学案例编写，承担实践课程建设和教学工作。并且以交叉为牵引，推动导师团队育人。构建交叉学科领衔、交叉课题引领、交叉项目支持、交叉指标单设、交叉沙龙导向、交叉论坛助力的建设机制，为推

进导师团队育人、交叉育人搭建平台、提供经费并营造氛围。

南京审计大学"链式协同,贯通培养",创新专业硕士产教融合培养机制。该校积极回应新时代审计事业发展对高层次应用型人才的迫切需求,依托审计行业优势与区位优势,加强与政府及军队审计机关、大型企业和会计师事务所的产教合作,以"整建制＋顶岗实习"的模式安排审计专硕研究生参加六个月集中审计实践,全程深度参与审计项目。通过共享实践教学资源、共同开发核心课程、共建实践教育基地、共商硕士毕业学位论文、共管研究生党员,形成了学术导师与实践导师、培养单位与合作单位之间的"链式协同"融合机制,实现了理论教学、实践教学与学位论文的"贯通培养"育人模式。研究生的实践表现获得审计实习单位表扬与嘉奖;研究生参与实践的成果获得省委省政府领导批示,获评教育部第八届高等学校科学研究优秀成果一等奖;社会实践模式得到全国审计硕士专业学位教指委认可并在全国推广;审计实践成效被《光明日报》《中国审计报》、人民网和审计署官微等媒体争相报道;"社会实践(审计专业实践)"被评为江苏省研究生课程思政示范课程。

二、典型案例

(一)打造基础学科高层次卓越人才"全链条"培养体系

⊃ 南京师范大学

学校遵循基础学科人才成长规律和特征,以培养具有原创科研能力高层次人才为目标,聚焦数学、物理学、化学、生物学、地理学、中国语言文学、马克思主义理论等优势基础学科,形成"本硕博"全链条高层次人才培养模式。

1. 设立基础学科高层次卓越人才培养专项

南京师范大学针对基础学科单列"本硕""硕博"招生指标,为基础学科高层次人才全链条培养提供条件保障。2021年,生物科学拔尖学生培养基地入选教育部基础学科拔尖学生培养基地,高层次卓越人才培养"本硕"贯通专项选拔24名研究生,基础学科硕博连读博士生入学53人,为基础学科人才培养提供条件保障。

2. 强化"本研"贯通培养体系建设,创新基础学科高层次人才全链条培养模式

学校加强"本硕"选拔与"硕博"选拔之间关联性的制度设计,提升贯通培养实效;针对本硕博贯通培养的特征和要求,建立科学的课程体系,实现"本硕博"阶段课程的有机衔接;明确各阶段培养标准,加强考核,完善分流退出机制。

3. 以科研素养和创新能力提升为目标,以"多学段科研训练"为抓手,多举措加大培养力度

学校按不同学段科学确定培养任务,优化培养过程,通过分阶段的科研训练,实施培养对象知识和能力的阶段提升;将培养对象全部纳入"江苏省研究生学术与实践创新能力提升计划";加强与国外高校和科研院所的合作,加大国际化培养力度,加大对培养对象参加国内外学术交流的资助力度。

4. 建立健全基础学科高层次人才全链条培养管理机制

学校实行编班(组)管理,组建优秀导师团队,以"导师组＋主导师"方式强化本研贯通研究生的培养和管理。

(二)推动科研创新,打造社会实践服务品牌

⊃ 南京工业大学

1. 搭建研究生学术创新平台,拓展学术创新育人路径

南京工业大学常态化开展校院两级研究生科技论坛、学术会客厅、学术大讲堂、交叉学科学术沙龙等活动,打造研究生学术交流和成果展示平台,资助优秀研究生基地建设和研究生实践创新能力培养案例建设。

2. 探索学科竞赛项目负责制,科研创新实践大赛成果显著

学校探索学科竞赛项目负责制,持续推进组织并加强过程管理与考核激励,充分调动研究生参加国家和省级科研创新实践系列竞赛的积极性,研究生获奖数量和等级较上年提升显著。研究生在第七届中国国际"互联网＋"大学生创新创业大赛全国总决赛中共获高教主赛道国家金奖 2 项、银奖 1 项,创历届最好参赛成绩。研究生在中国研究生数学建模竞赛、能源装备创新设计大赛等中国研究生实践创新大赛中获得一等奖 1 项、二等奖 4 项、三等奖 6 项、数模之星提名 1 项。承办江苏省研究生暑期学校 3 项,获江苏省研究生数学建模竞赛、江苏省研究生乡村振兴案例大赛等江苏省研究生科研创新实践活动项目奖励 18 项。

3. 依托博士生科技服务团打造社会实践服务品牌

早在上世纪 90 年代,南京工业大学就启动了博士生暑期社会实践服务团活动,20 多年来该校博士生科技服务团始终活跃在江苏基层一线。2021 年组织 7 个博士生科技服务团分别赴苏州、南通等地与省内相关企业精准对接,这种通过社会调研、科技咨询和项目交流,教授亲临现场指导、博士研究生线上线下蹲点的科技服务,已成为加强校地、校企联系,科技传递、人才交流的研究生社会实践服务品牌,形成服务地方经济发展的"博士生集团军"。

（三）突出系统协同治理,注重考核评价与资源保障再优化

➔ 南通大学

立足新时代,南通大学将研究生教育改革视作一项系统工程,以研究生成长成才为中心,构筑"党委领导、部门协同、内外联动、深度参与"的研究生教育协同治理机制。

1. 优化研究生联合培养机制

南通大学校党委常委会专题研讨研究生教育工作,推动改革的顶层设计和治理现代化;研工部、研究生院、学科办合署,与各部门建立联席工作机制处理改革难点和痛点问题,大部门制协同保障高质量研究生人才培养体系;突出专业实践环节的地位与作用,尤其是专业学位研究生培养,将近百个研究生联合培养基地建强建优,为研究生搭建优质实践和创新平台;在校研究生深度参与创新训练实践,中国研究生数学建模竞赛、中国研究生电子设计竞赛一等奖获奖数列全国高校前三,充分激发了研究生的创新活力。

2. 以破"五唯"为导向优化评价机制改革

南通大学强化导师岗位责任制,分级分类培训,在选聘、上岗和考核上细化责任和激励机制,将导师评价作为招生、岗位以及荣誉评选的重要参考,对于失责缺位导师采取减招、停招以及取消资格等措施;细化研究生培养质量评价指标,从生源、课程、教材、考试、基地、论文等方面细化评价规则,完善研究生多元综合评价,在课程、学位授予条件等方面率先推动分类教育培养改革。

第五章
研究生教育与江苏重点产业发展

　　江苏省重点产业的人才来源以应届毕业硕士研究生为主,并且学术学位占多数。2017—2021 年间,江苏省应届毕业硕士研究生与博士研究生在重点产业就业的总人数比例约为 6∶1,学术学位研究生与专业学位研究生的人数比例约为 5∶1,但专业学位应届毕业研究生在重点产业就业的人数占比呈现上升趋势,表明专业学位人才培养对重点产业人才需求的支持力度在加大。

　　江苏省研究生教育为重点产业发展提供了良好的人才支撑。2017—2021 年间,江苏省共有 16 140 名应届毕业研究生在省内 13 个重点产业就业。其中,博士研究生 2 173 人,硕士研究生 13 967 人。应届毕业研究生就业人数超过 1 000 人的重点产业有 6 个(生物医药和新型医疗器械产业、前沿新材料产业、高端装备产业、节能环保产业、物联网产业、集成电路与新型显示产业),超过 800 人的重点产业有 8 个(生物医药和新型医疗器械产业、前沿新材料产业、高端装备产业、节能环保产业、物联网产业、集成电路与新型显示产业、工程机械产业、核心信息技术产业),江苏省研究生教育为经济社会发展提供了有力的人才支撑。

　　江苏省研究生教育与重点产业人才需求之间的契合关系较好。海工装备和高技术船舶产业、高端纺织产业、新型电力和新能源装备产业、汽车零部件及新能源汽车产业、绿色食品产业等 5 个重点产业的"产业契合度"总值大于 40,在 13 个重点产业中排名前 40% 以内,相对较高,表明这 5 个重点产业的人才需求得到了全省研究生教育的充分支持,产业发展的人才需求与研究生培养之间的契合关系较好。

第一节 重点产业划分及就业人数总体情况

一、重点产业划分及对应学科专业

2020 年 12 月 19 日,江苏省人民政府办公厅印发《江苏省"产业强链"三年行动计划(2021—2023 年)》(苏政办发〔2020〕82 号),提出要用三年时间,重点培育 50 条具有较高集聚性、根植性、先进性和具有较强协同创新力、智造发展力和品牌影响力的重点产业链,同时列出新型电力(新能源)装备集群、物联网集群、高端装备集群等 13 个先进制造业集群。2021 年 8 月 16 日,江苏省政府办公厅印发了《江苏省"十四五"制造业高质量发展规划》(苏政办发〔2021〕51 号),同样聚焦重点制造业产业集群,提出"十四五"时期全力打造 6 个综合实力国际领先或国际先进的先进制造业集群,培育 10 个综合实力国内领先的先进制造业集群。

本报告对上述文件中提到重点产业进行归纳合并,选用新型电力和新能源装备产业、工程机械产业、物联网产业、高端纺织产业、前沿新材料产业、生物医药和新型医疗器械产业、集成电路和新型显示产业、海工装备和高技术船舶产业、高端装备产业、节能环保产业、核心信息技术产业、汽车零部件及新能源汽车产业、绿色食品产业等 13 个重点产业,分析研究生人才培养和重点产业需求的契合情况。同时,根据各重点产业的人才需求和各学科专业的主要就业方向,划分了各重点产业所对应的学科专业(表 5-1)。

表 5-1 江苏省重点产业及其对应学科专业

重点产业名称	对应学科专业
新型电力和新能源装备产业	电机与电器、电力系统及其自动化、高电压与绝缘技术、电力电子与电力传动、电工理论与新技术、工程热物理、热能工程等 7 个学科专业
工程机械产业	机械制造及其自动化、机械电子工程、机械设计及理论、农业机械化工程、流体机械及工程、化工过程机械等 6 个学科专业
物联网产业	通信与信息系统、信号与信息处理、模式识别与智能系统、电磁场与微波技术、计算机系统结构、计算机软件与理论、计算机应用技术等 7 个学科专业
高端纺织产业	纺织工程、纺织材料与纺织品设计、纺织化学与染整工程、服装设计与工程等 4 个学科专业

(续表)

重点产业名称	对应学科专业
前沿新材料产业	材料物理与化学、材料学、材料加工工程、化学工程、化学工艺、应用化学等6个学科专业
生物医药和新型医疗器械产业	生物医学工程、药物化学、药剂学、生药学、药物分析学、微生物与生化药学、药理学、中药学等8个学科专业
集成电路与新型显示产业	物理电子学、电路与系统、微电子学与固体电子学、通信与信息系统、信号与信息处理等5个学科专业
海工装备和高技术船舶产业	船舶与海洋结构物设计制造、轮机工程、水声工程、载运工具运用工程等4个学科专业
高端装备产业	航空宇航推进理论与工程,航空宇航制造工程,人机与环境工程,道路与铁道工程,精密仪器及机械,测试计量技术及仪器,机械制造及其自动化,机械电子工程,机械设计及理论,控制理论与控制工程,检测技术与自动化装置,制冷及低温工程,系统工程,模式识别与智能系统,导航、制导与控制等15个学科专业
节能环保产业	环境科学、环境工程、农业生物环境与能源工程、工程热物理、热能工程等5个学科专业
核心信息技术产业	计算机系统结构、计算机软件与理论、计算机应用技术、通信与信息系统、信号与信息处理等5个学科专业
汽车零部件及新能源汽车产业	车辆工程、机械电子工程、动力机械及工程、载运工具运用工程等4个学科专业
绿色食品产业	食品科学,粮食、油脂及植物蛋白工程,农产品加工及贮藏工程,果树学,蔬菜学,植物营养学,制糖工程,发酵工程等8个学科专业

二、重点产业就业人数总体情况

近五年(2017—2021年,下同)在13个重点产业就业的应届毕业研究生总数依次为:3 476人、3 340人、3 076人、3 199人和3 049人。

从学位层次来看,近五年在13个重点产业就业的应届毕业博士研究生总数依次为:530人、436人、396人、379人和432人。应届毕业硕士研究生总数依次为:2 946人、2 904人、2 680人、2 820人和2 617人(图5-1)。整体上,在重点产业就业的应届毕业博士研究生与硕士研究生人数总数比例约为1:7。

从学位类型来看,近五年在13个重点产业就业的应届毕业学术学位研究生总数依次为3 032人、2 928人、2 625人、2 638人和2 391人;应届毕业专业学位研究生总数依次为444人、412人、451人、561人和658人(图5-2)。整体上,专业学位应届毕业研究生在重点产业就业的人数逐年递增,表明专业学位研究生人才培养对重点产业的支持力度越来越大。

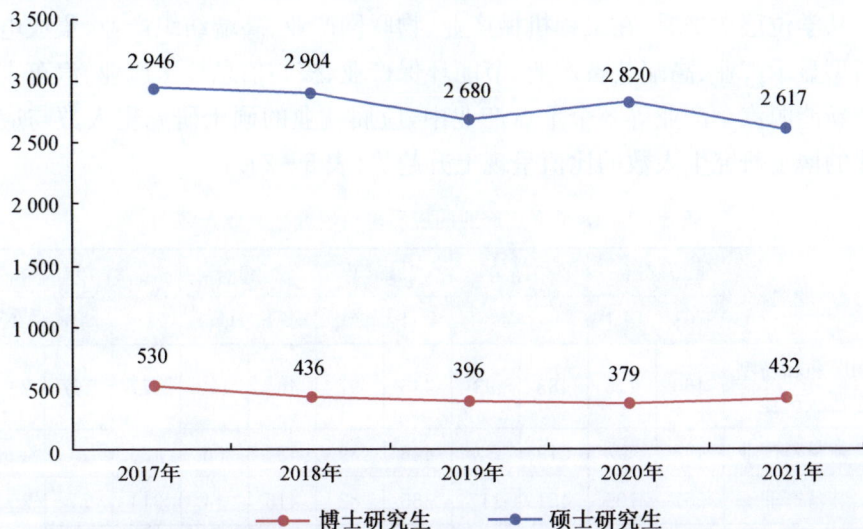

图5-1 不同学位层次应届毕业研究生在重点产业的就业情况(单位:人)

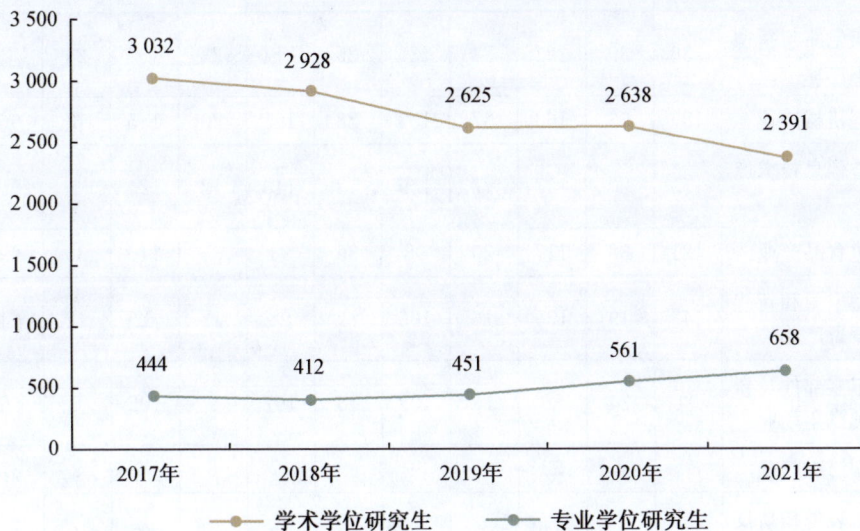

图5-2 不同学位类型应届毕业研究生在重点产业的就业情况(单位:人)

从不同重点产业的就业总人数来看,在生物医药和新型医疗器械产业、前沿新材料产业、高端装备产业、节能环保产业、物联网产业、集成电路与新型显示产业、工程机械产业、核心信息技术产业等8个重点产业就业的应届毕业研究生总人数超过800人。其中,生物医药和新型医疗器械产业、前沿新材料产业、高端装备产业等3个重点产业的就业总人数最多,均超过2000人(表5-2)。

从学位层次来看,在工程机械产业、物联网产业、高端纺织产业、集成电路与新型显示产业、高端装备产业、节能环保产业、核心信息技术产业、汽车零部件及新能源汽车产业等8个重点产业中,应届就业的硕士研究生人数与应届就业的博士研究生人数的比值呈现上升趋势(表5-2)。

表5-2 13个重点产业的应届毕业研究生就业人数

重点产业名称	2017年		2018年		2019年		2020年		2021年		总人数
	硕士	博士	硕士	博士	硕士	博士	硕士	博士	硕士	博士	
生物医药和新型医疗器械产业	460	116	483	93	445	97	464	113	477	167	2 915
前沿新材料产业	492	55	519	32	448	39	436	56	436	71	2 584
高端装备产业	557	109	451	117	365	82	415	54	314	57	2 521
节能环保产业	205	11	258	19	259	5	385	5	345	5	1 497
物联网产业	228	53	214	39	226	25	224	30	192	26	1 257
集成电路与新型显示产业	236	39	222	24	225	35	214	28	195	24	1 242
工程机械产业	187	53	166	37	150	28	165	20	145	17	968
核心信息技术产业	155	20	157	17	159	12	143	12	124	9	808
绿色食品产业	121	26	117	20	98	36	94	34	110	35	691
新型电力和新能源装备产业	143	19	135	16	106	19	98	12	82	12	642
汽车零部件及新能源汽车产业	94	24	89	16	108	13	107	9	102	6	568
高端纺织产业	31	4	52	5	59	4	47	6	60	2	270
海工装备和高技术船舶产业	37	1	41	1	32	1	28	0	35	1	177

第二节　研究生教育与重点产业的契合关系

一、契合关系的计算方式

研究生教育与重点产业之间的契合关系反映的是应届毕业研究生就业情况满足重点产业人才需求的情况。已有研究借鉴经济学领域的研究经验,引入结构偏离度的概念来分析人才资源和产业发展之间的适切性。[1][2] 结构偏离度由不同产业的产值比重和就业比重的比值来表示,其基本公式的文字表达为:

$$结构偏离度 = \frac{某产业的产值比重}{该产业的就业比重} - 1$$

其中,"某产业的产值比重"表示所计算产业的产值占总产值的比重,"该产业的就业比重"则表示在所计算产业中的就业人数占总就业人数的比重。由公式可以看出,结构偏离度的绝对值越小,产业结构与就业结构契合关系越好。[3] 为了使该公式更贴切于本研究的需要,在此对其进行一定的调整。

首先,剖析各学科专业应届毕业研究生就业情况和重点产业人才需求情况之间的契合关系是本报告希望呈现的主要内容,无论就业还是人才需求均是基于具体人数来讨论的,所以将"某产业的产值比重"相应调整为"某产业的人才需求比重",即某个产业的人才需求数量占总人才需求数量的比重,可以更直观地将其称作该产业的"人才需求率"。

其次,在不考虑培养规模的情况下计算就业比重无法准确分析出不同学科专业对重点产业发展的真实贡献。因此,为减小各学科专业由于培养规模不同所带来的就业规模差异对分析结果的影响,本研究用"供给转化率"来替代"该产业的就业比重",从而增强数据分析的准确性和横向可比性。"供给转化率"等于某个学科专业应届毕业研究生在重点产业就业的人数与该学科专

① 苏命峰,宁和南. 供给侧视角下湖南高职计算机类专业教育与新业态发展的适切性研究——基于结构偏离度分析[J]. 黑龙江高教研究,2021(05):114-119.
② 沈陆娟. 供给侧改革背景下高职专业结构与产业结构的适配分析——以浙江省为例[J]. 职业技术教育,2017,38(17):25-30.
③ 马庆. 行业视角下的第三产业发展与就业协调性研究——基于改进的结构偏离度分析[J]. 技术经济与管理研究,2020(10):94-98.

业应届毕业研究生总人数的比值。比值越大表明该学科专业的应届毕业研究生到重点产业就业的人数比例越大,对重点产业的人才支撑力度越大。

最后,为了更直观地呈现应届毕业研究生就业情况与重点产业人才需求情况之间的契合关系,本研究对改进后的"结构偏离度"表达式进行取倒数处理,并借鉴已有关于战略性新兴产业和高端产业人才协调关系的研究,[①]最终提出"产业契合度"计算公式用来计算江苏省应届毕业研究生就业和省内重点产业人才需求之间的契合关系:

$$产业契合度 = \frac{总供给转化率}{人才需求率}$$

其中,"总供给转化率"表示的是某个重点产业所对应的全部学科专业的总"供给转化率",它与某个重点产业在某个年份的"人才需求率"的比值,就代表该重点产业在该年份的"产业契合度"。"产业契合度"数值越大,则表明某一重点产业的人才需求与相应的学科专业匹配得越好。在本节的下面两个部分中,将分别计算各个学科专业的"供给转化率"来呈现不同学科专业对重点产业人才支撑的充分性。同时,分别计算出 13 个重点产业的"产业契合度",用来判断江苏省研究生教育与省内重点产业发展之间的契合关系。

二、各学科专业对重点产业的人才支撑情况

从计算结果来看,有 66 个学科专业的"供给转化率"总值大于等于 1.5(平均每年的"供给转化率"大于等于 0.3,最大值为 1),占比 95.65%。其中,环境科学、化学工艺、检测技术与自动化装置、轮机工程、车辆工程、系统工程、农业机械化工程等 7 个学科专业的"供给转化率"总值大于 3("供给转化率"总值的取值范围为 0 到 5,因此 3 为较大数值),表明这些学科专业为与其相应的重点产业提供了较好的人才支撑(表 5 - 3)。

从"供给转化率"的变化趋势来看,化学工艺,检测技术与自动化装置,车辆工程,农业机械化工程,信号与信息处理,环境工程,材料物理与化学,计算机应用技术,纺织工程,纺织化学与染整工程,发酵工程,载运工具运用工程,粮食、油脂及植物蛋白工程,生药学,食品科学,中药学,动力机械及工程,植物营养学,制糖工程,农业生物环境与能源工程,化学工程等 21 个学科专业的"供给转化率"整体呈现上升趋势(表 5 - 3)。

---

① 孙爱武. 江苏省战略性新兴产业高端技能型人才资源存量研究[J]. 职教论坛,2015(12):25 - 28.

表 5－3　各学科专业的"供给转化率"

学科专业名称	供给转化率					
	2017 年	2018 年	2019 年	2020 年	2021 年	总值
环境科学	0.68	0.88	0.54	0.63	0.52	3.25
化学工艺	0.56	0.62	0.50	0.69	0.78	3.15
检测技术与自动化装置	0.63	0.57	0.57	0.65	0.73	3.15
轮机工程	0.67	0.87	0.53	0.56	0.50	3.13
车辆工程	0.49	0.75	0.66	0.63	0.60	3.13
系统工程	0.89	0.61	0.86	0.57	0.17	3.10
农业机械化工程	0.56	0.60	0.56	0.45	0.88	3.05
电力电子与电力传动	0.56	0.57	0.66	0.63	0.55	2.97
控制理论与控制工程	0.69	0.66	0.56	0.56	0.49	2.96
信号与信息处理	0.54	0.58	0.63	0.64	0.56	2.95
模式识别与智能系统	0.73	0.68	0.45	0.64	0.45	2.95
电力系统及其自动化	0.63	0.64	0.50	0.54	0.59	2.90
化工过程机械	0.65	0.60	0.50	0.54	0.60	2.89
环境工程	0.50	0.56	0.57	0.69	0.56	2.88
机械制造及其自动化	0.73	0.55	0.54	0.56	0.50	2.88
通信与信息系统	0.60	0.57	0.57	0.63	0.51	2.88
机械电子工程	0.60	0.53	0.59	0.58	0.50	2.80
计算机软件与理论	0.52	0.67	0.61	0.55	0.42	2.77
材料学	0.52	0.53	0.56	0.61	0.52	2.74
航空宇航制造工程	0.59	0.63	0.85	0.38	0.29	2.74
电工理论与新技术	0.88	0.80	1.00	—	0.00	2.68
材料物理与化学	0.47	0.45	0.47	0.74	0.54	2.67
药物分析学	0.55	0.57	0.54	0.48	0.52	2.66
机械设计及理论	0.60	0.62	0.49	0.44	0.50	2.65
道路与铁道工程	0.44	0.60	0.74	0.51	0.35	2.64
计算机应用技术	0.47	0.59	0.55	0.52	0.48	2.61
测试计量技术及仪器	0.53	0.61	0.49	0.52	0.44	2.59
计算机系统结构	0.72	0.44	0.27	0.62	0.54	2.59

（续表）

学科专业名称	供给转化率					
	2017 年	2018 年	2019 年	2020 年	2021 年	总值
应用化学	0.49	0.50	0.45	0.65	0.46	2.55
微生物与生化药学	0.57	0.52	0.43	0.54	0.48	2.54
物理电子学	0.60	0.49	0.57	0.47	0.41	2.54
精密仪器及机械	0.69	0.50	0.67	0.33	0.35	2.54
电磁场与微波技术	0.55	0.50	0.46	0.58	0.44	2.53
材料加工工程	0.54	0.46	0.50	0.54	0.44	2.48
纺织工程	0.25	0.74	0.69	0.36	0.39	2.43
药理学	0.49	0.48	0.45	0.51	0.48	2.41
制冷及低温工程	0.58	0.67	0.33	0.33	0.50	2.41
纺织化学与染整工程	0.38	0.73	0.30	0.47	0.48	2.36
热能工程	0.48	0.50	0.54	0.34	0.47	2.33
纺织材料与纺织品设计	0.39	0.53	0.63	0.47	0.29	2.31
微电子学与固体电子学	0.53	0.34	0.48	0.53	0.43	2.31
船舶与海洋结构物设计制造	0.59	0.40	0.39	0.33	0.55	2.26
药物化学	0.43	0.50	0.43	0.47	0.42	2.25
农产品加工及贮藏工程	0.59	0.33	0.33	1.00	0.00	2.25
电机与电器	0.47	0.53	0.30	0.60	0.33	2.23
生物医学工程	0.40	0.44	0.38	0.53	0.39	2.14
发酵工程	0.37	0.49	0.45	0.38	0.45	2.14
载运工具运用工程	0.43	0.41	0.35	0.47	0.47	2.13
粮食、油脂及植物蛋白工程	0.50	0.60	0.00	1.00	—	2.10
药剂学	0.43	0.48	0.50	0.42	0.26	2.09
生药学	0.39	0.49	0.39	0.29	0.48	2.04
电路与系统	0.42	0.44	0.35	0.46	0.33	2.00
食品科学	0.36	0.33	0.20	0.45	0.64	1.98
服装设计与工程	0.80	0.40	0.43	0.17	0.17	1.97
中药学	0.38	0.37	0.36	0.39	0.46	1.96
工程热物理	0.36	0.39	0.29	0.50	0.30	1.84

（续表）

学科专业名称	供给转化率					
	2017 年	2018 年	2019 年	2020 年	2021 年	总值
蔬菜学	0.42	0.34	0.29	0.38	0.40	1.83
导航、制导与控制	0.38	0.45	0.35	0.38	0.26	1.82
人机与环境工程	0.54	0.41	0.25	0.45	0.13	1.78
水声工程	1.00	0.00	0.00	0.25	0.50	1.75
动力机械及工程	0.31	0.43	0.38	0.21	0.40	1.73
植物营养学	0.33	0.32	0.35	0.32	0.40	1.72
流体机械及工程	0.40	0.45	0.22	0.31	0.31	1.69
制糖工程	0.22	0.45	0.23	0.47	0.26	1.63
果树学	0.38	0.18	0.31	0.39	0.29	1.55
农业生物环境与能源工程	0.17	0.43	0.40	0.17	0.33	1.50
航空宇航推进理论与工程	0.36	0.29	0.23	0.32	0.29	1.49
化学工程	0.26	0.38	0.26	0.22	0.33	1.45
高电压与绝缘技术	0.20	0.17	0.38	0.14	0.13	1.02

注："—"表示缺失值。

三、研究生教育与重点产业发展契合度

支撑区域经济社会和重点产业发展是研究生教育社会服务功能之一。虽然"供给转化率"能够反映各学科专业的应届毕业研究生到重点产业就业的情况，但不同重点产业的人才需求规模存在差异，还应同时考虑各产业的"人才需求率"，需要通过计算"产业契合度"来反映江苏省研究生教育与重点产业发展之间的契合关系，从而准确衡量江苏省研究生培养是否匹配本省重点产业发展的需要。

从计算结果来看，海工装备和高技术船舶产业、高端纺织产业、新型电力和新能源装备产业、汽车零部件及新能源汽车产业、绿色食品产业等5个重点产业的"产业契合度"总值大于40，在13个重点产业中排名前40%以内，相对较高（"产业契合度"的取值范围是零到正无穷，所以不可直接从数值上判断高低，应通过横向比较来综合评判），表明这5个重点产业的人才需求得到了全

省研究生教育的充分支持,产业发展的人才需求与研究生培养之间的契合关系较好(表 5-4)。对于"产业契合度"数值相对较高的重点产业,两方面因素可能带来这样的良好结果:一方面是这些重点产业所对应的学科专业的总"供给转化率"较高,即这些学科专业的应届毕业研究生到所对应的重点产业就业的人数比例较高;另一方面是这些重点产业的"人才需求率"较小,人才需求相对容易得到满足。

从研究生教育角度来说,可以引导更多的应届毕业研究生到"产业契合度"总值相对较低的重点产业就业,提高总"供给转化率",从而提升学科专业与所对应重点产业之间的契合度。

表 5-4   13 个重点产业的"产业契合度"

重点产业名称	产业契合度					
	2017 年	2018 年	2019 年	2020 年	2021 年	总值
海工装备和高技术船舶产业	40.89	32.12	33.08	39.49	35.87	181.45
高端纺织产业	32.49	38.84	27.71	23.52	19.06	141.62
新型电力和新能源装备产业	10.73	10.64	11.03	12.69	12.92	58.01
汽车零部件及新能源汽车产业	9.2	10.77	9.07	8.96	8.54	46.54
绿色食品产业	8.98	9.13	7.79	9.75	8.76	44.41
节能环保产业	7.79	6.61	5.95	5.08	4.39	29.82
工程机械产业	4.88	5.03	4.87	4.68	5.01	24.47
核心信息技术产业	4.16	4.3	3.95	4.77	4.44	21.62
集成电路与新型显示产业	4.02	3.72	3.56	4.15	3.65	19.1
物联网产业	3.33	3.5	3.14	3.64	3.32	16.93
前沿新材料产业	2.54	2.74	2.41	2.68	2.71	13.08
高端装备产业	2.34	2.45	2.59	2.5	2.48	12.36
生物医药和新型医疗器械产业	2.69	2.7	2.4	2.52	2.02	12.33

第三节   总结与分析

综合来看,2017—2021 年这五年间,江苏省普通高校相关学科专业共计向省内 13 个重点产业输送了 16 140 名应届毕业研究生,其中,博士研究生

2 173 人,硕士研究生 13 967 人。应届毕业研究生就业人数超过 1 000 人的重点产业有 6 个(生物医药和新型医疗器械产业、前沿新材料产业、高端装备产业、节能环保产业、物联网产业、集成电路与新型显示产业),超过 800 人的重点产业有 8 个(生物医药和新型医疗器械产业、前沿新材料产业、高端装备产业、节能环保产业、物联网产业、集成电路与新型显示产业、工程机械产业、核心信息技术产业),占比近 62%,江苏省研究生教育为经济社会发展提供了有力的人才支撑。

从各学科专业的"供给转化率"来看,有 95.65% 学科专业的"供给转化率"总值大于等于 1.5。其中,环境科学、化学工艺、检测技术与自动化装置、轮机工程、车辆工程、系统工程、农业机械化工程等 7 个学科专业的"供给转化率"总值大于 3,表明这些学科专业为与其相应的重点产业提供了较好的人才支撑。从"供给转化率"的变化趋势来看,化学工艺,检测技术与自动化装置,车辆工程,农业机械化工程,信号与信息处理,环境工程,材料物理与化学,计算机应用技术,纺织工程,纺织化学与染整工程,发酵工程,载运工具运用工程,粮食、油脂及植物蛋白工程,生药学,食品科学,中药学,动力机械及工程,植物营养学,制糖工程,农业生物环境与能源工程,化学工程等 21 个学科专业的"供给转化率"整体呈现上升趋势,对与其相应的重点产业的人才支撑力度在持续加大。

从 13 个重点产业的"产业契合度"来看,海工装备和高技术船舶产业、高端纺织产业、新型电力和新能源装备产业、汽车零部件及新能源汽车产业、绿色食品产业等 5 个重点产业的"产业契合度"总值大于 40,在 13 个重点产业中排名前 40% 以内,相对较高。这些重点产业共涉及船舶与海洋结构物设计制造,轮机工程,水声工程,载运工具运用工程,纺织工程,纺织材料与纺织品设计,纺织化学与染整工程,服装设计与工程,电机与电器,电力系统及其自动化,高电压与绝缘技术,电力电子与电力传动,电工理论与新技术,工程热物理,热能工程,车辆工程,机械电子工程,动力机械及工程,载运工具运用工程,食品科学,粮食、油脂及植物蛋白工程,农产品加工及贮藏工程,果树学,蔬菜学,植物营养学,制糖工程,发酵工程等 27 个学科专业,可见江苏省研究生教育向这些重点产业"精准"输送了大批人才。

第六章
研究生教育质量评估

硕士学位论文抽检办法不断完善。近年来,江苏省对硕士学位论文抽检办法进行了部分调整,对评议指标不断细化完善,更加关注学术规范与学术伦理的重要性,并将其列为论文评议的重要标准,对硕士学位论文的评议标准有了更高要求。同时,重新审视了硕士学位论文抽检评议的定位,将其调整为着重评价学位论文是否能够达到学位授予质量标准的基本要求,精简了评议等级,使得硕士学位论文抽检评议的"底线作用"更加凸显。

硕士学位论文质量整体呈现稳定上升趋势。近五年,江苏省硕士学位论文合格率保持高位平稳,学术学位硕士学位论文合格率保持在98%左右,专业学位硕士学位论文合格率保持在95%左右。2016—2019年,硕士学位论文的优秀率显著提升,其中学术学位硕士学位论文优秀率提升5.74%,专业学位硕士学位论文优秀率提升2.14%。

优秀博士硕士学位论文参评竞争更加激烈。2021年,全省共有41家培养单位推荐参评论文1 743篇,比2020年增长了18.33%,参评论文数创历史新高。其中,优秀博士学位论文初评推荐370篇,入选100篇,入选比例为27.03%;优秀学术学位硕士学位论文初评推荐846篇,入选150篇,入选比例为17.73%;优秀专业学位硕士学位论文初评推荐527篇,入选150篇,入选比例为28.46%。

第一节　硕士学位论文抽检评议

为了解江苏省硕士学位论文抽检评议制度的改进过程,总结硕士学位论文的抽检评议结果变化趋势,本节从硕士论文抽评办法和结果分析两个方面,分析近五年江苏省硕士学位论文抽检评议情况。

一、抽评办法

为了更好地顺应江苏省研究生教育的实际,满足分类培养、分类指导的要求,江苏省教育评估院(以下简称评估院)根据江苏省教育厅的工作要求和评估专业规范,在 2016 年组织省内研究生教育界的专家、学者成立"江苏省硕士学位论文抽检评议指标体系课题组",对原《江苏省研究生学位论文抽检评议指标体系》进行了修订。在充分吸收各方面修改意见并广泛征求意见的基础上,形成了《江苏省硕士学位论文抽检评议指标体系(试行)》,包括《学术学位硕士论文专家评议标准》和《专业学位硕士学位论文专家评议标准》,评议标准包括论文选题、研究水平以及文本写作三方面。

2016—2019 年,江苏省硕士学位论文抽检评议遵循分类评议、同行评议和规范评议三项原则,评价指标包括论文选题、研究水平以及文本写作三方面,单本论文及三项指标评议结果均分"优秀""良好""合格""不合格"四个等级。2018 年、2019 年年硕士学位论文的评选标准与 2017 年一致,沿用了《学术学位硕士学位论文评议标准(试行)》《专业学位硕士学位论文评议标准(试行)》两个评议标准,无明显变化。

2020 年,江苏省教育评估院组织专家对硕士学位论文抽检评议标准、评价细则和评议规则进行了新一轮修订,并在广泛征求全省研究生培养单位意见后,形成了新版江苏硕士研究生学位论文抽检评议工作实施办法和评议标准,体现了新时代研究生学位授予的质量要求。新版指标体系在原"论文选题""研究水平""文本写作"3 个一级指标的框架基础上,新增"学术规范"一级指标(含 2 个二级指标),加强对学术规范和科学伦理的考察。评估院将硕士学位论文抽检评议定位为着重评价学位论文是否能够达到学位授予条件的基本要求。同时,原抽检评议结果中的"优秀""良好""合格""不合格"4 个评议等级精简为"合格""存在问题论文"2 个评议等级。同时,在综合原各二级指标及相应 4 个评议等级评价细则的基础上,吸纳了新时代研究生学位论文授予质量要求,重新修订完善了两个评议等级的评价细则。

从评议办法的变化趋势来看,江苏省硕士学位论文抽检办法大致经历了"形式标准化"到"指标内涵化"的动态变化过程。从最初确定评议标准,到规范评议办法,不仅注重"分类评议、同行评议和规范评议",还对评议指标不断细化完善,注意到学术规范与学术伦理的重要性,并将其列为论文评议的重要标准,表明江苏省对硕士学位论文的评议标准有了更高要求,逐步形成了较为成熟的评选机制。另外一点值得注意的变化在于,江苏省重新审视了硕士学位论文抽检评议的定位,将其调整为着重评价学位论文是否能够达到学位授予质量标准的基本要求,精简了评议等级,使得硕士学位论文抽检评议的"底线作用"更加凸显。

二、结果分析

2016 年,江苏各高校共送审学术学位硕士学位论文(以下简称学硕论文)3 381 本(1 127 篇)、专业学位硕士学位论文(以下简称专硕论文)1 581 本(527 篇)。其中,学硕论文单项评为"优秀"的论文共有 161 本,平均优秀率为4.76%;单项出现"不合格"评议结果的论文共有 91 本,平均不合格率为2.69%。专硕论文单项评为"优秀"的论文共有 39 本,平均"优秀率"为2.47%;单项出现"不合格"评议结果的论文共有 68 本,平均不合格率为 4.3%。

2017 年,江苏省抽检学硕论文共 3 447 本(1 149 篇)、专硕论文 2 601 本(867 篇)。学硕论文。单项评为"优秀"的论文 159 本,平均优秀率 4.61%,比上年降低 0.15%。单项评为"不合格"的论文 78 本,平均不合格率 2.26%,比上年降低 0.43%。专硕论文单项评为"优秀"的论文 58 本,平均优秀率2.23%,比上年降低 0.24%。单项评为"不合格"的论文 105 本,平均不合格率 4.04%,比上年降低 0.26%。

2018 年,2 826 本(942 篇)学硕论文参与了抽检,总体通过率达 98.62%。其中,结果为"优秀"的论文占 7.78%,比 2017 年提高 3.17%,结果为"不合格"的占 1.38%,比 2017 年降低 0.88%。3 141 本(1 047 篇)专硕论文也参与了抽检,通过率达 96.31%,其中结果为"优秀"的论文占 3.53%,比 2017 年提高 1.30%,结果为"不合格"的论文占 3.69%,比 2017 年降低 0.35%。

2019 年,共抽检学硕论文 2 418 本(806 篇),优秀率为 10.50%,比 2018年提高 2.72%,不合格率为 1.57%,比 2018 年提高 0.19%。抽检专硕论文2 952 本(984 篇),优秀率为 4.61%,比 2018 年提高 1.08%,不合格率为3.59%,比 2018 年降低 0.10%。

2020 年,由于评价方式方法的调整,评价结果不再设置"优秀"和"不合格"等级。因此,共抽评学硕论文 827 篇(2 587 本),共 805 篇抽评结果为"合格",整体合格率为 97.34%。抽评专硕论文 1 128 篇(3 658 本),共 1 050 篇抽评结果为"合格",总体合格率为 93.09%。

整体上,近五年江苏省硕士学位论文合格率保持高水平平稳,学硕论文合格率保持在 98％左右,专硕论文合格率保持在 95％左右。2016—2019 年,江苏省硕士学位论文的优秀率显著提升,其中学硕论文优秀率提升 5.74％(涨幅为 120.59％),专硕论文优秀率提升 2.14％(涨幅为 86.64％)。具体变化趋势如图 6-1 所示。

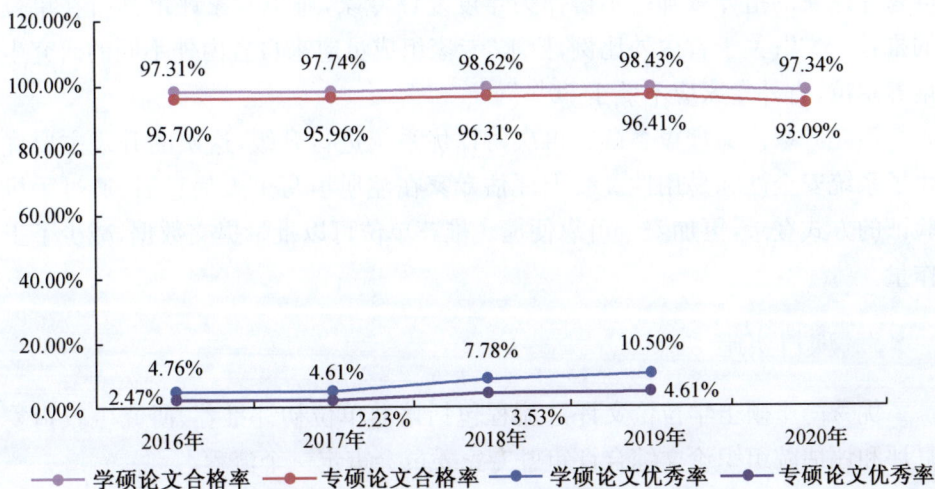

图 6-1　江苏省硕士学位论文抽检合格率和优秀率变化趋势(2016—2020 年)

第二节　优秀博士硕士学位论文评选

根据江苏省教育厅《关于公布 2021 年教育评估项目的通知》相关要求,江苏省教育评估院受江苏省学位委员会办公室委托,于 2021 年 5—11 月组织实施了江苏省优秀博士硕士学位论文评选工作。

一、评选办法

根据 2020 年江苏省优秀学位论文评选专委会的指导意见、培养单位和研究生教指委的建议,评选工作对推荐办法、评选技术等进行微调和改进。

一是修订评选实施办法。江苏省学位委员会办公室、江苏省教育评估院组织专家对原《江苏省优秀博士硕士学位论文评选实施办法》进行了修订,微调、优化三类省优秀学位论文评选标准,充分发挥江苏省研究生教育指导委员会(以下简称教指委)作为学术组织在论文复评中的质量保证与监督作用,完善分级分层仲裁机制,强化组织实施的规则、规范意识。

二是优化培养单位推荐限额。在推荐办法上增加了"一级学科点含多个二级学科点,其中当年学位授予数超过相应学位类别推荐数阈值的二级学科点可额外推荐 1 篇"。该调整措施给予规模大的学位点更多入围参评的机会。

三是细化复评专家组成要求。针对回避规则,明确提出"原则上凡是本年度参评论文的指导教师均不得作为年度复评专家,避免专家评审其所在单位的推荐论文";关于省内外比例,要求"专家组成员应来自省内外不同的研究生培养单位,省外专家应不低于 50%"。

四是升级论文评审系统。再次对评优系统进行升级,这次的升级主要优化了系统安全性和易用性。线上评估专家在注册填写个人信息后,通过手机验证的方式登录,更加安全可靠便捷。推荐单位可以批量提交数据,减少了工作量。

二、项目实施

优秀博士硕士学位论文评选流程包括培养单位初评推荐、研究生教指委复评和评估院组织论文综合评审暨专家委员会审定三个流程。

(一)培养单位初评推荐

2021 年,全省共有 41 家培养单位完成校级初评推荐工作,推荐参评学位论文 1 743 篇(博士学位论文 370 篇、学硕论文 846 篇、专硕论文 527 篇),比2020 年增加了 18.33%,参评论文数创历史新高(表 6-1)。

表 6-1　2021 年培养单位论文初评推荐汇总表(41 家单位)　　单位:篇

序号	培养单位	学博一级点推荐数	专博一级点推荐数	学硕一级点推荐数	学硕二级点推荐数	专硕学位点推荐数	合计
1	南京大学	52	1	60	0	30	143
2	苏州大学	24	2	46	0	28	100
3	东南大学	41	0	47	0	39	127
4	南京航空航天大学	21	0	31	1	13	66
5	南京理工大学	20	0	36	0	20	76
6	江苏科技大学	2	0	19	2	13	36
7	中国矿业大学	22	0	47	0	22	91
8	南京工业大学	6	0	23	2	19	50

（续表）

序号	培养单位	学博一级点推荐数	专博一级点推荐数	学硕一级点推荐数	学硕二级点推荐数	专硕学位点推荐数	合计
9	常州大学	1	0	15	0	11	27
10	南京邮电大学	4	0	13	13	21	51
11	河海大学	19	0	51	1	30	101
12	江南大学	10	0	37	1	23	71
13	南京林业大学	8	0	21	0	10	39
14	江苏大学	14	0	23	11	33	81
15	南京信息工程大学	4	0	19	0	11	34
16	南通大学	3	0	26	0	7	36
17	南京农业大学	26	0	41	0	24	91
18	南京医科大学	10	1	13	0	8	32
19	徐州医科大学	2	0	10	0	6	18
20	南京中医药大学	5	0	6	5	10	26
21	中国药科大学	6	0	15	0	9	30
22	南京师范大学	27	1	57	1	38	124
23	江苏师范大学	1	0	33	0	14	48
24	南京财经大学	1	0	16	0	12	29
25	南京体育学院	0	0	2	0	2	4
26	南京艺术学院	2	0	2	0	2	6
27	苏州科技大学	0	0	14	0	7	21
28	淮阴工学院	0	0	0	0	2	2
29	扬州大学	10	0	49	0	37	96
30	南京工程学院	0	0	0	0	4	4
31	南京审计大学	0	0	4	0	5	9
32	江苏理工学院	0	0	0	0	4	4
33	江苏海洋大学	0	0	2	0	3	5
34	国网电力科学研究院	0	0	1	0	0	1
35	南京水利科学研究院	3	0	2	1	0	6

(续表)

序号	培养单位	学博一级点推荐数	专博一级点推荐数	学硕一级点推荐数	学硕二级点推荐数	专硕学位点推荐数	合计
36	中国船舶科学研究中心	1	0	1	0	0	2
37	江苏省植物研究所	0	0	1	0	0	1
38	中共江苏省委党校	0	0	0	2	0	2
39	解放军国际关系学院	1	0	2	0	1	4
40	解放军陆军工程大学	9	0	12	2	4	27
41	中国科学院南京分院	10	0	7	0	5	22
	合计	365	5	804	42	527	1 743

(二)研究生教指委复评

2021年7月下旬起,各教指委按照省定复评工作要求和时间安排,有序开展本年度论文复评工作。14个教指委的复评专家小组分组数量达165个,聘请省内外专家共496人,其中省内专家116人、省外专家380人,省外专家占专家总数的76.6%。截至10月初,各教指委先后完成复评结果材料报送工作。按照复审上报限额,共上报博士学位论文121篇、学硕论文180篇、专硕论文180篇,合计上报三类学位论文481篇(表6-2)。

表6-2 2021年研究生教指委论文复评及入选情况　　　　　单位:篇

序号	教指委	博士学位论文		学术学位硕士学位论文		专业学位硕士学位论文		合计	
		复评数	入选数	复评数	入选数	复评数	入选数	复评数	入选数
1	哲法史学类	25	9	69	15	26	9	121	33
2	经济学类	4	1	22	5	13	4	39	10
3	教育学类	9	3	26	5	32	11	66	19
4	文学类	11	4	31	7	26	9	65	20
5	理学1类	22	8	63	14	7	2	96	24
6	理学2类	34	11	60	12	0	0	93	23
7	工学1类	31	10	67	14	57	19	156	43
8	工学2类	60	20	141	30	65	22	264	72

（续表）

序号	教指委	博士学位论文		学术学位硕士学位论文		专业学位硕士学位论文		合计	
		复评数	入选数	复评数	入选数	复评数	入选数	复评数	入选数
9	工学3类	44	14	84	18	71	25	199	57
10	工学4类	29	9	50	11	41	13	120	33
11	农学类	29	9	40	8	19	7	87	24
12	医学类	44	14	80	17	70	25	195	56
13	管理学类	21	7	81	17	74	25	177	49
14	艺术学类	7	2	32	7	26	9	65	18
	合计	370	121	846	180	527	180	1 743	481

（三）评估院组织论文综合评审暨专家委员会审定

10月29日,综合评审专家组根据集体认定的《2021年度综合评审工作规则》对教指委论文复评结果进行复核评议。经过专家独立评审、集中评议、民主投票,在线票决产生了2021年度100篇优秀博士学位论文、150篇优秀学硕论文和150篇优秀专硕论文的建议名单。名单通过专家委员会审定,确定为2021年度省优秀博士硕士学位论文入选名单。经公示一周无异议后,由江苏省学位委员会、省教育厅于11月22日发文公布了2021年度省优秀博士硕士学位论文评选结果。

三、结果分析

（一）入选论文培养单位分布

2021年,41家培养单位共推荐1 743篇学位论文,最终入选400篇学位论文,入选率为22.95%,入选论文培养单位分布情况见表6-3。

表6-3　2021年省优秀学位论文培养单位分布表(41家单位)　　　单位:篇

序号	单位名称	推荐			入选		
		博士	学硕	专硕	博士	学硕	专硕
1	南京大学	53	60	30	21	14	12
2	苏州大学	26	46	28	7	17	10
3	东南大学	41	47	39	12	9	13

(续表)

序号	单位名称	推荐			入选		
		博士	学硕	专硕	博士	学硕	专硕
4	南京航空航天大学	21	32	13	8	9	6
5	南京理工大学	20	36	20	6	2	4
6	江苏科技大学	2	21	13	0	3	2
7	中国矿业大学	22	47	22	4	11	9
8	南京工业大学	6	25	19	0	5	6
9	常州大学	1	15	11	0	0	2
10	南京邮电大学	4	26	21	2	2	8
11	河海大学	19	52	30	6	7	2
12	江南大学	10	38	23	5	10	3
13	南京林业大学	8	21	10	2	5	3
14	江苏大学	14	34	33	4	6	12
15	南京信息工程大学	4	19	11	2	3	3
16	南通大学	3	26	7	0	5	4
17	南京农业大学	26	41	24	5	8	6
18	南京医科大学	11	13	8	5	2	6
19	徐州医科大学	2	10	6	0	4	4
20	南京中医药大学	5	11	10	0	1	0
21	中国药科大学	6	15	9	2	0	2
22	南京师范大学	28	58	38	4	7	9
23	江苏师范大学	1	33	14	0	9	1
24	南京财经大学	1	16	12	0	1	5
25	南京体育学院	0	2	2	0	0	0
26	南京艺术学院	2	2	2	0	2	2
27	苏州科技大学	0	14	7	0	1	3
28	淮阴工学院	0	0	2	0	0	0
29	扬州大学	10	49	37	5	2	7
30	南京工程学院	0	0	4	0	0	1
31	南京审计大学	0	4	5	0	0	2
32	江苏理工学院	0	0	4	0	0	0

（续表）

序号	单位名称	推荐			入选		
		博士	学硕	专硕	博士	学硕	专硕
33	江苏海洋大学	0	2	3	0	0	1
34	国网电力科学研究院	0	1	0	0	0	0
35	南京水利科学研究院	3	3	0	0	0	0
36	中国船舶科学研究中心	1	1	0	0	0	0
37	江苏省植物研究所	0	1	0	0	0	0
38	中共江苏省委党校	0	2	0	0	1	0
39	解放军国际关系学院	1	2	1	0	1	0
40	解放军陆军工程大学	9	14	4	0	3	0
41	中国科学院南京分院	10	7	5	0	0	2
合计	**1 743**	**370**	**846**	**527**	**100**	**150**	**150**

（二）不同培养层次论文推优入选率

1. 博士学位论文推优入选情况

2021 年省优秀博士学位论文初评推荐 370 篇,入选 100 篇,整体入选比例为 27.03%,全省共 12 家培养单位的入选率高于这个比例(表 6 - 4)。

表 6 - 4　2021 年博士学位论文推优入选率一览表(31 家推荐单位)

序号	单位名称	推荐数/篇	入选数/篇	入选率/%
1	南京邮电大学	4	2	50.00
2	江南大学	10	5	50.00
3	南京信息工程大学	4	2	50.00
4	扬州大学	10	5	50.00
5	南京医科大学	11	5	45.45
6	南京大学	53	21	39.62
7	南京航空航天大学	21	8	38.10
8	中国药科大学	6	2	33.33
9	河海大学	19	6	31.58
10	南京理工大学	20	6	30.00
11	东南大学	41	12	29.27
12	江苏大学	14	4	28.57

2. 学术学位硕士学位论文推优入选情况

2021年省优秀学硕论文初评推荐846篇,入选150篇,整体入选比例为17.73%,全省共16家培养单位的入选率高于这一比例(表6-5)。

表6-5 2021年学术学位硕士学位论文推优入选率一览表(38家推荐单位)

序号	单位名称	推荐数/篇	入选数/篇	入选率/%
1	南京艺术学院	2	2	100.00
2	中共江苏省委党校	2	1	50.00
3	解放军国际关系学院	2	1	50.00
4	徐州医科大学	10	4	40.00
5	苏州大学	46	17	36.96
6	南京航空航天大学	32	9	28.13
7	江苏师范大学	33	9	27.27
8	江南大学	38	10	26.32
9	南京林业大学	21	5	23.81
10	中国矿业大学	47	11	23.40
11	南京大学	60	14	23.33
12	解放军陆军工程大学	14	3	21.43
13	南京工业大学	25	5	20.00
14	南京农业大学	41	8	19.51
15	南通大学	26	5	19.23
16	东南大学	47	9	19.15

3. 专业学位硕士学位论文推优入选情况

2021年省优秀专硕论文初评推荐527篇,入选150篇,整体入选比例为28.46%,全省共18家培养单位的入选率高于这一比例(表6-6)。

表6-6 2021年专硕论文推优入选率一览表(36家推荐单位)

序号	单位名称	推荐数/篇	入选数/篇	入选率/%
1	南京艺术学院	2	2	100.00
2	南京医科大学	8	6	75.00
3	徐州医科大学	6	4	66.67

（续表）

序号	单位名称	推荐数/篇	入选数/篇	入选率/%
4	南通大学	7	4	57.14
5	南京航空航天大学	13	6	46.15
6	苏州科技大学	7	3	42.86
7	南京财经大学	12	5	41.67
8	中国矿业大学	22	9	40.91
9	南京大学	30	12	40.00
10	南京审计大学	5	2	40.00
11	中国科学院南京分院	5	2	40.00
12	南京邮电大学	21	8	38.10
13	江苏大学	33	12	36.36
14	苏州大学	28	10	35.71
15	东南大学	39	13	33.33
16	江苏海洋大学	3	1	33.33
17	南京工业大学	19	6	31.58
18	南京林业大学	10	3	30.00

第三节　内部质量保障案例

本节以苏州大学、南京理工大学和南京信息工程大学为例,展现三所学校在加强过程管理,提升学位论文质量,完善分流退出机制的经验举措。

⇨ 苏州大学:控制过程,严把出口,切实提升学位论文质量

学位论文质量是衡量研究生学术水平是否达到学位授予标准的主要依据,苏州大学高度重视学位论文质量问题,大力加强制度建设,强化过程管理,切实提升学位论文质量。

分类引导,建立多元化评价体系。为破除在学位授予条件中"唯论文"的不良导向,苏州大学制定了《苏州大学关于实行研究生申请硕士、博士学位科研训练积分制暂行实施办法》,建立了以学位论文质量为核心,兼顾学术著作、奖项、知识产权、实践创新竞赛成果等的综合评价体系,并按学科专业建立分

类评价机制。计算机科学与技术学院率先探索,面向工科专业对人才能力的实际需求,破除"唯论文"的思想,全面考虑能够真实反映研究生学业能力的各种因素,加以规范化约束后列入毕业要求可选项,实现多元化评价。学生在合理的培养目标和毕业要求引导下,完成有价值、有前景、可评价的研究工作,保障学位论文质量。

由点到线,加强全过程质量控制。研究课题的科学价值、创新性、研究水平和成果水平是关乎学位论文质量的重要因素。课题的科学价值和创新性应由开题环节来把握,研究水平在中期检查时就会露出端倪,答辩时最终确定成果水平。由此可见,影响学位论文质量的关键要素是在研究工作开展过程中就已经逐步形成的。为此,学校制定实施《苏州大学关于进一步加强研究生学位论文质量全过程管理的意见》,把学位论文质量控制这项工作由点延伸为线,对开题、中期检查、预答辩和答辩各环节制定规范性要求,全流程管控学位论文质量。

末位二次答辩,探索淘汰分流机制。引入和创新分流淘汰机制是研究生教育改革的必然选择。计算机科学与技术学院积极探索分流淘汰机制,建立了末位二次答辩制度。第一轮答辩由各研究中心分别组织,对评分在末尾20%的学生,由学院学位评定分委员会统一组织第二轮答辩,以最终确定学位论文是否合格。学院鼓励各研究中心和导师尽可能拔高研究生的研究水平和论文质量,同时主导对质量底线的评价,一定程度上减小因导师的个性化差异而产生不合格论文的可能性。

⊃ 南京理工大学:不断完善分流退出机制,保障学位授予质量

该校不断完善分流退出机制,加大分流力度,畅通分流渠道。实施中期分流制,根据《南京理工大学博士研究生中期考核实施办法》,每年开展博士中期考核,对不适宜继续作为博士研究生培养的,及时转为硕士研究生培养。实施中期退出制,不断完善《南京理工大学关于硕博连读研究生转为硕士研究生培养的有关规定》,对因个人、学业等原因不能继续博士研究生学习的,同意转为硕士研究生培养。建立时限终结制,实施毕业和学位授予分离制度,根据《南京理工大学研究生毕业、结业与肄业实施细则》,明确提出对超过学习年限的研究生,必须以毕业、结业、肄业或退学的方式结束学业,其中未满足学位授予条件的研究生,毕业后一定时间内达到相应要求的,可重新申请授予学位。

⊃ 南京信息工程大学:创新监控"两端并行",实现质量"双重保障"

该校全面推进研究生教育督导一支队伍、一个目标、一个体系、一座平台、

一根链条、一份反馈、一批典范的"七一"质量提升工程。通过组建一支政治思想坚定、学科门类齐全、业务能力优异的高水平督导队伍,围绕高质量培养目标,形成特色鲜明的科研育人体系,贯通培养关键环节全链条,完善督导专家意见反馈机制,选树一批名师典范,全力打造交互协同、互促共进的"三全育人"生态系统,改进研究生教育效果、提升研究生教育服务水平。同时,利用互联网、大数据、云计算等技术深度融合研究生教育信息系统,规范采集研究生教育全过程数据,开展研究生教育评估监测工作,通过统一教育数据建设标准,实现研究生教育质量全数据共享、全过程可控、全覆盖管理,通过业务流程再造,对关键环节数据进行监控、收集和分析,建立学业预警模型。学校充分发挥督导现场监管、平台云上监测的两端力量,有效实施研究生教育质量监控。

第七章
研究生就业状况

研究生整体就业态势良好。江苏省 2021 届研究生毕业去向落实率为 95.51%,其中协议和合同就业占比为 84.48%,升学占比为 5.56%,创业占比为 0.13%,灵活就业占比为 5.34%。工学、农学、历史学和经济学的毕业去向落实率较高;税务、保险、审计、建筑学、机械、口腔医学、公共卫生等专业类别毕业去向落实率达 100%。

研究生就业质量基本保持稳定。江苏省 2021 届研究生毕业去向落实率为 95.51%,其中,博士生毕业去向落实率为 93.42%,硕士毕业去向落实率为 95.81%,博士生毕业去向落实率低于硕士毕业去向落实率约 2.39%;毕业生工作与专业的相关度为 81.89%,较 2020 届有所下降;毕业生职业期待吻合度为 80.00%,较前两年略有下降;毕业生工作满意度为 82.84%,较 2020 届下降 1.93%;毕业生平均月薪是 9 026 元,连续三届稳步提高。

"全员、全面、全线"构建研究生就业质量保障。2021 年,疫情影响下的就业形势更加严峻。为进一步缓解研究生未来面临的就业压力,江苏省各高校高度关注研究生就业问题,积极探索创新性举措努力提升研究生就业指导服务水平。

第一节 毕业去向

为全面、客观、准确地反映江苏省 2021 届毕业研究生就业状况,分析评价研究生培养质量,江苏省学位委员会办公室、江苏省高校招生就业指导服务中心对省内 2021 届毕业研究生(不含军队院校)开展了跟踪调查。调查分两个阶段:2021 年 4—6 月开展母校评价调查,2021 年 9—11 月开展就业情况调查。

本次调查实际覆盖 41 家培养单位。毕业去向的数据来源为全国高校毕业生就业管理系统①,就业评价的数据来源为江苏省高校招生就业指导服务中心组织的"江苏省2021届毕业生就业调查"。

一、不同学位研究生毕业去向

江苏省2021届研究生协议和合同就业率为84.48%,升学率为5.56%,创业率为0.13%,灵活就业率为5.34%,毕业去向落实率②为95.51%。其中:博士的协议和合同就业率、待就业率均高于硕士,但毕业去向落实率略低于硕士(见图7-1)。

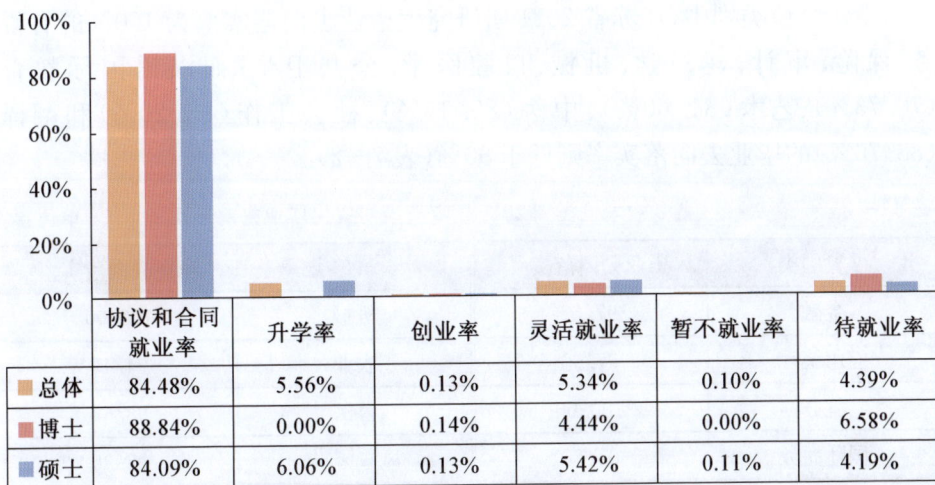

	协议和合同就业率	升学率	创业率	灵活就业率	暂不就业率	待就业率
总体	84.48%	5.56%	0.13%	5.34%	0.10%	4.39%
博士	88.84%	0.00%	0.14%	4.44%	0.00%	6.58%
硕士	84.09%	6.06%	0.13%	5.42%	0.11%	4.19%

图7-1 2021届研究生毕业去向分布

数据来源:全国高校毕业生就业管理系统(本节内同)。

二、不同学科研究生毕业去向

2021年,江苏省毕业去向落实率较高的学科门类是工学(97.46%),农学(96.21%)、历史学(95.88%)、经济学(95.60%),均高于95%,艺术学(80.11%)和文学(89.93%)则低于90%(表7-1)。

---

① 全国高校毕业生就业管理系统的数据统计时间节点是2021年12月31日。
② 毕业去向落实率=协议和合同就业率+升学率+创业率+灵活就业率

表 7-1　各学科门类 2021 届学术型研究生毕业去向落实率　　　　单位:%

学科门类	毕业去向落实率	学科门类	毕业去向落实率
哲学	90.46	理学	94.51
经济学	95.60	工学	97.46
法学	91.46	农学	96.21
教育学	92.26	医学	94.56
文学	89.93	管理学	94.91
历史学	95.88	艺术学	80.11

专业学位类别中,江苏省 2021 届研究生毕业去向落实率为 100% 的有税务、保险、审计、建筑学、机械、口腔医学、公共卫生;而汉语国际教育(70.73%)、艺术(84.60%)、中医(85.15%)、社会工作(86.20%)和翻译(88.76%)的毕业去向落实率则低于 90%(表 7-2)。

表 7-2　各专业学位类别 2021 届专业型研究生毕业去向落实率　　　　单位:%

学科门类	毕业去向落实率	学科门类	毕业去向落实率
金融	97.62	机械	100.00
应用统计	97.00	农业	94.45
税务	100.00	兽医	98.63
国际商务	95.50	风景园林	92.96
保险	100.00	林业	96.92
资产评估	94.34	临床医学	96.47
审计	100.00	口腔医学	100.00
法律	94.36	公共卫生	100.00
社会工作	86.20	护理	97.56
教育	93.04	药学	97.91
体育	92.97	中药学	96.69
汉语国际教育	70.73	中医	85.15
应用心理	93.97	工商管理	96.92
翻译	88.76	公共管理	99.16
新闻与传播	93.23	会计	97.06
出版	90.70	旅游管理	90.00

（续表）

学科门类	毕业去向落实率	学科门类	毕业去向落实率
文物与博物馆	95.45	图书情报	90.83
建筑学	100.00	工程管理	95.21
工程	98.10	艺术	84.60
城市规划	97.62	**全省**	**95.51**

三、不同培养单位研究生毕业去向

2021年,江苏省共有19所普遍高校的研究生毕业去向落实率高于全省总体水平,其中10所高校高于98%(表7-3)。

表7-3　各培养单位2021届研究生毕业去向落实率　　　　　单位:%

培养单位	毕业去向落实率	培养单位	毕业去向落实率
南京大学	99.03	南京医科大学	97.30
苏州大学	95.14	徐州医科大学	89.43
东南大学	98.81	南京中医药大学	86.03
南京航空航天大学	98.23	中国药科大学	99.43
南京理工大学	97.27	南京师范大学	90.60
江苏科技大学	96.41	江苏师范大学	77.17
中国矿业大学	97.15	南京财经大学	95.84
南京工业大学	93.38	南京体育学院	92.45
常州大学	97.47	南京艺术学院	69.75
南京邮电大学	99.48	苏州科技大学	94.28
河海大学	92.75	淮阴工学院	96.67
江南大学	98.77	扬州大学	98.50
南京林业大学	96.86	南京工程学院	98.03
江苏大学	98.09	南京审计大学	95.16
南京信息工程大学	95.67	江苏理工学院	89.71
南通大学	98.37	江苏海洋大学	93.64
南京农业大学	95.27	**全省**	**95.51**

注:表中培养单位不包含科研院所和军队院校。

第二节 就业评价

毕业研究生的就业评价主要包含就业适配、就业稳定、就业公平、就业导向和就业回报五个维度。其中,就业适配包括工作与专业相关度、职业期待吻合度和工作满意度,就业稳定包括履约情况、离职情况和社会保障,就业公平包括不同群体就业情况和遭遇就业歧视的情况,就业导向包括重点区域就业和创业带动就业分析,就业回报包括工作时长和薪酬分析。

一、就业适配

(一)工作与专业相关度

2021届研究生工作与专业的相关度为81.89%,其中:博士(96.76%)高于硕士(80.71%)16.05个百分点;专业学位硕士(82.29%)高于学术学位硕士(79.53%)(图7-2、图7-3)。2021届研究生选择与专业无关工作的首要原因是"与专业相关的工作很难找"(27.41%),其次是该工作"收入更高"(17.13%)(图7-4)。

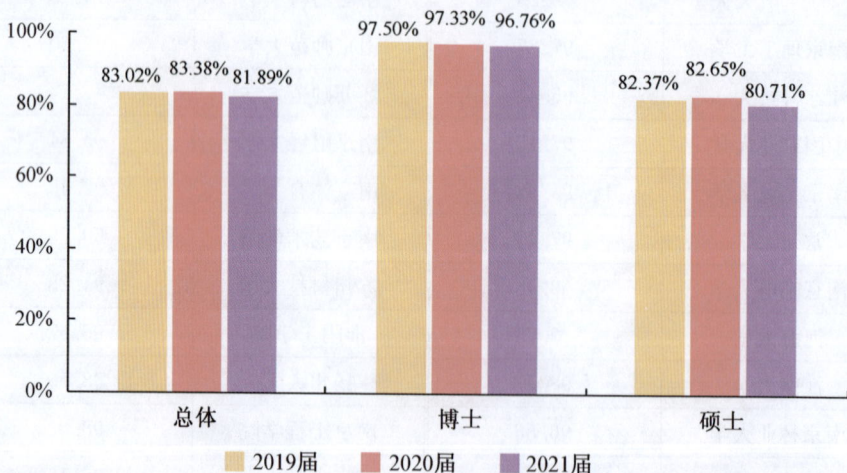

图7-2 2019—2021届研究生工作与专业相关度

数据来源:江苏招就"江苏省2021届毕业生就业调查"(本节内同)。

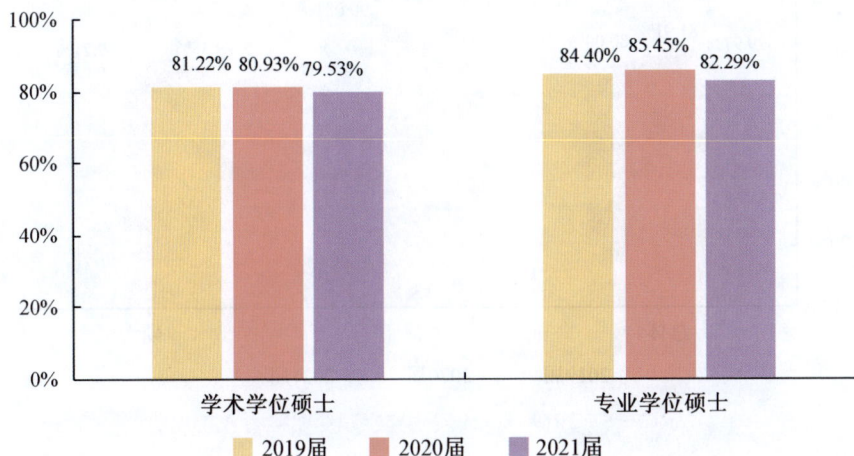

图 7－3 2019—2021 届硕士工作与专业相关度

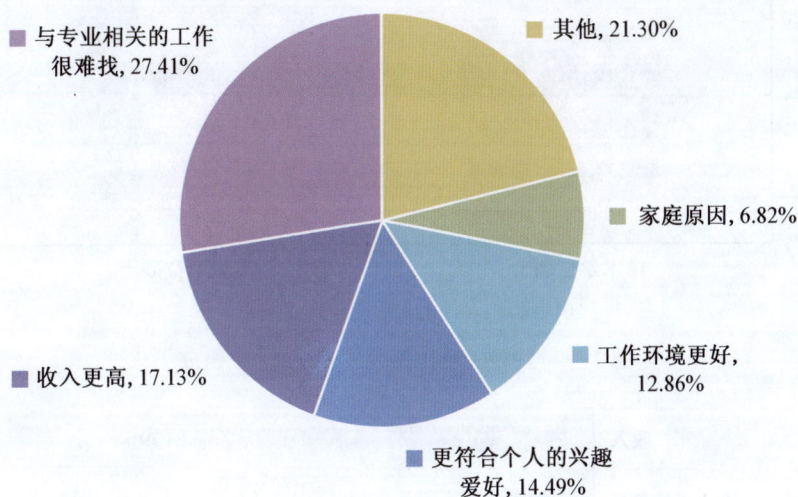

图 7－4 2021 届研究生选择与专业无关工作的主要原因

（二）职业期待吻合度

2021 届研究生职业期待吻合度为 80.00％,其中:博士（90.08％）高于硕士（79.21％）10.87 个百分点;专业学位硕士（79.83％）比学术学位硕士（78.74％）略高（图 7－5、图 7－6）。2021 届研究生认为不符合其职业期待的因素中,列前三位的依次是收入（64.79％）、个人兴趣爱好（28.92％）和职位（24.33％）（图 7－7）。

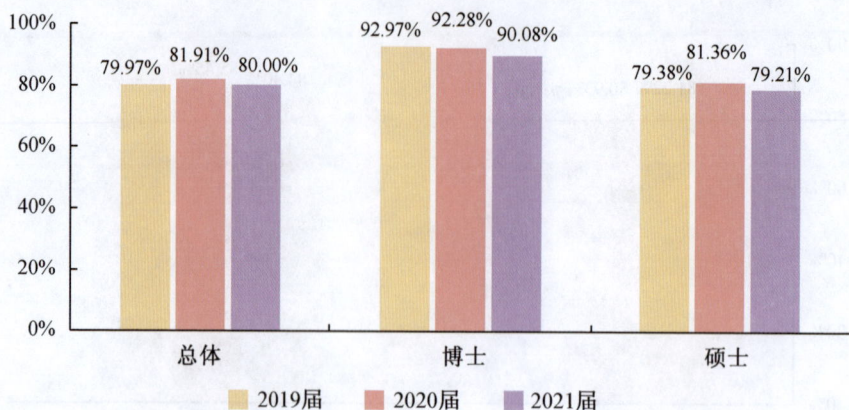

图 7－5　2019—2021 届研究生职业期待吻合度

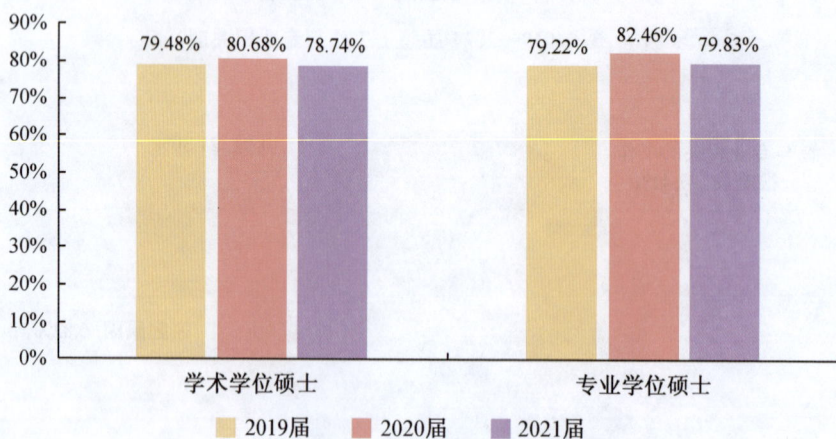

图 7－6　2019—2021 届硕士职业期待吻合度

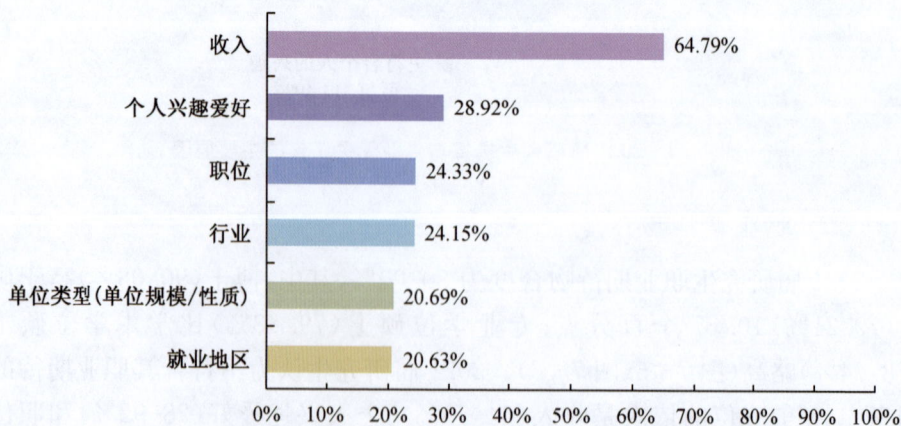

图 7－7　2021 届研究生工作与职业期待不吻合的主要因素(多选)

（三）工作满意度

2021 届研究生工作满意度为 82.84%，其中：博士的工作满意度（91.57%）明显高于硕士（82.15%）；专业学位硕士（82.50%）略高于学术学位硕士（81.89%）（图 7 - 8、图 7 - 9）。2021 届研究生对工作不满意的原因列前三位的依次是收入低（68.98%）、个人发展空间小（44.98%）和不符合个人的兴趣爱好（25.05%）（图 7 - 10）。

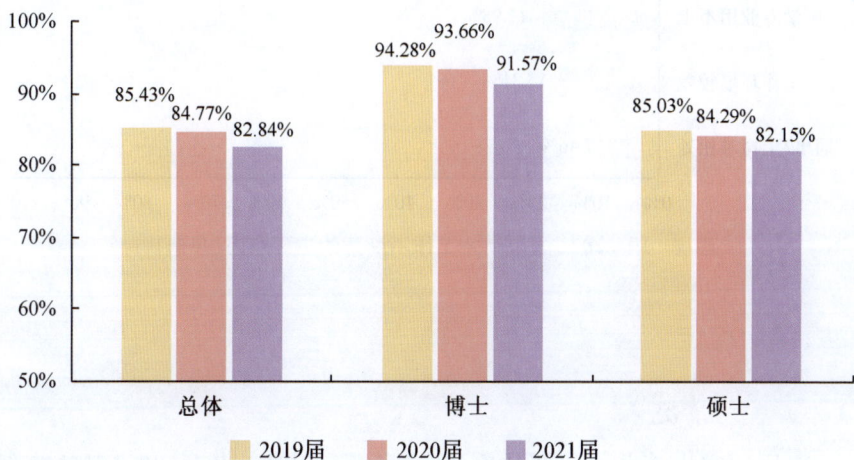

图 7 - 8　2019—2021 届研究生工作满意度

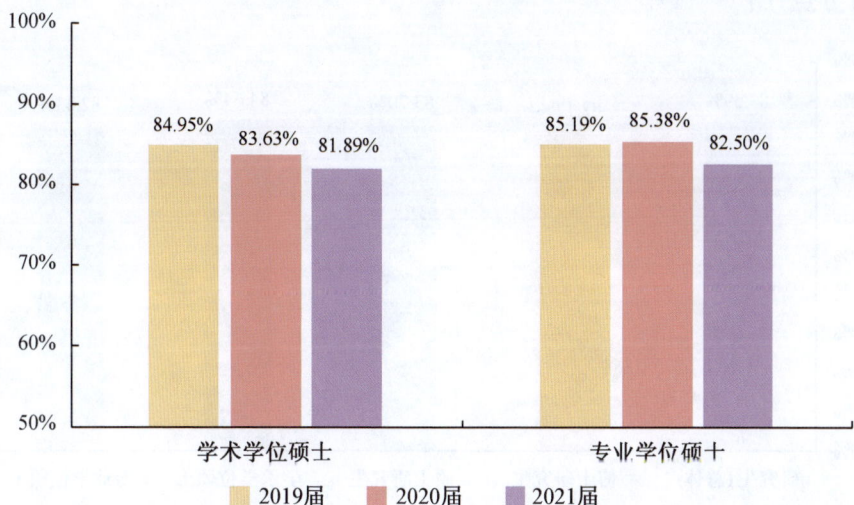

图 7 - 9　2019—2021 届硕士工作满意度

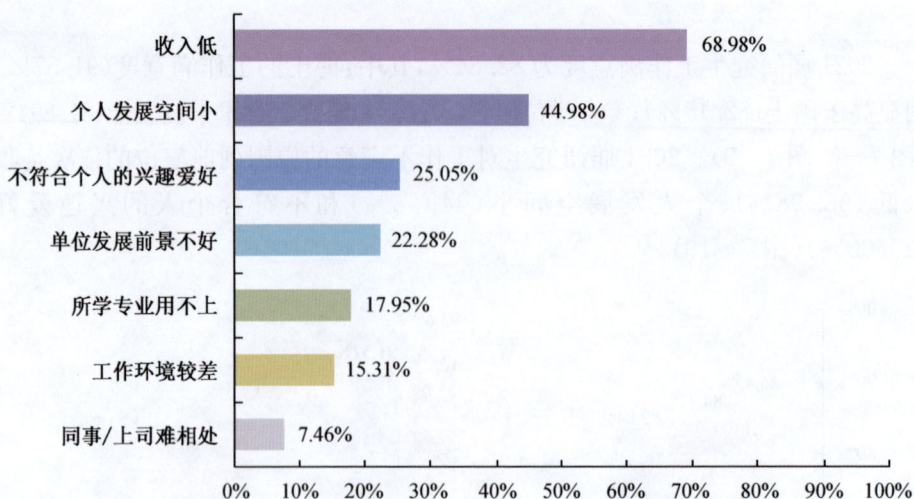

图 7‑10　2021 届研究生工作不满意的主要原因(多选)

二、就业稳定

(一) 履约情况

2021 届研究生就业协议履约率为 83.59％,其中:博士(82.17％)略低于硕士(83.70％),专业学位硕士(82.43％)比学术学位硕士(84.64％)低 2.21 个百分点(图 7‑11)。

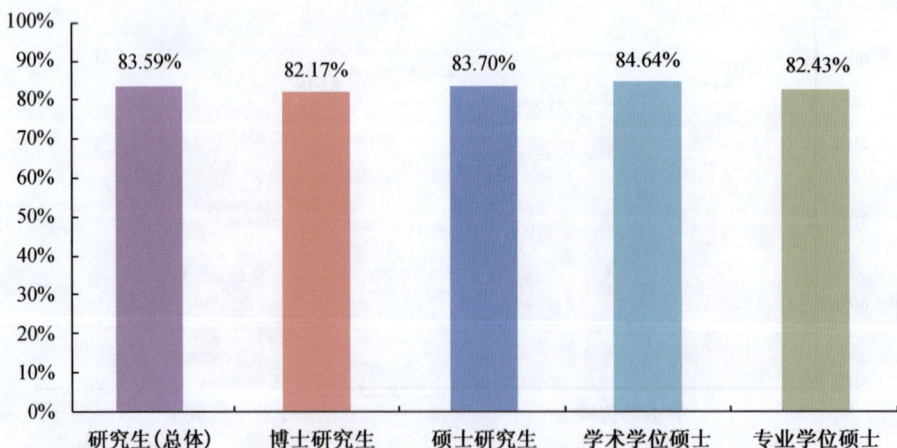

图 7‑11　2021 届研究生就业协议履约率

（二）离职情况

2021 届研究生离职率为 5.49％,其中:博士的离职率(6.58％)高于硕士(5.40％);专业学位硕士(6.63％)高于学术学位硕士(4.49％)(图 7‑12、图 7‑13)。离职的研究生中,94.43％都是主动辞职(图 7‑14)。辞职的首因是个人发展空间小(40.07％),其次是有了其他更好的工作机会(30.59％),再次是收入低(29.76％)(图 7‑15)。

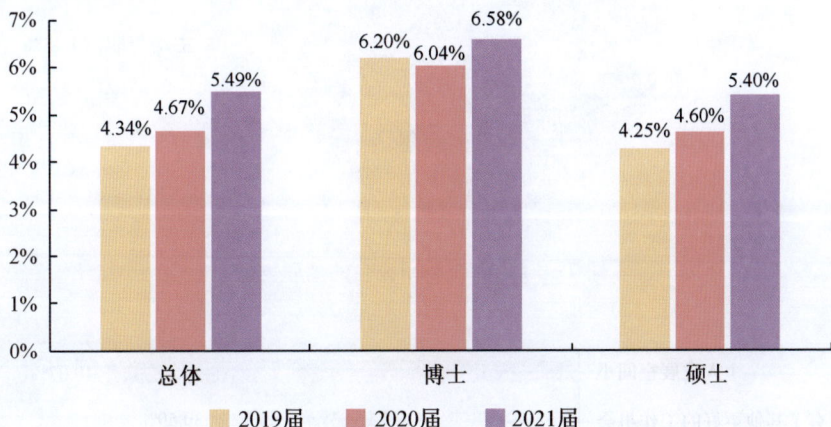

图 7‑12　2019—2021 届研究生离职率

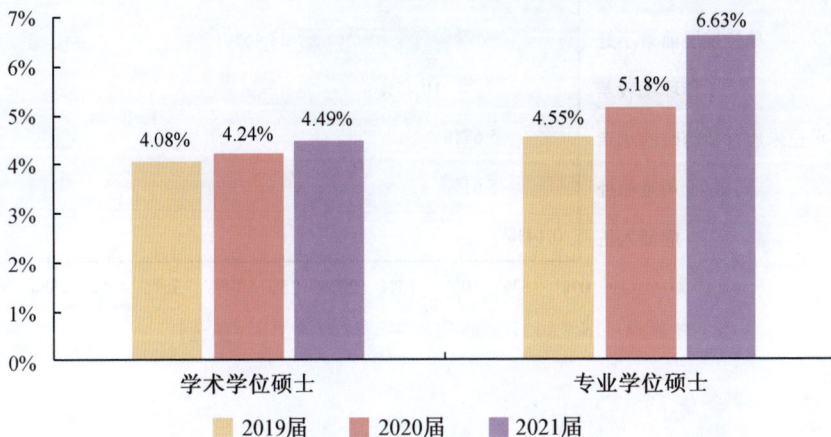

图 7‑13　2019—2021 届硕士离职率

181

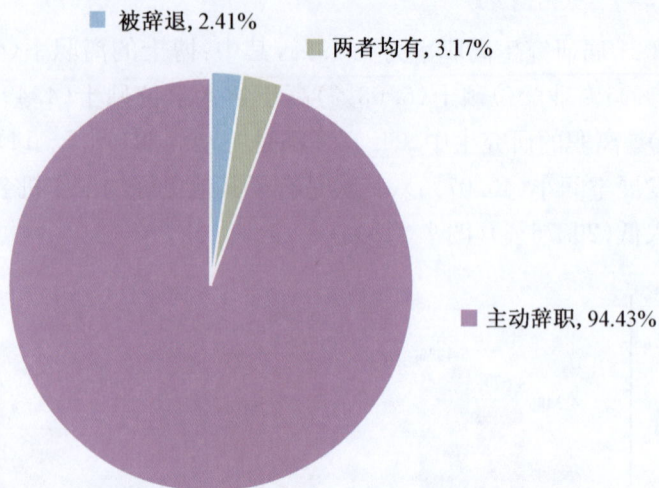

图 7‑14　2021 届研究生的离职类型

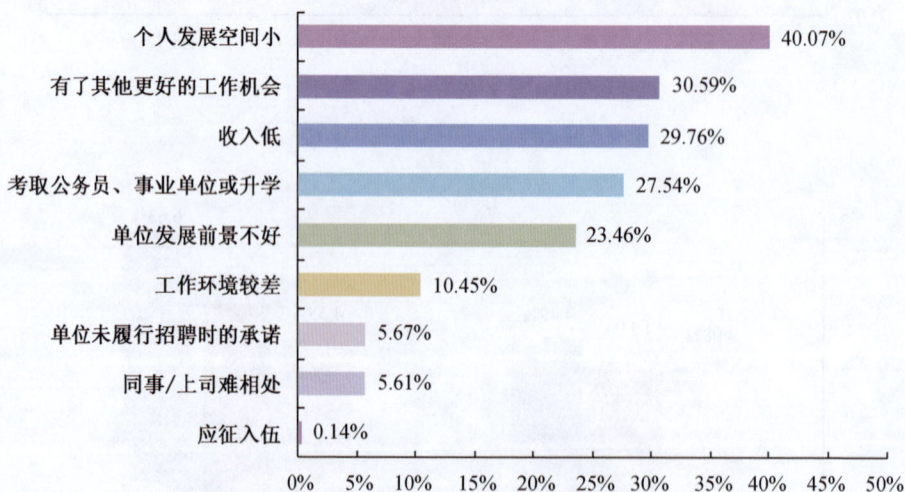

图 7‑15　2021 届研究生主动离职的原因(多选)

（三）社会保障

2021 届研究生"五险一金"全部享受的比例为 97.79%,部分享受的比例为 1.35%(图 7‑16);"五险一金"各项目中享受比例最高的是"医疗保险"(98.96%),其次是养老保险(98.93%)(图 7‑17)。

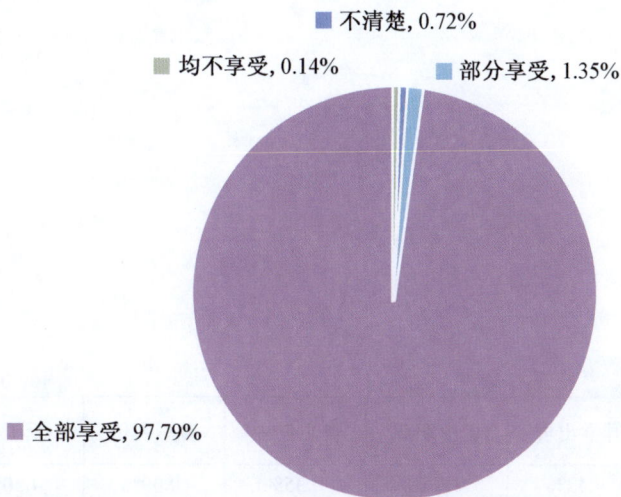

图 7 - 16　2021 届研究生享受社会保障的情况

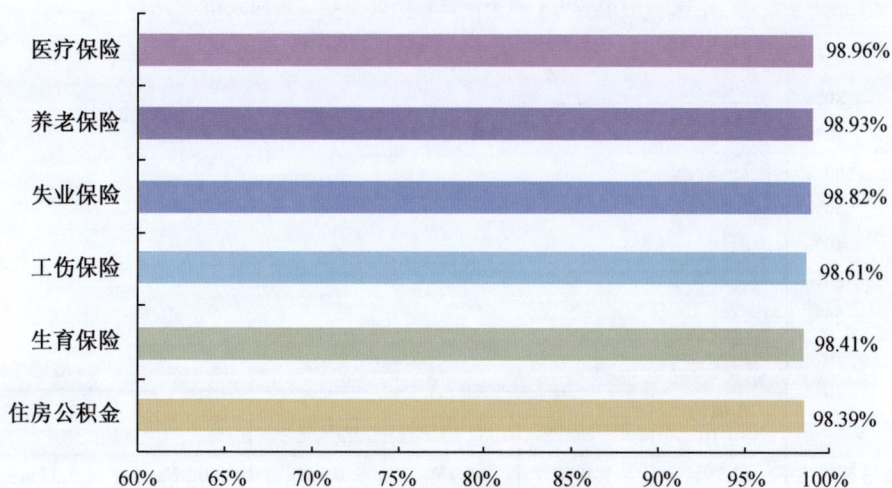

图 7 - 17　2021 届研究生享受各项社会保障情况（多选）

三、就业公平

（一）不同群体毕业生就业情况

根据毕业生就业调查统计,2021 届研究生中,女生毕业去向落实率（89.72%）低于男生（95.50%）,其中女生在境内工作、升学出境的比例均低于男生（见图7－18）;困难生毕业去向落实率（92.75%）与非困难生（92.68%）基本持平,困难生毕业去向分布与非困难生基本一致（图7－19）。

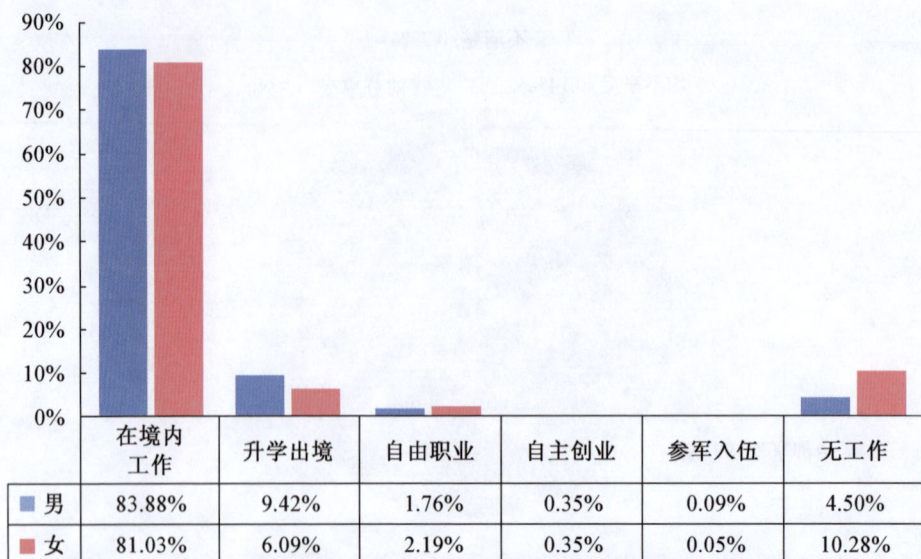

	在境内工作	升学出境	自由职业	自主创业	参军入伍	无工作
男	83.88%	9.42%	1.76%	0.35%	0.09%	4.50%
女	81.03%	6.09%	2.19%	0.35%	0.05%	10.28%

图 7-18 2021 届不同性别研究生毕业去向分布

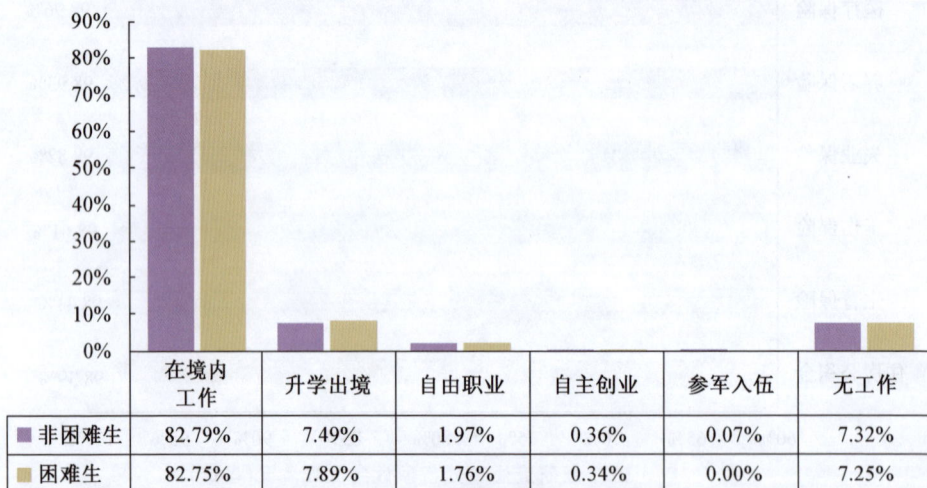

	在境内工作	升学出境	自由职业	自主创业	参军入伍	无工作
非困难生	82.79%	7.49%	1.97%	0.36%	0.07%	7.32%
困难生	82.75%	7.89%	1.76%	0.34%	0.00%	7.25%

图 7-19 2021 届困难研究生毕业去向分布

注:困难情况包括就业困难、家庭困难、身体困难等。

(二) 就业歧视情况

2021 届研究生遭遇就业歧视的比例为 37.67%,其中:硕士遭遇歧视的比例(38.69%)明显高于博士(25.50%);学术学位硕士(39.33%)略高于专业学位硕士(37.84%)(图 7-20)。所遭遇的各种就业歧视中,列前三位的依次是毕业院校歧视(62.53%)、性别歧视(44.37%)和学历层次歧视(33.75%)(图 7-21)。

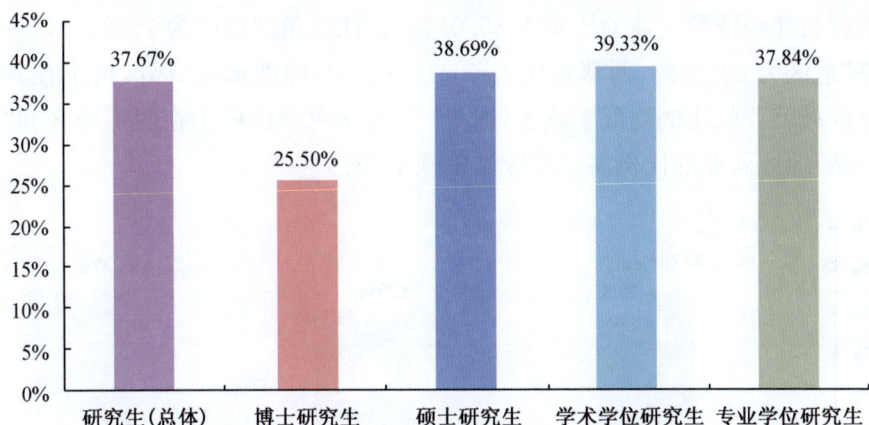

图 7-20　2021 届研究生遭遇就业歧视的比例

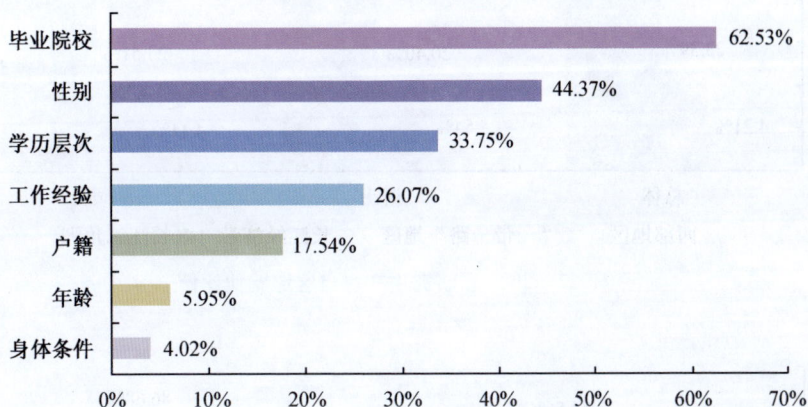

图 7-21　2021 届研究生遭遇就业歧视的类型(多选)

四、就业导向

(一)重点区域就业

结合江苏省的地理位置以及国家的就业导向,选择长江三角洲①、长江经济带②、西部地区③、"一带一路"地区④等四个重点区域进行分析。2021 届研

---

① 长江三角洲包括江苏、浙江、安徽和上海。
② 长江经济带覆盖地区:上海、江苏、浙江、安徽、江西、湖北、湖南、重庆、四川、云南、贵州等 11 个省(市)。
③ 西部地区包括内蒙古、重庆、四川、贵州、云南、西藏、陕西、甘肃、宁夏、青海、新疆、广西等 12 个省(市、自治区)。
④ "一带一路"地区覆盖地区:新疆、陕西、宁夏、甘肃、青海、内蒙古、黑龙江、吉林、辽宁、广西、云南、西藏、上海、福建、浙江、广东、海南、重庆等 18 个省(市、自治区)。

究生在长江经济带就业的比例为 85.01％,长江三角洲地区为 79.85％,"一带一路"地区为 23.29％,西部地区为 4.21％;其中:除西部地区外,博士在其他三个区域就业的比例均低于硕士(图 7‐22);学术学位硕士在西部地区和"一带一路"地区就业的比例高于专业学位硕士(图 7‐23)。

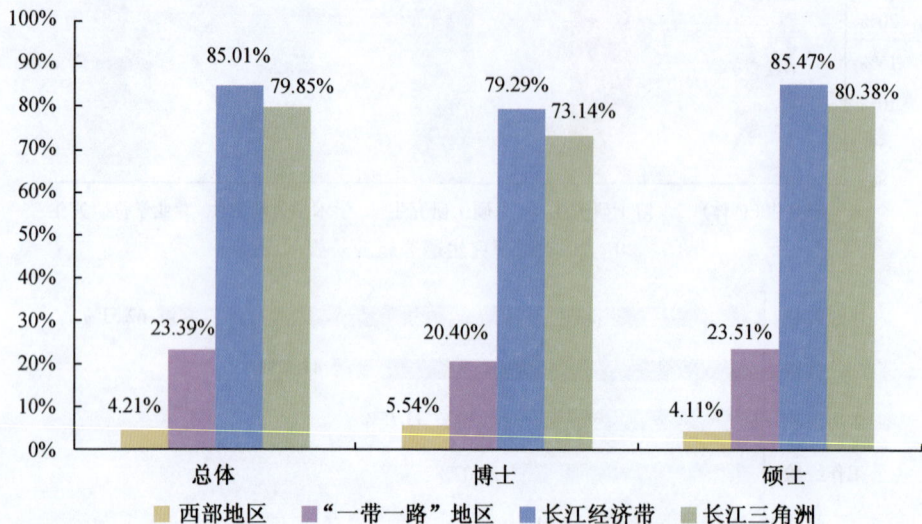

图 7‐22　2021 届研究生在重点区域就业比例

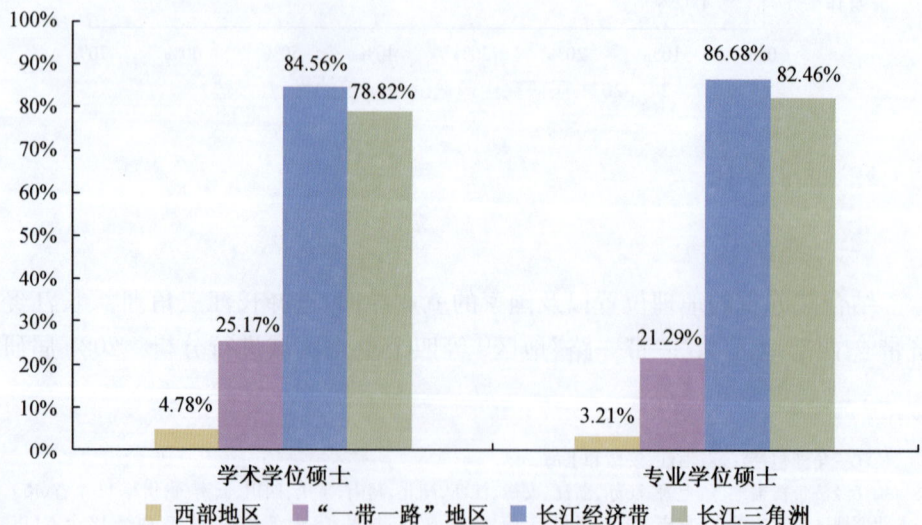

图 7‐23　2021 届硕士在重点区域就业比例

（二）创业带动就业

2021 届研究生在专业相关领域创业的比例超过六成（68.00%）（图 7‑24）。创业领域与专业不相关的情况中，主要原因前三位的依次是出于自己的兴趣爱好（50.00%）、创业领域更容易发展（40.00%）和有好的创业项目（35.00%）（图 7‑25）。

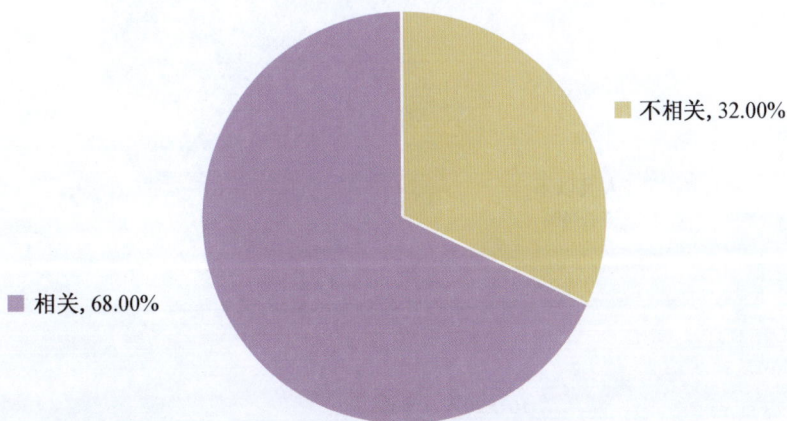

图 7‑24　2021 届研究生创业与专业相关度

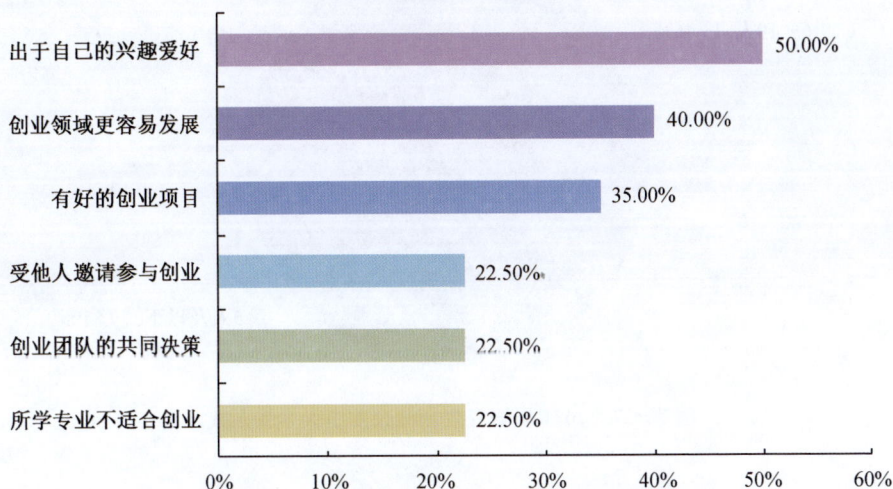

图 7‑25　2021 届研究生创业与专业不相关的原因（多选）

2021 届研究生创业企业中，员工规模在 5 人及以下的占比 74.34%，其次是 6—10 人（14.16%）（图 7‑26）；创业企业招聘大学生的人数在 5 人及以下的占比 79.81％,其次是 6—10 人(13.46％)(图 7 – 27)。

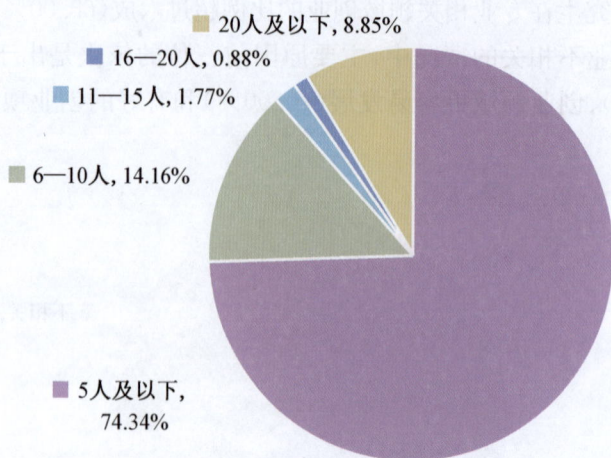

20人及以下, 8.85%
16—20人, 0.88%
11—15人, 1.77%
6—10人, 14.16%
5人及以下, 74.34%

图 7 – 26　2021 届研究生创业企业的员工规模

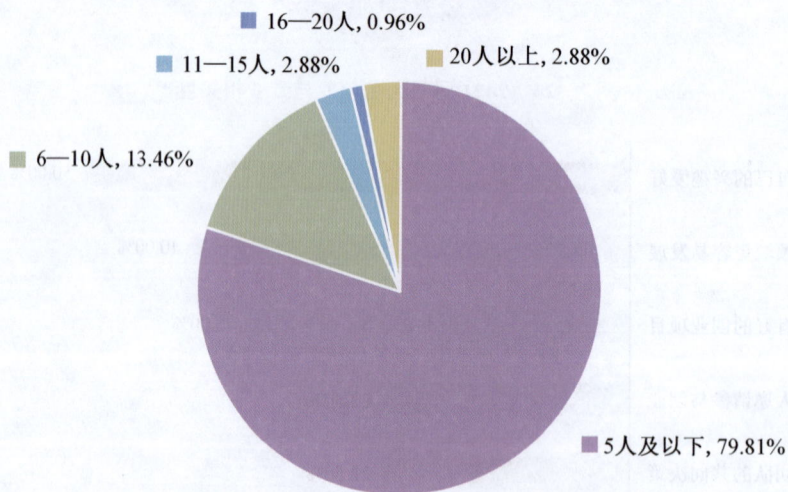

16—20人, 0.96%
11—15人, 2.88%
20人以上, 2.88%
6—10人, 13.46%
5人及以下, 79.81%

图 7 – 27　2021 届研究生创业企业中大学生人数

五、就业回报

(一)周工作时长

2021 届研究生每周工作 35—45 小时的比例最大(49.63％),其次是 45—

55 小时(26.24%),其中:博士每周工作 55 小时以上(27.80%)的比例明显高于硕士,硕士每周工作 35—45 小时(50.76%)的比例明显高于博士(35.41%);学术学位硕士与专业学位硕士每周工作时长分布基本一致(图 7-28)。不同工作时长的研究生平均月薪见表 7-4。

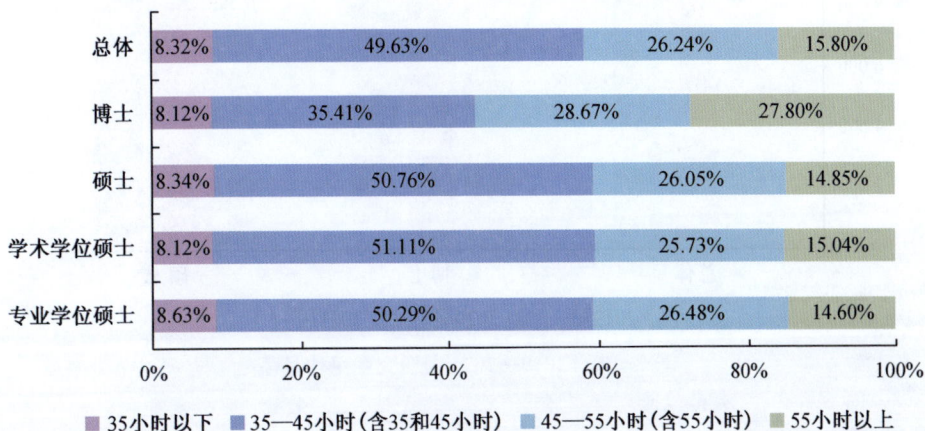

图 7-28 2021 届研究生周工作时长分布

表 7-4 2021 届不同工作时长的研究生月薪水平

周工作时长	平均数/元
35 小时以下	7 806
35—45 小时(含 35 和 45 小时)	8 623
45—55 小时(含 55 小时)	9 815
55 小时以上	9 629
总体	9 026

(二)月薪

2021 届研究生平均月薪是 9 026 元,且连续二届稳步提高,其中:博士(11 470 元)比硕士(8 833 元)高 2 637 元,专业学位硕士(8 866 元)与学术学位硕士(8 809 元)基本一致(图 7-29、图 7-30)。从月薪区间分布来看,23.08% 的研究生月薪值集中在 8 001—10 000 元,其次是 6 501—8 000 元(22.91%)(图 7-31)。

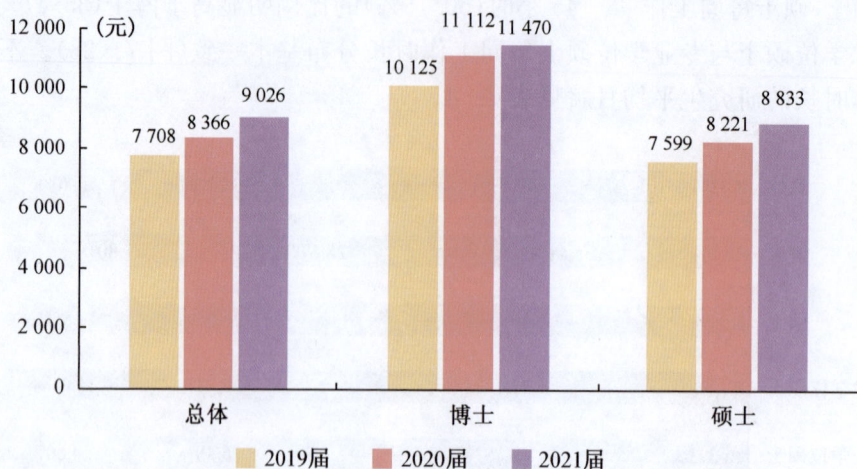

图 7–29　2019—2021 届研究生平均月薪

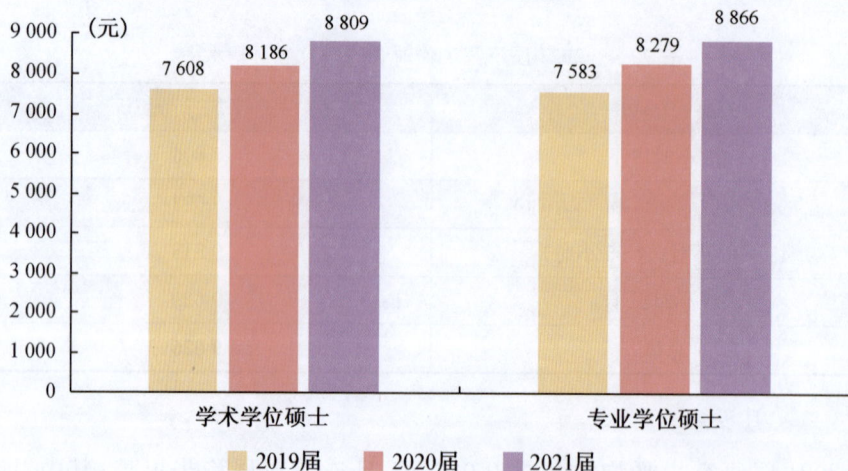

图 7–30　2019—2021 届硕士平均月薪

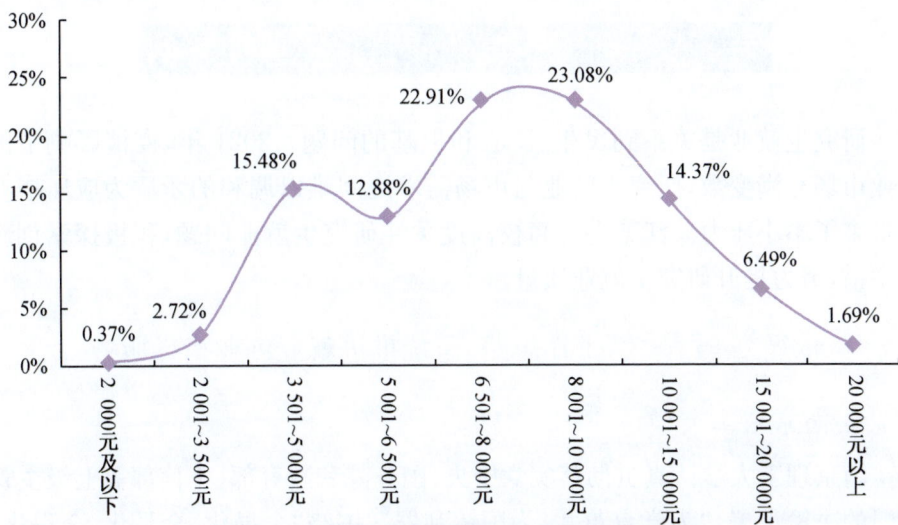

图 7-31　2021 届研究生月薪区间分布

（三）薪酬满意度

2021 届研究生薪酬满意度为 68.03%，其中：博士（73.81%）高于硕士（67.57%）6.24 个百分点；专业学位硕士（67.94%）与学术学位硕士（67.30%）基本一致（图 7-32）。

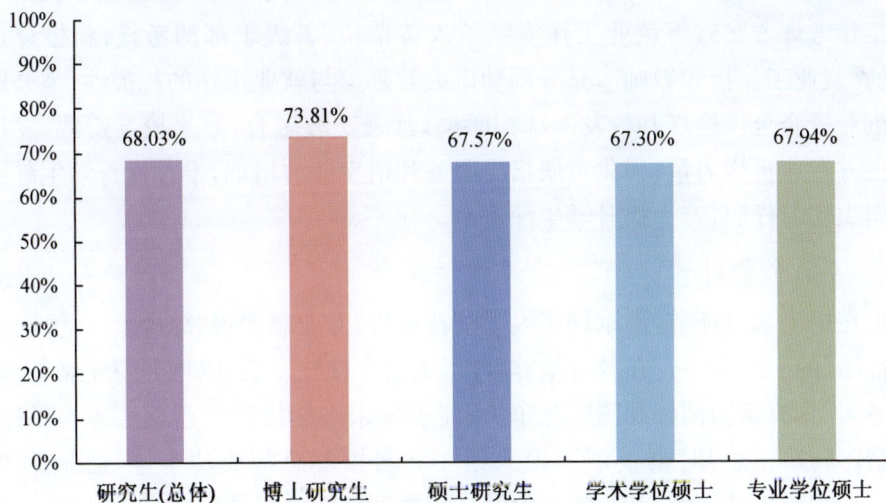

图 7-32　2021 届研究生薪酬满意度

第三节　研究生就业质量保障典型案例

　　研究生就业是关系到民生、民心和根基的问题。2021年,疫情影响下的就业市场充满变数,研究生就业与市场需求之间难以调和的矛盾为应届毕业生带来了不小压力。江苏省各高校高度关注研究生就业问题,积极探索创新性举措,努力提升研究生就业质量。

一、依循"三全一精"工作思路,系统推进就业创业指导服务

⇨ 南京理工大学

　　南京理工大学认真贯彻落实党中央、国务院和教育部、工信部等上级主管部门的决策部署,"为党育英才,为国铸利器",围绕"全局化、全员化、全程化、精准化"的工作思路,不断提升毕业生就业创业指导服务工作质量和水平。

(一) 全员参与,构建就业工作新格局

　　贯彻落实"一把手工程",校长担任学校毕业生就业工作领导小组组长,将就业工作纳入学校整体发展规划和年度工作要点,定期研究部署就业工作;学校书记和校长带队走访中国电子科技集团、中国兵器工业集团等国防重点单位,签订战略合作协议;结合就业工作最新要求,修订了《南京理工大学就业创业工作考评方案》,将就业工作实绩纳入各单位、各级干部的考核;新增评选"优秀就业工作指导教师",充分调动广大教师参与就业工作的积极性;举办就业创业校企合作论坛和校友专场招聘会,加强产教融合,凝聚校友资源;发挥第三方专业机构力量,强化考研指导服务和语言能力培训,推荐优秀学生赴国际组织实习任职,着力提升学生深造率。

(二) 全局引领,凝聚就业工作新合力

　　在招生入口环节,南京理工大学坚持选拔"专业志愿强、综合素质优、国防情怀深"的一流生源。在教育培养阶段,突出个性化发展,以培养德才兼备、求真务实、具有家国情怀和国际竞争力、能引领未来的拔尖创新型人才为目标;打造国防军工总师"群英汇",拟采编100名校友总师成功事迹(已采编24名),充实课程思政案例库,常态化做好学生国防就业指导。在毕业出口环节,南京理工大学联合组织部出台了《辅导员(科研干事)赴国防重点单位短期挂职管理办法》,首批选拔了12名优秀的辅导员到国防单位短期挂职,近距离了

解国防单位,拓展校企科研合作和人才输送渠道。

(三)全程育人,建强就业指导新体系

南京理工大学连续 13 年开展"职业生涯教育主题月"系列活动,包括就业体验周、模拟招聘大赛、职业规划大赛、留学嘉年华、国防菁英大讲堂、国际组织实习任职训练营等 10 项品牌活动,提升学生就业能力。连续 18 年开展"国防行"社会实践活动,走访了近 1 000 家国防单位,促使更多优秀学生投身国防科技事业。

(四)精准服务,激发就业指导新动能

2021 年,南京理工大学举办招聘会 59 场、宣讲会 1 091 场,进校招聘企业达 2 839 家,提供岗位约 14 万个,生岗比达到 1∶20。开发"南理就业摆渡车"就业指导服务系统,整合就业指导、生涯规划、就业咨询等多项服务功能,选聘了 27 名咨询专家为学生提供线上线下相结合、"1 对 1"的个性化精细化指导;学校可以实时掌握学院副书记、辅导员参加招聘会推荐学生的情况,辅导员可以及时了解学生参与招聘会的情况,为强化毕业生就业教育、提升求职成功率打下坚实基础。南京理工大学 2021 届博士生毕业去向落实率为 98.96%,硕士生毕业去向落实率为 98.78%。

二、并行兼施五大举措,构建"三全"就业指导体系

⇨ 苏州大学

苏州大学切实围绕"规划、需求、资源"三大关键词,积极营造科研氛围的同时,注重培养提升研究生的社会化能力,实施五大举措构建全员全过程全方位的创新创业能力提升和就业指导服务体系。

(一)意识先行,强化引领

苏州大学在新生入学教育中加入职业生涯规划版块,开设"新老生交流会""校友发展报告会""典型人物经验分享会"等,邀请知名校友指导生涯规划,帮助研究生在入学时尽快确立目标理念。

(二)广泛调动,协同参与

学校充分发挥校内外导师和产业教授的作用,依托研究生工作站平台和优质合作企业资源,融入专业学位硕士培养方案专业实践的要求,加强校企洽谈和人才合作。同时,构建学校、院部、辅导员三级就业工作会议来明确主体

责任,高效推进并落实就业服务工作。

（三）校企联动,搭建平台

苏州大学与恒力集团、盛虹集团、SGS 集团等企业建立广泛合作,推荐研究生参与"名企体验行"和"职场训练营",在积累感性认识的同时,配套符合行业实际需求的真实项目进行实战演练。通过参与企业技术研讨会、项目化实践,激发研究生创新创造意识,强化应用实践能力,实现人才培养和企业需求无缝对接。

（四）精细指导,提升技能

苏州大学通过开设"登高人才、科创人才、卓越人才、实践人才"四大训练营对研究生的就业创业进行精细培育与指导。研究生参与创新实践比例保持在 80% 以上,积累了扎实的创新实践基础。同时,学校邀请企业 HR 提供实际性的"求职干货"精准指导,连续三年搭建模拟面试大赛平台,提供真实职场"练兵台",引领研究生在实战中强化综合能力,得到了用人单位一致好评。

（五）精准帮扶,精确管理

学校在线下通过专场宣讲会、专场招聘双选会,提供优质企业资源;同时,通过自主开发的"云上紫卿"小程序,实现了"空中招聘双选会",招聘过程全部在线上完成。针对就业困难的研究生实行"一人一策",成立学院领导、导师、辅导员的帮扶小组,精准提供就业指导,助力学生圆梦职场开启新征程。

三、压实组织领导"定盘星",全面提升就业竞争力

⊃ 江南大学

江南大学围绕研究生教育实施情况,及时完善就业指导服务机制,提升管理服务效能。历年来,多数毕业生在工作单位担任重要岗位,协助搭建校企合作桥梁。用人单位均反馈良好,在毕业生知识、职业能力、职业素养等方面满意度较高。

（一）落实"一把手"工程,厚植"一盘棋"思想

江南大学将就业创业纳入学校"十四五"人才培养战略全局,纳入年度党政工作要点进行重点推进。全年召开学校就业工作专题党委常委会 2 次,研判和部署就业创业工作。将就业工作考核列入学院党政任期目标责任书,确保落到实处。同时进一步凝聚共识,提高工作认识,定期召开全校就业工作推

进会、分学科院系座谈会,根据学科特点和院系人才培养目标,进一步明确重点就业指导方向;举办毕业生班辅导员就业业务培训 4 次,统筹安排就业工作;实施《江南大学学院大学生就业工作考核评价办法》,加强过程管理,压实二级学院主体责任,全年办公系统发布分学院分专业毕业生就业进展情况简报 15 篇。充分发挥全体教职工在开展就业形势教育、细化就业指导服务、对接用人单位等方面的积极作用,推动院系就业工作走深走实。

（二）开发多样化就业渠道,夯筑长效化合作平台

一方面,学校用足用好政策性岗位,配合做好机关、事业单位和国有企业招聘工作。举办高频次招聘活动,分地区、分行业、分学院开展供需对接会,针对疫情防控常态化新形势,不断升级智慧就业系统,全方位打通线上求职渠道,促进供给需求互联互通。同时,按照"小规模、多场次、高质量"的原则,有序推进线下招聘活动,线上线下聚合发力,确保"单场宣讲天天开,中型招聘周周约,大型招聘月月有"。另一方面,学校搭建"名企有约"平台,建立高层次、多科类行业优质企业交流机制。目前,已有 290 家世界 500 强企业将学校作为校园招聘目标高校,85 家行业龙头企业与学校建立人才培养与荐才招聘战略合作伙伴关系。深度对接长三角、珠三角及京津冀经济圈,与 46 个市、区建立人才荐才合作。联合阿里、华为、京东等重点单位组织校园企业俱乐部、训练营等活动。申请 13 项教育部"供需对接就业育人项目",常年开展定向人才培养、就业实习实践和人力资源提升等专项。

（三）汇聚多方动能,优化指导服务

学校始终将培养高素质创新创业人才作为人才培养的重要目标之一,以大学生创新创业训练计划为抓手,立足学科特色,加强双创教育的过程性管理。树立"基于专业、融入产业、引导创业、带动就业"的工作理念,构建了"意识培养—能力提升—项目孵化—专业服务"四位一体的教育体系,形成了"多方联动型"的具有江南风格的创新创业教育模式。构建以课堂教学为主渠道,团体辅导、个体咨询为补充,职业导航、生涯体验、就业实习等为载体的指导体系。升级智慧就业服务平台,实现线上求职、在线签约等服务一网通办理,逐步形成"数字就业""智慧服务""云上指导"新模式。

第八章
研究生教育融合发展专项研究

学术学位研究生对科教融合的实施现状认可度较高。就背景评价而言，学术学位研究生对于科教融合的社会环境、政策环境和制度环境的整体认可度均高于85.00%。就条件支持而言，学术学位研究生对于科教融合的师资队伍、经费支持、组织平台的整体认可度均高于85.00%，其中对于经费支持的认可度稍低于平均值，为87.06%。就培养过程而言，学术学位研究生对科教融合中的学生投入、导师指导、课程教学、科学研究、学术交流的整体认可度均在90.00%左右。就成果收获而言，九成左右的学术学位研究生对科教融合的情感收获、认知收获表示认可，但学术学位研究生在科教融合过程中的高质量期刊发文、国家专利、著作撰写和竞赛获奖的实现状况仍不理想。在具体举措方面，江苏高校充分发挥科教资源集聚优势，深入探索科教融合协同育人的新机制、新模式，在培养过程中关注研究成果转化、技术开发成果转化、产品开发成果转化和学术优势转化，不断提高科技创新的"续航力"，形成培养特色鲜明、拔尖创新人才不断涌现的研究生教育体系。

专业学位研究生对产教融合的实施现状认可度尚可。就背景评价而言，专业学位研究生对于产教融合的社会环境、政策环境和制度环境的整体认可度均高于75.00%。就条件支持而言，专业学位研究生对于产教融合的师资队伍、经费支持、组织平台的整体认可度均低于80.00%，其中对于经费支持的认可度最低，仅为57.43%。就培养过程而言，专业学位研究生对于产教融合中的学生投入、导师指导、课程教学、专业实践的整体认可度均处于90.00%以下，专业学位研究生毕业成果仍以学位论文为主要形式，学位论文选题主要来源于校内导师的课题。就成果收获而言，专业学位研究生对产教融合的情感收获、认知收获的整体认可度均低于80.00%。此外，专业学位研究生在产教融合过程中的期刊文章、国家发明专利或实用新型专利、产品设计、技术方案、课题研究、竞赛获奖、自主创业成果等的实现状况有待进一步提升。在具体举措方面，江苏高校通过拓展产教融合教育资源、完善基地管理制度、持续改革专业学位培养模式等方式,形成融合人才培养、学科建设、促进产业升级、加强创新创业的产教协同育人新机制。

第一节　科教融合

2022 年教育部在《关于深入推进世界一流大学和一流学科建设的若干意见》中强调,人才培养过程中需积极引进与团队、平台、项目耦合机制,把科研优势转化为育人优势,深化科教融合,完善创新体系。研究生教育与高水平科研活动的深度融合是进一步提升研究生培养质量的关键。

一、现状调查

为了解全省研究生教育的科教融合现状,课题组特别编制了《研究生科教融合发展问卷》面向全省进行问卷调查。该问卷以 CIPP(Context-Input-Process-Product)评价模型为理论依据,包含背景评价、输入评价、过程评价、成果评价和满意度等五个维度。本次调研以江苏省普通高校学术学位研究生为调查对象,最终回收有效问卷为 4 104 份。

在性别构成上,男生 2 131 名(51.92%),女生 1 973 名(48.08%)。在学位层级上,学术学位博士研究生 225 名(5.48%),其中就读于"双一流"建设高校的博士研究生有 189 名(84.00%),就读于普通院校的博士研究生有 36 名(16.00%)。学术学位硕士研究生 3 879 名(94.52%),其中就读于"双一流"建设高校的硕士研究生有 2 212 名(57.02%),就读于普通院校的硕士研究生有 1 667 名(42.97%)。

(一)科教融合的背景评价

科教融合的背景评价主要包括社会环境、政策环境和制度环境三个子维度。社会环境主要指国家、社会和就业市场为科教融合提供的条件;政策环境主要是指教育主管部门为科教融合制定的相关目标、原则、任务、举措及实施方略等;制度环境则指合作的企业/行业、学校/学院为科教融合制定的秩序与规则。

1. 社会环境

整体上,87.60%的学术学位研究生表示国家、社会和就业市场为科教融合提供了良好的社会环境。① 具体而言,91.30%的学术学位研究生认为"国家十分重视研究生科教融合的学习经历",88.06%认为"社会营造了良好的科教融合文化氛围",83.44%认为"就业市场十分注重研究生的前沿性问题解决能力"(图8-1)。

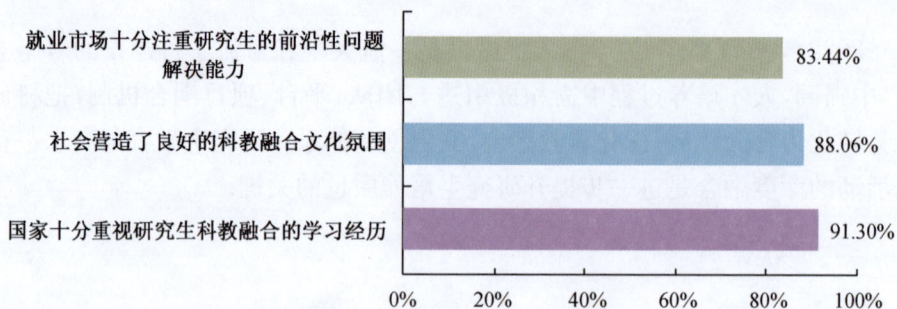

图8-1 科教融合社会环境认可度

2. 政策环境

整体上,89.72%的学术学位研究生表示教育主管部门为科教融合提供了良好的政策环境。具体而言,90.76%的学术学位研究生认为"教育主管部门专门出台了推进研究生培养科教融合的政策文件(如科研参与、科研平台、校外导师等)",89.50%认为"教育主管部门对科教融合的必要性和重要性进行了宣传与分析",88.90%认为"教育主管部门会定期对高校实施科教融合的情况进行考查与评优"(图8-2)。

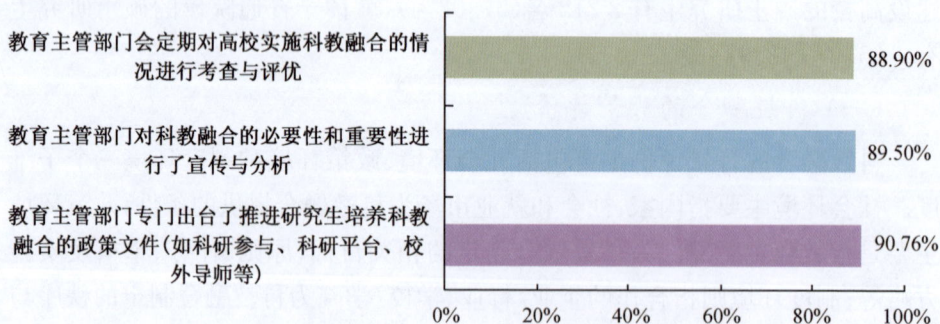

图8-2 科教融合政策环境认可度

---

① 调查问卷的相关题项采用5点李克特量表,包含"非常符合""符合""一般""不符合""非常不符合"5个选项。结果统计中呈现的数据均为"非常符合"和"符合"两者的百分比之和。本章内同。

3. 制度环境

整体上,90.54％的学术学位研究生表示合作的企业/行业、学校/学院为科教融合提供了良好的制度环境。具体而言,91.36％的学术学位研究生认为"学校/学院在培养方案中有明确的科教融合要求",90.94％认为"学校/学院制定了科教融合的具体实施方案或指南",90.28％认为"学校/学院针对科教融合的各个环节制定了相应的监管和评价机制",89.56％认为"合作的科研院所制定了科教融合的具体实施方案或指南"(图8-3)。

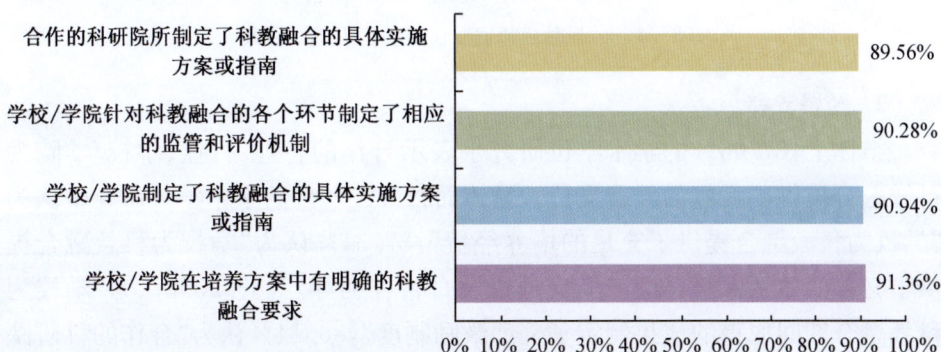

图 8-3 科教融合制度环境认可度

综上可知,学术学位研究生对科教融合制度环境的认可度最高,但对社会环境的认可度稍有欠缺,主要体现在学术学位研究生对就业市场环境是否促进其未来发展的认可度。

(二) 科教融合的条件支持

科教融合的条件支持主要包括师资队伍、科研经费和组织平台三个子维度,是对研究生教育科教融合所需的条件保障和资源支撑等方面的综合评价。

1. 师资队伍

整体上,89.86％的学术学位研究生表示合作的企业/行业、学校/学院为科教融合提供了良好的师资队伍。具体而言,89.92％的学术学位研究生认为"学校有专人负责管理科教融合工作",90.46％认为"合作的科研院所安排了专门的研究生指导教师",89.20％认为"合作的科研院所有专人负责管理科教融合工作"(图8-4)。

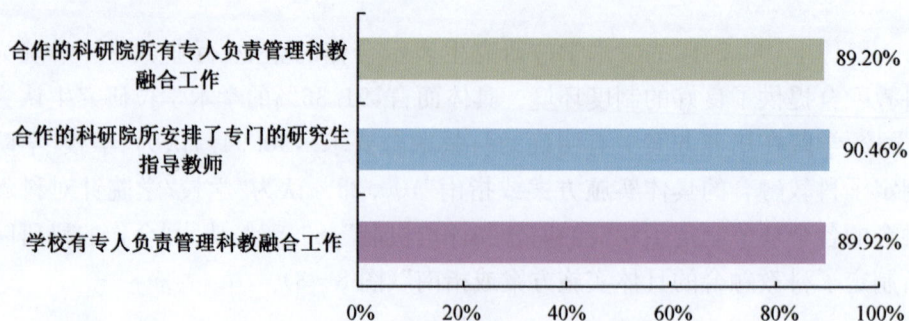

图 8‑4　科教融合师资队伍建设情况的认可度

2. 经费支持

整体上,87.06%的学术学位研究生表示合作的企业/行业、学校/学院为科教融合提供了良好的经费支持。具体而言,85.78%的学术学位研究生认为"学校为科教融合提供了充足的培养经费",87.34%认为"学校为科教融合提供了必要的生活保障(如住宿、交通以及日常补助等)",89.20%认为"学校为科教融合期间取得的成果制定了奖助激励制度",86.14%认为"合作的科研院所为科教融合提供了充足的培养经费",86.56%认为"合作的科研院所为科教融合提供了必要的生活保障(如住宿、交通以及日常补助等)",87.58%认为"合作的科研院所为科教融合期间取得的成果制定了奖助激励制度",86.80%认为"学校与合作的科研院所设立了充足的科研合作经费"(图 8‑5)。

3. 组织平台

整体上,88.65%的学术学位研究生表示合作的企业/行业、学校/学院为科教融合提供了良好的组织平台。具体而言,87.82%的专业学位研究生认为"学校建立了专门的研究生科教融合管理机构",89.26%认为"学校与合作的科研院所共建了高水平的科研平台或基地",88.54%认为"合作的科研院所配备了专门的研究生科教融合管理人员",88.48%认为"合作的科研院所提供了充足的科研参与场地",89.14%认为"合作的科研院所提供了必要的科研物资设备"(图 8‑6)。

综上可知,学术学位研究生对科教融合条件支持的整体认可度较高,对"经费支持"的认可度稍低于平均值,主要体现在"学校为科教融合提供了充足的培养经费"和"合作的科研院所为科教融合提供了充足的培养经费"两个方面。

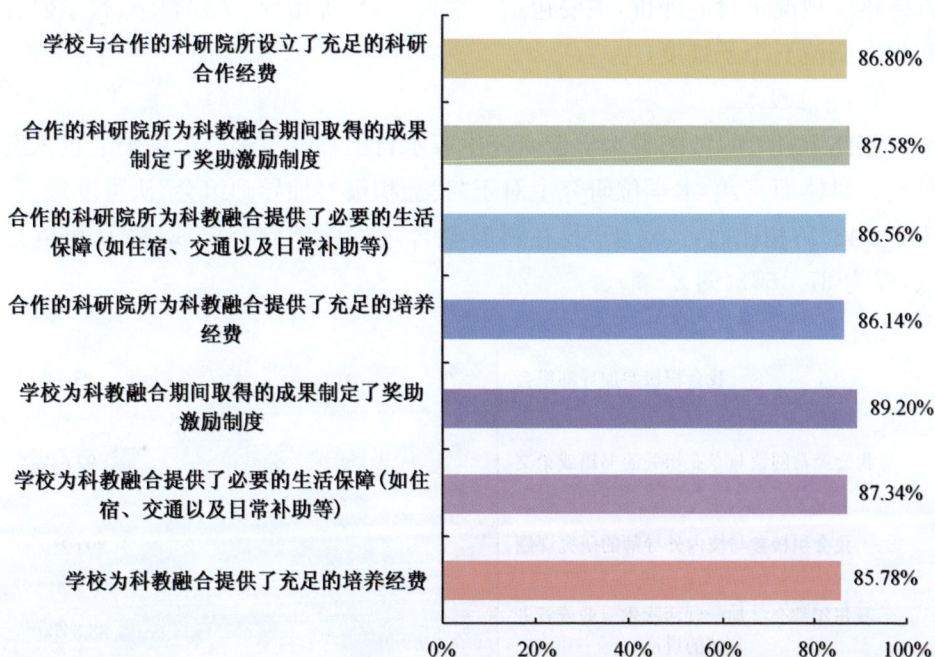

图 8-5　科教融合过程中经费支持情况的认可度

图中数据：
- 学校与合作的科研院所设立了充足的科研合作经费　86.80%
- 合作的科研院所为科教融合期间取得的成果制定了奖助激励制度　87.58%
- 合作的科研院所为科教融合提供了必要的生活保障（如住宿、交通以及日常补助等）　86.56%
- 合作的科研院所为科教融合提供了充足的培养经费　86.14%
- 学校为科教融合期间取得的成果制定了奖助激励制度　89.20%
- 学校为科教融合提供了必要的生活保障（如住宿、交通以及日常补助等）　87.34%
- 学校为科教融合提供了充足的培养经费　85.78%

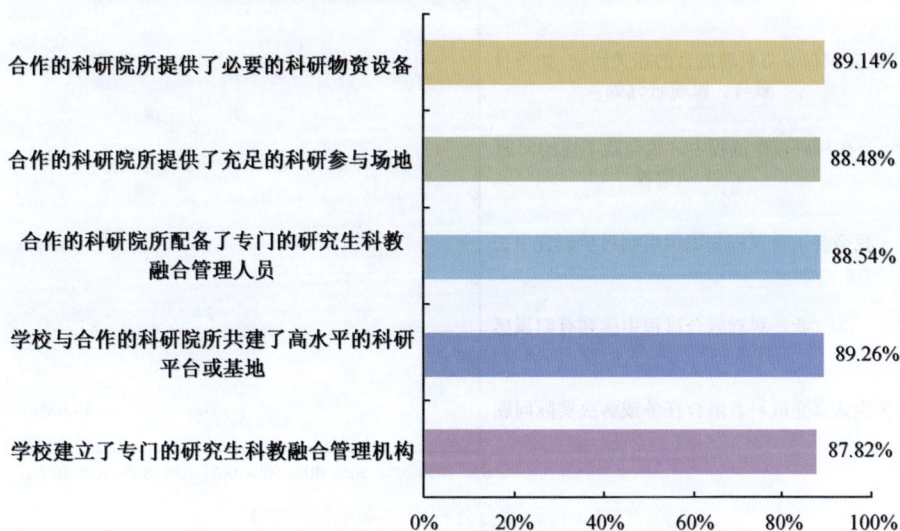

图 8-6　科教融合过程中组织平台建设情况的认可度

图中数据：
- 合作的科研院所提供了必要的科研物资设备　89.14%
- 合作的科研院所提供了充足的科研参与场地　88.48%
- 合作的科研院所配备了专门的研究生科教融合管理人员　88.54%
- 学校与合作的科研院所共建了高水平的科研平台或基地　89.26%
- 学校建立了专门的研究生科教融合管理机构　87.82%

（三）科教融合的方式方法

对科教融合方式方法的评价是指研究生教育过程中科学研究与教育教学

具体落实情况进行的评价,主要包括学生投入、导师指导、课程教学、科学研究和学术交流五个子维度。

1. 学生投入

整体上,90.41%的学术学位研究生表示自己在科教融合过程中的投入度较高。具体而言,学术学位研究生对于"我会积极参加导师组会"认可度最高,为 93.48%;相比而言,对于"我在科教融合过程中感到有归属感"认可度最低,仅为 87.16%(图 8-7)。

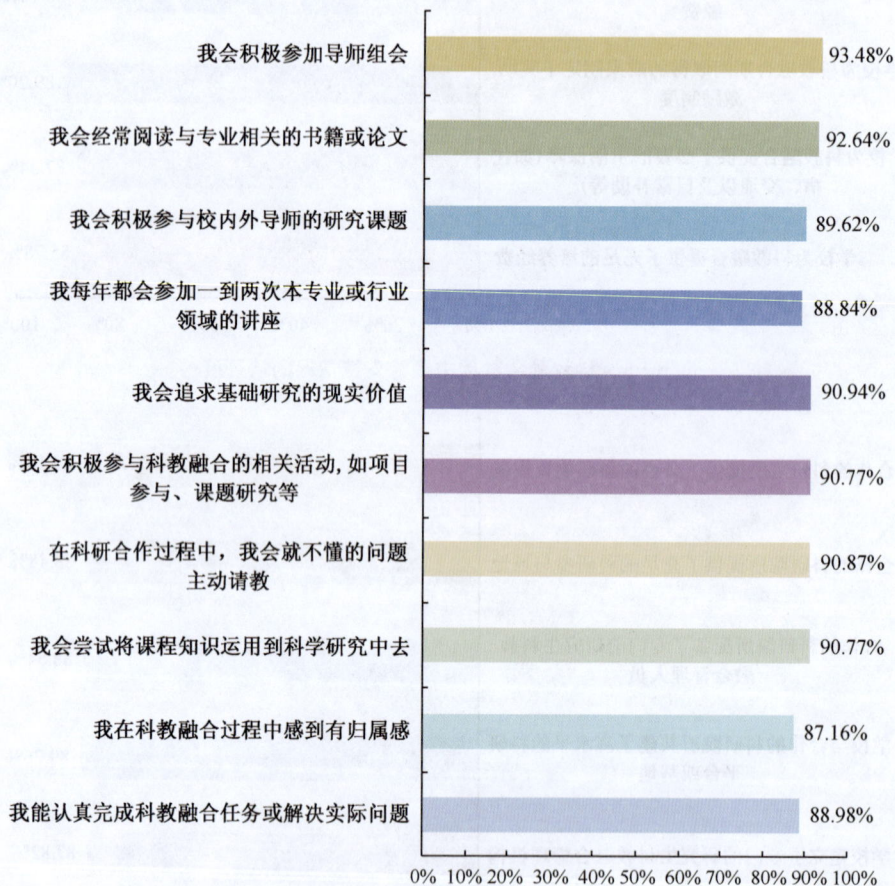

我会积极参加导师组会 93.48%

我会经常阅读与专业相关的书籍或论文 92.64%

我会积极参与校内外导师的研究课题 89.62%

我每年都会参加一到两次本专业或行业领域的讲座 88.84%

我会追求基础研究的现实价值 90.94%

我会积极参与科教融合的相关活动,如项目参与、课题研究等 90.77%

在科研合作过程中,我会就不懂的问题主动请教 90.87%

我会尝试将课程知识运用到科学研究中去 90.77%

我在科教融合过程中感到有归属感 87.16%

我能认真完成科教融合任务或解决实际问题 88.98%

0% 10% 20% 30% 40% 50% 60% 70% 80% 90% 100%

图 8-7 科教融合过程中的学生投入情况

2. 导师指导

整体上,88.55%的学术学位研究生表示校内外导师为科教融合提供了良好的指导。在校内导师方面,92.53%的学术学位研究生认为校内导师为科教融合提供了良好的指导,其中,"校内导师给我提供了充分的学位论文指导"认可度最高,为93.59％;"校内导师给我提供了充分的职业发展指导"认可度最低,为90.30％。

在校外导师方面,84.57％的学术学位研究生认为校外导师为科教融合提供了良好的指导,其中,"校外导师会关注我的思想政治教育"认可度最高,为85.56％;"校外导师给我提供了充分的职业发展指导"认可度最低,为83.73％(图8-8)。

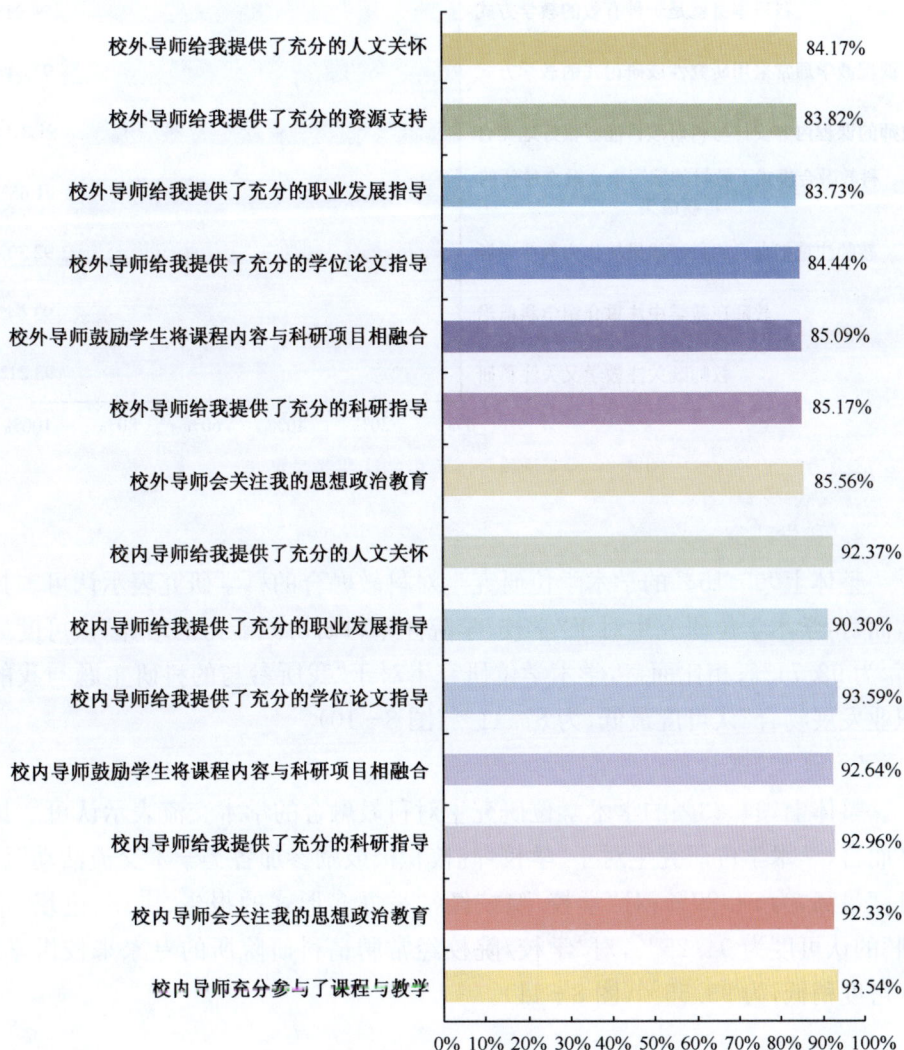

项目	认可度
校外导师给我提供了充分的人文关怀	84.17%
校外导师给我提供了充分的资源支持	83.82%
校外导师给我提供了充分的职业发展指导	83.73%
校外导师给我提供了充分的学位论文指导	84.44%
校外导师鼓励学生将课程内容与科研项目相融合	85.09%
校外导师给我提供了充分的科研指导	85.17%
校外导师会关注我的思想政治教育	85.56%
校内导师给我提供了充分的人文关怀	92.37%
校内导师给我提供了充分的职业发展指导	90.30%
校内导师给我提供了充分的学位论文指导	93.59%
校内导师鼓励学生将课程内容与科研项目相融合	92.64%
校内导师给我提供了充分的科研指导	92.96%
校内导师会关注我的思想政治教育	92.33%
校内导师充分参与了课程与教学	93.54%

图8-8　科教融合过程中的导师指导情况

3. 课程教学

整体上,92.74%的学术学位研究生对科教融合的课程教学表示认可。具体而言,学术学位研究生对于"科研本身就是一种有效的教学方式"认可度最高,为94.21%;相比而言,学术学位研究生对于"科教融合模式下教材的编写中会融合最新的科研成果"认可度稍低,为91.65%(图8-9)。

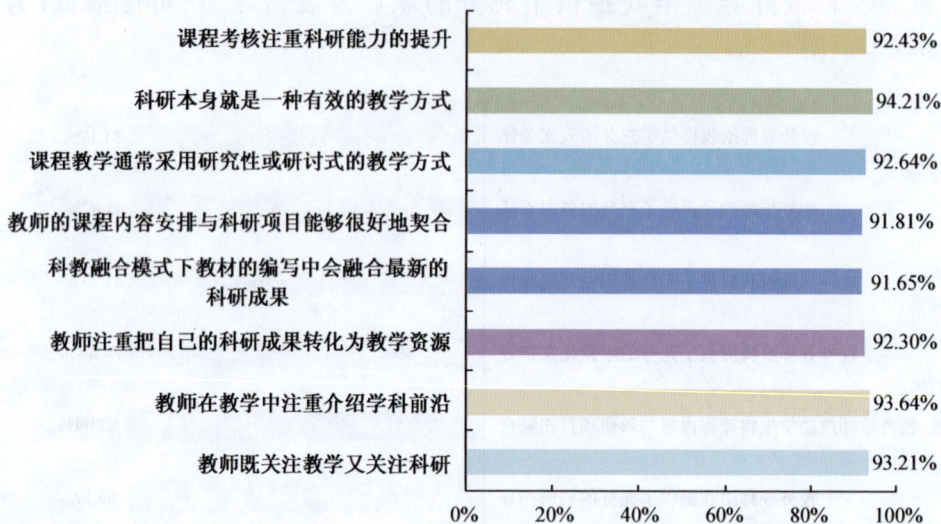

图8-9 科教融合过程中的课程教学情况

4. 科学研究

整体上,90.15%的学术学位研究生对科教融合的科学研究表示认可。具体而言,学术学位研究生对于"学校/学院注重科研协同能力的培养"认可度最高,为92.74%;相比而言,学术学位研究生对于"我所参与的科研主题与我的职业发展吻合"认可度最低,为87.41%(图8-10)。

5. 学术交流

整体上,94.23%的学术学位研究生对科教融合的学术交流表示认可。具体而言,学术学位研究生对于"学校/院校积极鼓励参加各类学术交流活动"认可度最高,为94.89%;对"学校/院校经常举办多形式的报告、讲座、论坛、培训"的认可度为94.25%,对"学校/院校经常聘请科研院所的专家来校讲学"认可度稍低,为93.55%(图8-11)。

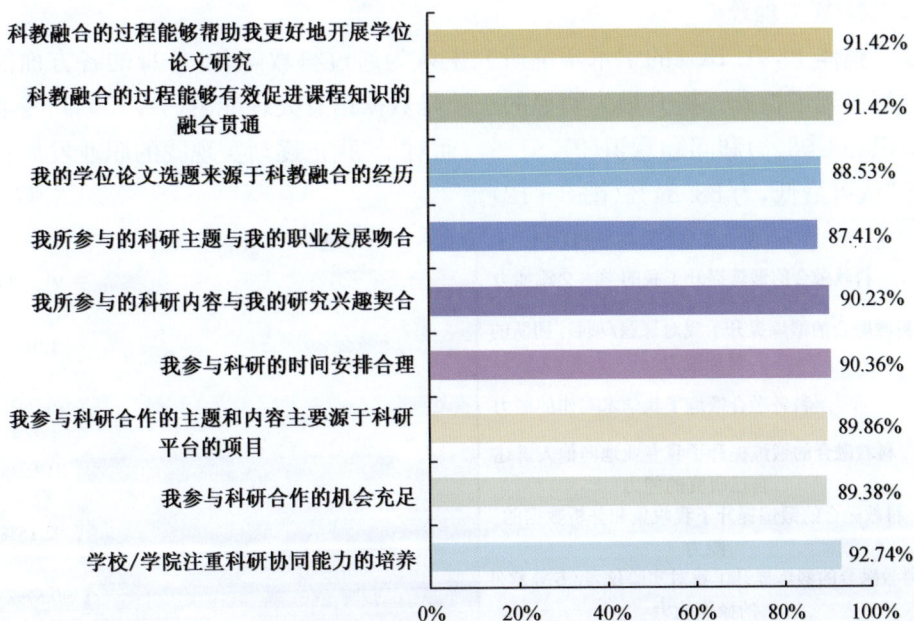

图 8‑10　科教融合过程中的科学研究情况

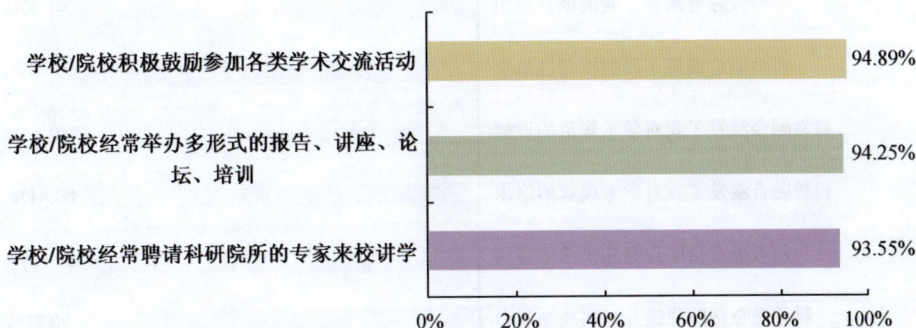

图 8‑11　科教融合过程中的学术交流情况

据上可知,学术学位研究生对科教融合方式方法的整体认可度较高,但对"导师指导"的认可度稍有欠缺,主要体现在校内外导师对职业发展指导的认可度上,尤其是校外导师。除此之外,学术学位研究生对"科研主题与职业发展相吻合"的认可度也需进一步提升。

（四）科教融合的成果收获

成果收获是指研究生在科教融合过程中实际得到的提升和发展,主要包括能力提升和发展,主要包括能力提升和绩效产出两个子维度。

1. 能力提升

整体上,91.13%的学术学位研究生认为通过科教融合,自身的各方面能力都得到了提升。提升最为明显的三项是数据信息处理能力(92.15%)、专业知识(92.08%)和问题意识(91.91%);而对于"我正逐渐实现我的职业发展目标"认可最低,为 88.84%(图 8 - 12)。

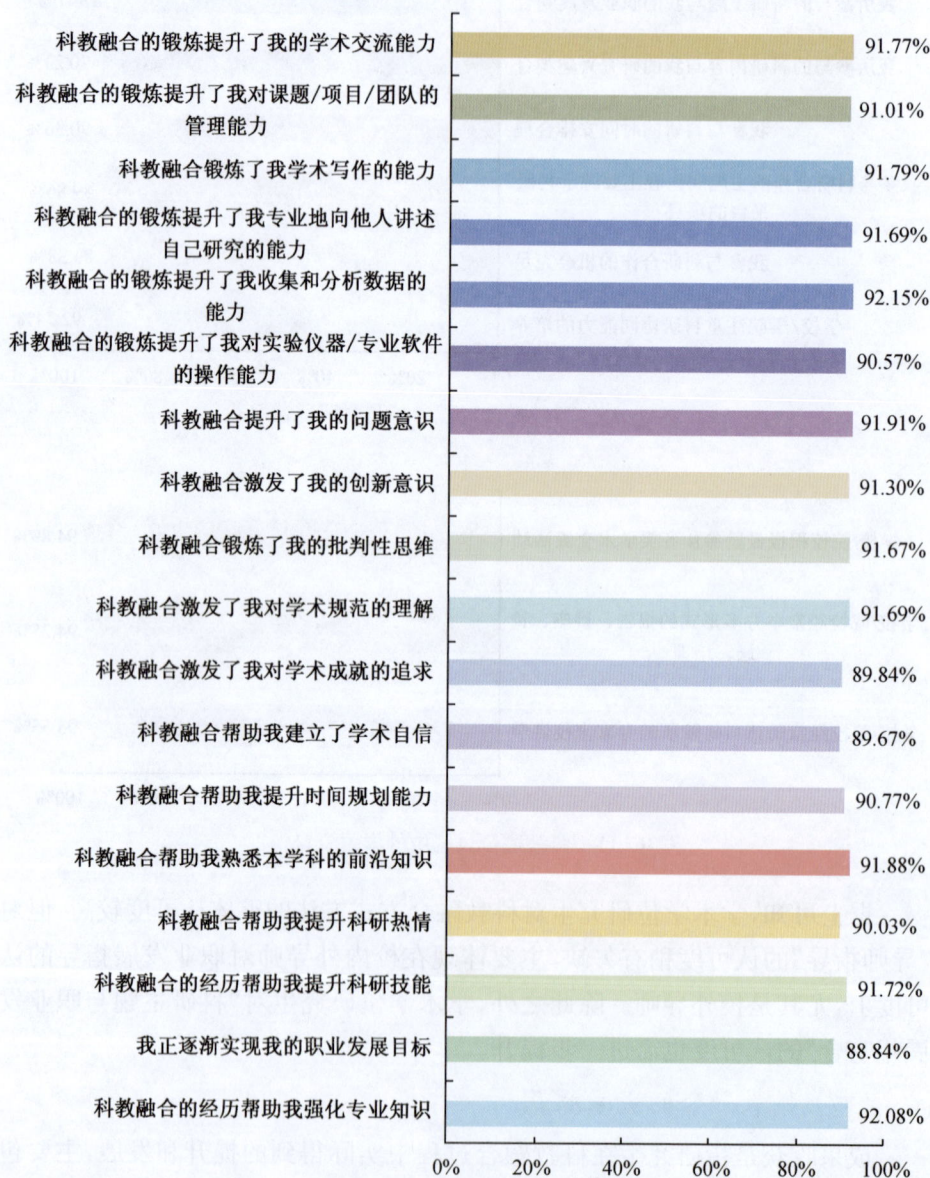

科教融合的锻炼提升了我的学术交流能力 　91.77%
科教融合的锻炼提升了我对课题/项目/团队的管理能力 　91.01%
科教融合锻炼了我学术写作的能力 　91.79%
科教融合的锻炼提升了我专业地向他人讲述自己研究的能力 　91.69%
科教融合的锻炼提升了我收集和分析数据的能力 　92.15%
科教融合的锻炼提升了我对实验仪器/专业软件的操作能力 　90.57%
科教融合提升了我的问题意识 　91.91%
科教融合激发了我的创新意识 　91.30%
科教融合锻炼了我的批判性思维 　91.67%
科教融合激发了我对学术规范的理解 　91.69%
科教融合激发了我对学术成就的追求 　89.84%
科教融合帮助我建立了学术自信 　89.67%
科教融合帮助我提升时间规划能力 　90.77%
科教融合帮助我熟悉本学科的前沿知识 　91.88%
科教融合帮助我提升科研热情 　90.03%
科教融合的经历帮助我提升科研技能 　91.72%
我正逐渐实现我的职业发展目标 　88.84%
科教融合的经历帮助我强化专业知识 　92.08%

图 8 - 12　通过科教融合研究生的能力提升情况

2. 绩效产出

33.86％的学术学位研究生基于科教融合项目发表了高质量的期刊文章。具体而言,16.81％的学术学位研究生发表了1篇、5.43％的学术学位研究生发表了2篇、7.45％的学术学位研究生发表了3篇、4.17％的学术学位研究生发表了4篇及以上(图8－13)。

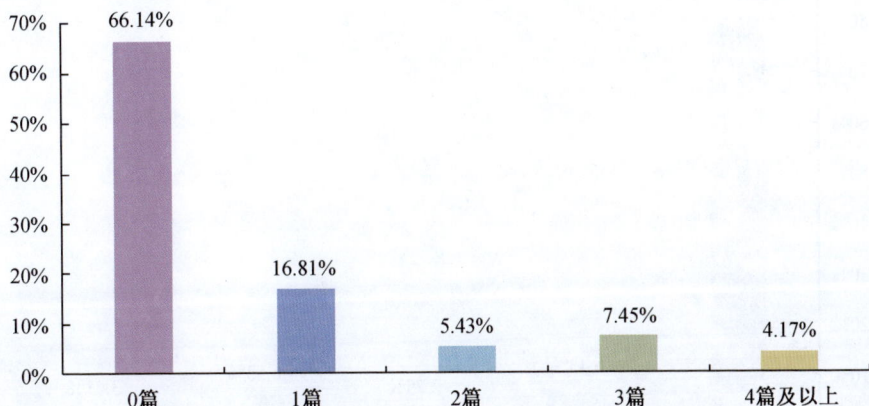

图8－13　基于科教融合项目的高质量期刊文章发表量

20.09％的学术学位研究生基于科教融合项目获批国家发明专利。具体而言,7.16％的学术学位研究生获批国家发明专利1项、3.14％的学术学位研究生获批国家发明专利2项、6.36％的学术学位研究生获批国家发明专利3项、3.43％的学术学位研究生获批国家发明专利4项及以上(图8－14)。

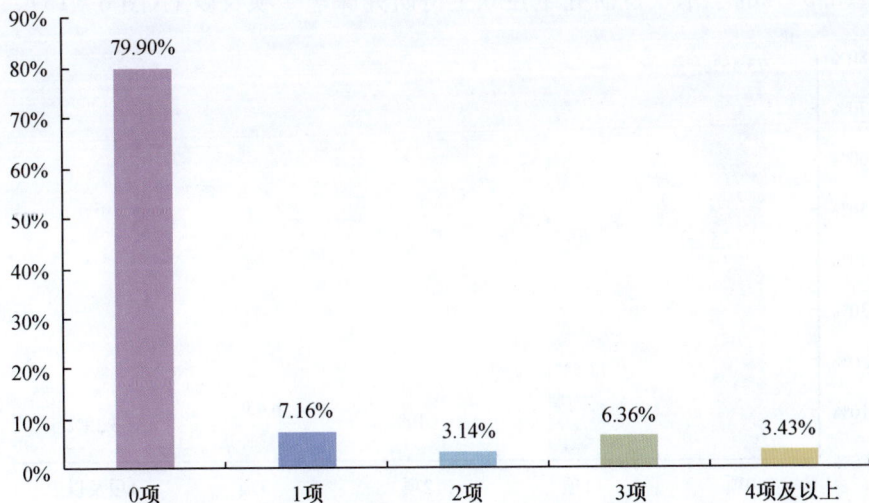

图8－14　基于科教融合项目的国家发明专利获批量

19.12％的学术学位研究生基于科教融合项目参与著作编写。具体而言，6.43％的学术学位研究生参编著作1部、2.75％的学术学位研究生参编著作2部、6.53％的学术学位研究生参编著作3部、3.41％的学术学位研究生参编著作4部及以上(图8-15)。

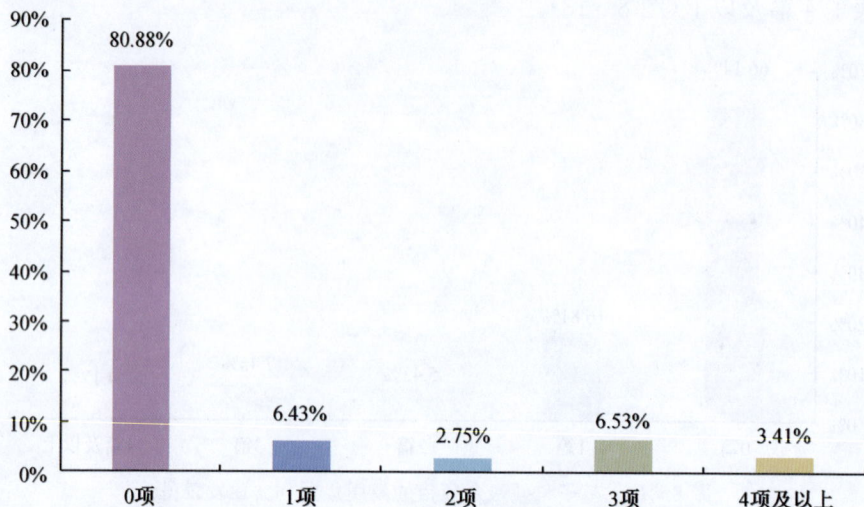

图8-15　基于科教融合项目的著作参与编写情况

26.55％的学术学位研究生基于科教融合项目独立主持研究课题。具体而言，13.54％的学术学位研究生独立主持研究课题1项、3.19％的学术学位研究生独立主持研究课题2项、6.43％的学术学位研究生独立主持研究课题3项、3.39％的学术学位研究生独立主持研究课题4项及以上(图8-16)。

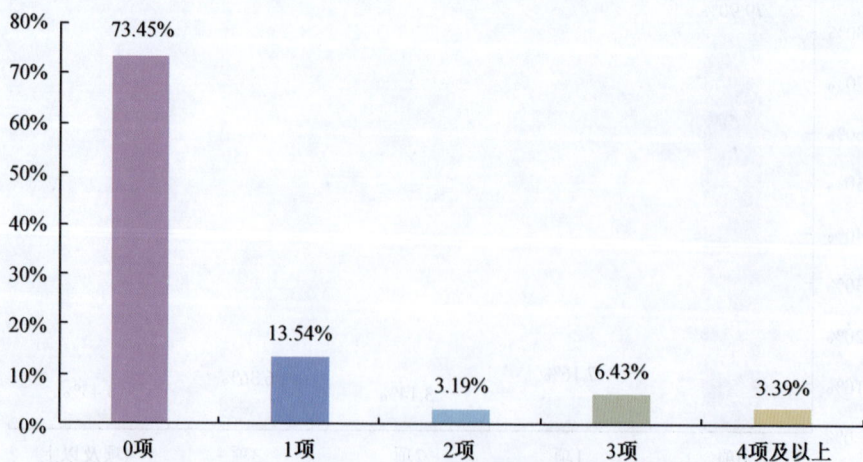

图8-16　基于科教融合项目的课题主持情况

26.36%的学术学位研究生基于科教融合项目在学术或专业竞赛中获奖。具体而言,11.21%的学术学位研究生在学术或专业竞赛中获奖 1 项、4.04%的学术学位研究生在学术或专业竞赛中获奖 2 项、6.77%的学术学位研究生在学术或专业竞赛中获奖 3 项、4.34%的学术学位研究生在学术或专业竞赛中获奖 4 项及以上(图 8-17)。

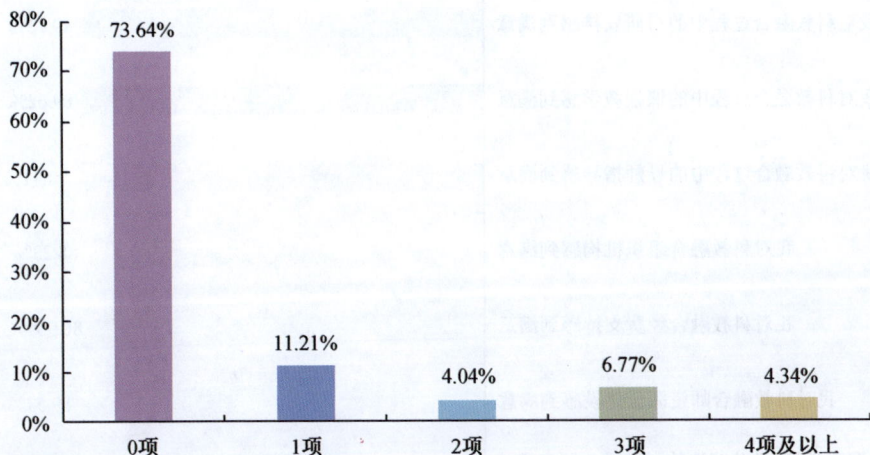

图 8-17　基于科教融合项目的竞赛获奖情况

(五)科教融合的整体满意度

整体上,89.00%的学术学位研究生对科教融合的满意度较高。其中,对于科教融合过程中导师指导的满意度最高,为 90.41%;而对科教融合经费支持的满意度最低,为 86.90%(图 8-18)。

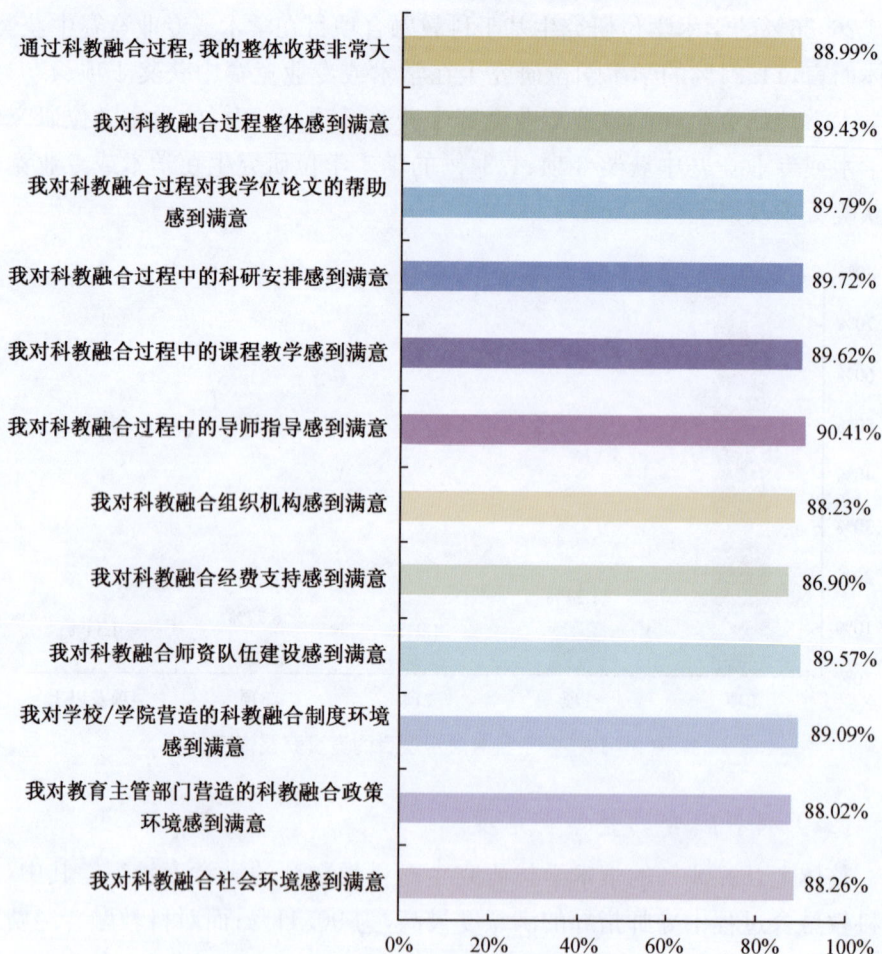

图 8-18　科教融合满意度

二、典型案例

⊃ 在苏高校与中科院强强联合——深化科教融合 推进协同育人

近年来,江苏省教育厅牵头促进在苏高校与中国科学院南京分院紧密合作,充分发挥双方科教资源的集聚优势,以中国科学院大学南京学院建设为契机,深入探索科教融合协同育人的新机制、新模式,形成了培养特色鲜明、拔尖创新人才不断涌现的研究生教育体系。

(一)立足新需求,加强科教资源统筹布局

为推动研究生教育更加契合江苏高质量发展和产业转型升级的要求,中科院南京分院紧密围绕国家战略和江苏发展实际,主动优化调整学科专业结构。依托中科院分支研究机构,重点布局人工智能与信息技术、生物安全与健康、未来能源、新材料与绿色制造等与战略性新兴产业和公共卫生密切相关领域的学科发展,开展以专业学位硕士和博士研究生为主的高层次人才培养,为国家和地方输送更多契合产业发展需求的高层次创新创业人才。

(二)发挥新优势,深度开展研究生联合培养

为促进教育链、人才链与科研链、创新链有机衔接,江苏省教育厅与中科院南京分院签署了全面战略合作协议,推动在苏高校与中科院南京分院围绕研究生联合培养开展深度合作,建立长效合作机制。目前,10余所在苏"双一流"建设高校已与中科院南京分院形成了近200名的专业学位硕士的联合培养规模。联合培养研究生除需完成高校的课程学习要求外,其余时间均在国科大南京学院各承办研究所开展科研实践和课题研究,形成教学、科研、创新创业及科技成果产业化全方位、全过程、深度融合的产学研联合人才培养模式。此外,河海大学与中科院南京分院共建研究生联合培养基地,聘请中科院南京分院的优秀科学家担任基地导师,进一步扩充优质的师资和科研力量。

(三)探索新模式,联合实施贯通式培养项目

为进一步提升拔尖创新人才的培养水平,在苏高校与中国科学院大学南京学院联合实施本硕博一体化培养项目,探索基于科教融合协同创新的高层次人才培养新模式。双方通过共同制订培养方案、共同授课、选派中科院优秀科学家担任高校兼职院长和研究生合作专业导师、院士专家开设学术讲座、举办科研训练夏令营等举措,营造联合培养优良的学术氛围,激发研究生的创新热情。南京信息工程大学已2018年开始实施本硕博一体化联合培养项目,南京学院选派3名兼职院长和46名优秀科学家参与课程教学,双方教师团队合作授课近20门;近70名院士专家走进学校与师生面对面进行深入交流研讨。项目实施两年来,学校在人才培养质量提升与推动开展重大项目合作等方面已初显成效。

➲ 江苏大学——促进人才培养"四转化",提高科技创新"续航力"

为进一步提升服务国家与社会需求的能级,江苏大学以科教融合、产教融合的育人观为指导,通过推动理论研究成果转化为课堂教学内容、技术开发成果转化为实验教学内容、产品开发成果转化为案例教学、优势学术资源转化为人才培养优势等"四转化",不断提高人才培养和科技创新的"续航力"。

（一）促进知识体系创新，理论成果向课堂教学内容转化

为了保证研究生能够系统地掌握坚实的理论基础和完备的知识体系，学校在研究生课堂教学过程中将最新的理论研究成果中的新观点、新技术、新方法及时融入教学教案、教材中，不仅丰富教学资源，增强教学内容的学术性和前沿性，也为研究生开展科学研究、解决关键"卡脖子"问题做好充分的知识储备。

（二）加强创新能力培养，技术成果向实验教学内容转化

为了培养研究生认真严谨、勇于进取、敢于挑战的实践创新精神与能力，学校将研究生实验教学作为连接理论与实践的桥梁，将技术开发的新成果被应用于新产品、新材料、新工艺的生产和实验过程，融入转化为实验教学内容，与实验教学内容的关键知识点进行系统整合，使实验教学更能充分体现实践性、综合性、系统性、开创性及创新性的特色，促进科研与教学之间的良性互动，提高课程教学资源的质量，实现对学生的实践能力、探索能力和创新能力的塑造与养成。

（三）重视实践能力培养，产品开发成果向案例教学转化

研究生在科研实践过程中发现问题、研究问题的意识是其形成独立思考、躬行实践的能力的重要前提。学校导师将科研成果转化成案例，应用于课堂形成教学案例，充分吸收研究生通过参与调研、资料收集、产品设计、产品研发等过程，结合真实"情境"开展相关教学与研究指导，让研究生做到"做学合一"，有效促进学生专业实践能力的培养与提高，真正在实践应用中将知识融会贯通。

（四）保障研究生教育资源，学术优势向培养优势转化

为了确保研究生培养过程的与时俱进，学校积极将前沿学术资源转化为优质育人资源。在研究生教育过程中，一是要将师资的学术力转化为指导力，鼓励导师积极进行课程教学改革和创新，更新指导理念，提高指导能力，不仅在学科专业方面给予高水平的学业指导，而且培养学生树立正确的政治方向、价值取向、学术导向。二是将科研平台的研究力转化为创新力，充分利用科研平台优势，将研究生纳入教师科研项目活动中，引导其准确把握学术前沿动态，切实提升学生的科研素质和创新能力。三是将国内外影响力转化为学生的交流力，通过开展广泛的学术交流，加强互动学习，促进研究借鉴，实现学术力对培养力的转变，做到学术水平与指导水平、教学水平的同步。

第二节　产教融合

2022 年,教育部、财政部、国家发展改革委员会在《关于深入推进世界一流大学和一流学科建设的若干意见》中强调,应强化高校、科研院所和行业企业协同育人,支持和鼓励联合开展研究生培养,深化产教融合,建设国家产教融合人才培养基地,示范构建育人模式,全面提升创新型、应用型、复合型优秀人才培养能力。可见,产教深度融合是研究生教育发展的当前特色与未来趋势之一。

一、现状调查

为深入了解全省研究生教育产教融合实施情况,课题组特别编制了《研究生产教融合发展调查问卷》,以 CIPP(Context-Input-Process-Product)评价模型为理论依据,主要包含背景评价、输入评价、过程评价、成果评价和满意度五个维度。本次调研以江苏省普通高校全日制专业学位研究生为调研对象[①],最终得到有效问卷 1 772 份。在性别构成上,男生 870 名(49.10%),女生 902 名(50.90%)。在学位层次上,专业学位硕士研究生有 1 760 名(99.32%),专业学位博士研究生有 12 名(0.68%)。在就读院校构成上,就读于"双一流"建设高校的研究生有 858 名(48.42%),就读于普通院校的研究生有 914 名(51.58%)。

(一)产教融合的背景评价

产教融合的背景评价主要包括社会环境、政策环境和制度环境三个维度。社会环境主要指国家、社会和就业市场为产教融合提供的条件;政策环境主要是指教育主管部门为产教融合制定的相关目标、原则、任务、举措及实施方略等;制度环境则指合作的企业/行业、学校/学院为产教融合制定的落实举措与规则。

1. 社会环境

整体上,78.22%的专业学位研究生表示国家、社会和就业市场为产教融

---

① 由于非全日制专业学位研究生一般为在职人员,学习科研活动主要采取与日常工作相结合的方式,其产教融合程度已相对较高。而全日制专业学位研究生则需要依任高校的产教融合环节加强专业实践能力。

合提供了良好的社会环境。具体而言,85.38%的专业学位研究生认为"就业市场十分注重研究生的实践能力",72.18%的专业学位研究生认为"社会营造了良好的产教融合文化氛围",77.09%的专业学位研究生认为"国家十分重视研究生产教融合的学习经历"(图8-19)。

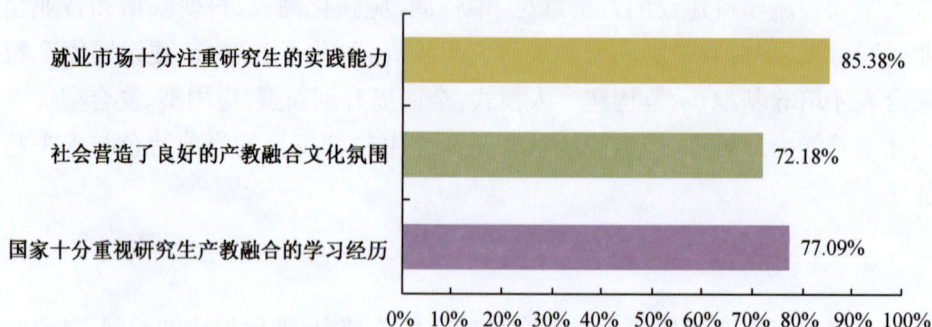

图8-19 产教融合社会环境认可度

2. 政策环境

整体上,75.92%的专业学位研究生表示教育主管部门为产教融合提供了良好的政策环境。具体而言,74.32%的专业学位研究生认为"教育主管部门会定期对高校实施产教融合的情况进行考察与评优",75.73%的专业学位研究生认为"教育主管部门对产教融合的必要性和重要性进行了宣传与分析",77.71%的专业学位研究生认为"教育主管部门专门出台了推进研究生培养产教融合的政策文件(如实习实践、产业教授等)"(图8-20)。

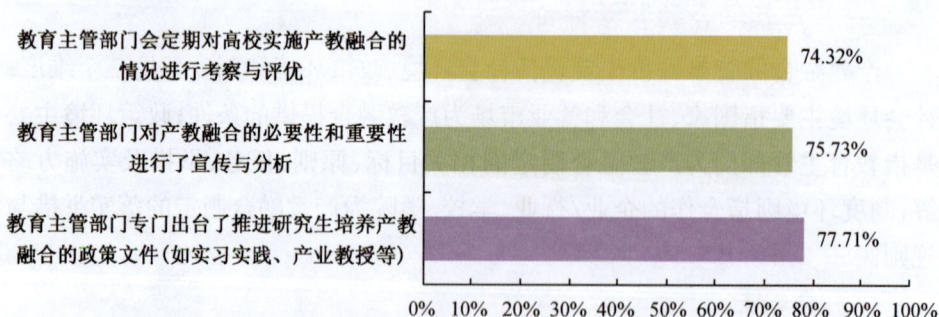

图8-20 产教融合政策环境认可度

3. 制度环境

整体上,78.34%的专业学位研究生表示合作的企业/行业、学校/学院为产教融合提供了良好的制度环境。具体而言,74.49%的专业学位研究生认为

"合作的企业/行业制定了产教融合的具体实施方案或指南",77.65％的专业学位研究生认为"学校/学院针对产教融合的各个环节制定了相应的监管和评价机制",79.51％的专业学位研究生认为"学校/学院制定了产教融合的具体实施方案或指南",81.72％的专业学位研究生认为"学校/学院在培养方案中清楚强调了产教融合的相关要求"(图8-21)。

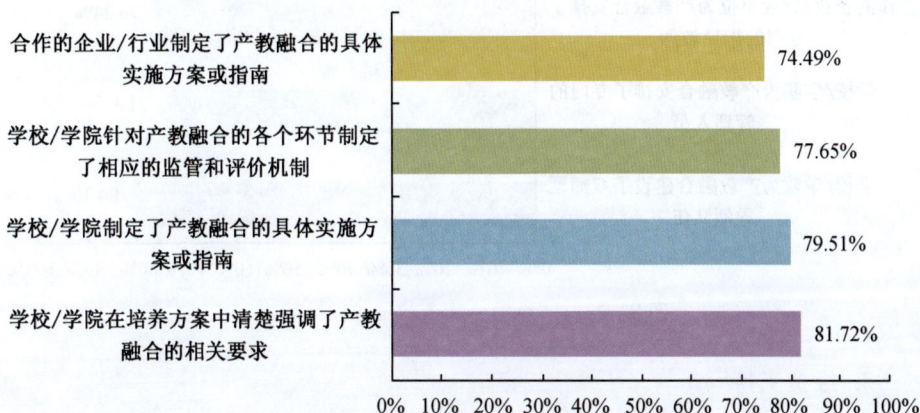

图8-21　产教融合制度环境认可度

综上可知,专业学位研究生对于产教融合的背景评价均处于80.00％左右。相对而言,专业学位研究生对产教融合政策环境的认可度最低,主要体现在专业学位研究生对教育主管部门定期对高校实施产教融合的情况进行考察与评优的认可度,该结果在一定程度上表达了专业学位研究生对于教育主管部门加强对高校产教融合实施情况进行考察与监督的期望。

(二)产教融合的条件支持

产教融合的条件支持是研究生教育落实所需的条件、资源所做的评价,其实质是对产教融合的输入性因素进行的评价,主要从师资队伍、科研经费和组织平台三方面进行评价。

1. 师资队伍

整体上,76.23％的专业学位研究生表示合作的企业/行业、学校/学院为产教融合提供了良好的师资队伍。具体而言,73.93％的专业学位研究生认为"合作的企业/行业为产教融合安排了专门的管理人员",76.24％的专业学位研究生认为"合作的企业/行业单位为产教融合安排了专门的指导教师",74.44％的专业学位研究生认为"学校/学院为产教融合安排了专门的管理人员",80.30%的专业学位研究生认为"学校/学院为产教融合建设了双师型导师队伍"(图8-22)。

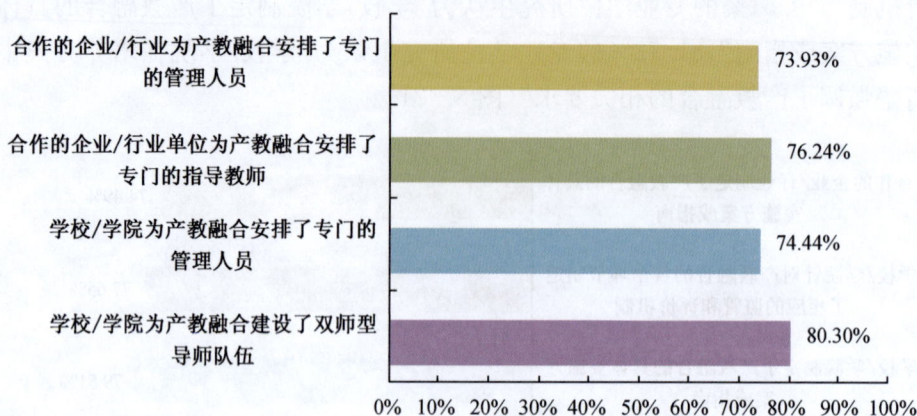

图8-22　产教融合师资队伍建设认可度

2. 经费支持

整体上,57.43%的专业学位研究生表示合作的企业/行业、学校/学院为产教融合提供了良好的经费支持。具体而言,57.67%的专业学位研究生认为"学校/学院与合作企业/行业单位设立了充足的科研合作经费",55.36%的专业学位研究生认为"合作的企业/行业单位为产教融合期间取得的成果制定了奖助激励制度",59.82%的专业学位研究生认为"合作的企业/行业单位为产教融合提供了必要的补助或津贴",56.72%的专业学位研究生认为"合作的企业/行业单位为产教融合提供了充足的培养经费",58.58%的专业学位研究生认为"学校/学院为产教融合期间取得的成果制定了奖助激励制度",55.81%的专业学位研究生认为"学校/学院为产教融合提供了必要的补助或津贴",58.07%的专业学位研究生认为"学校/学院为产教融合提供了充足的培养经费"(图8-23)。

3. 组织平台

整体上,71.76%的专业学位研究生表示合作的企业/行业、学校/学院为产教融合提供了良好的组织平台。具体而言,70.03%的专业学位研究生认为"学校/学院与合作企业/行业单位共建了高水平的实践平台或基地",71.28%的专业学位研究生认为"合作企业/行业单位提供了良好的实践配备条件",73.98%的专业学位研究生认为"合作企业/行业单位提供了充足的实习实践场地"(图8-24)。

学校/学院与合作企业/行业单位设立了充足
的科研合作经费　57.67%

合作的企业/行业单位为产教融合期间取得的
成果制定了奖助激励制度　55.36%

合作的企业/行业单位为产教融合提供了必要
的补助或津贴　59.82%

合作的企业/行业单位为产教融合提供了充足
的培养经费　56.72%

学校/学院为产教融合期间取得的成果制定了
奖助激励制度　58.58%

学校/学院为产教融合提供了必要的补助或
津贴　55.81%

学校/学院为产教融合提供了充足的培养经费　58.07%

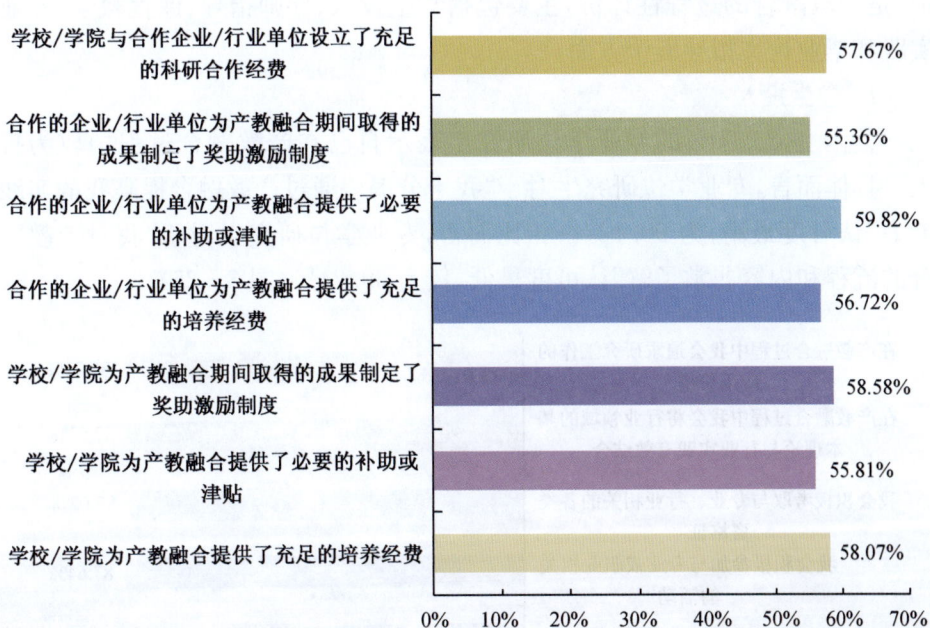

图 8‑23　产教融合过程中的经费支持情况认可度

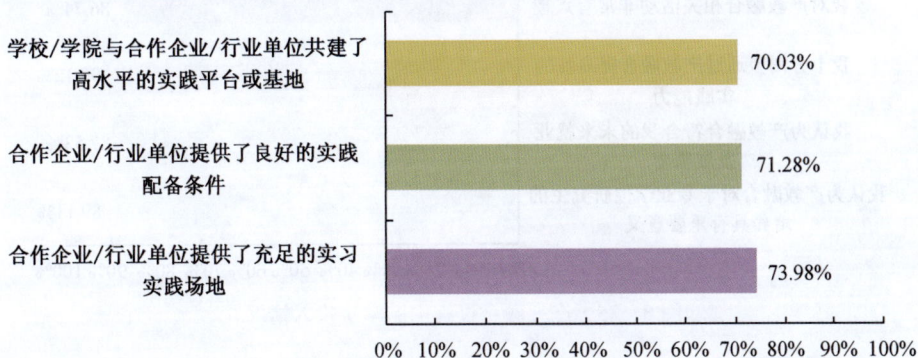

学校/学院与合作企业/行业单位共建了
高水平的实践平台或基地　70.03%

合作企业/行业单位提供了良好的实践
配备条件　71.28%

合作企业/行业单位提供了充足的实习
实践场地　73.98%

图 8‑24　产教融合过程中的组织平台建设情况认可度

综上可知,专业学位研究生对产教融合条件支持中的"经费支持"的认可度最低,不管是对学校/学院还是合作的企业/行业单位的经费支持认可度均处于60.00%以下,其中对于学校/学院的经费支持认可度稍高于合作的企业/行业单位。

（三）产教融合的方式方法

产教融合的方式方法是指研究生培养过程中产教融合具体落实的行动举

措,是产教融合的过程性评价,主要包括学生投入、导师指导、课程教学、专业实践和毕业论文指导五个方面。

1. 学生投入

整体上,85.90％的专业学位研究生表示自己在产教融合过程中较为投入。具体而言,专业学位研究生对于"我十分渴望通过产教融合提高我的实践能力"认可度最高,为 90.12％;相比而言,专业学位研究生对于"我对产教融合的流程和内容非常了解"认可度最低,仅为 69.24％(图 8-25)。

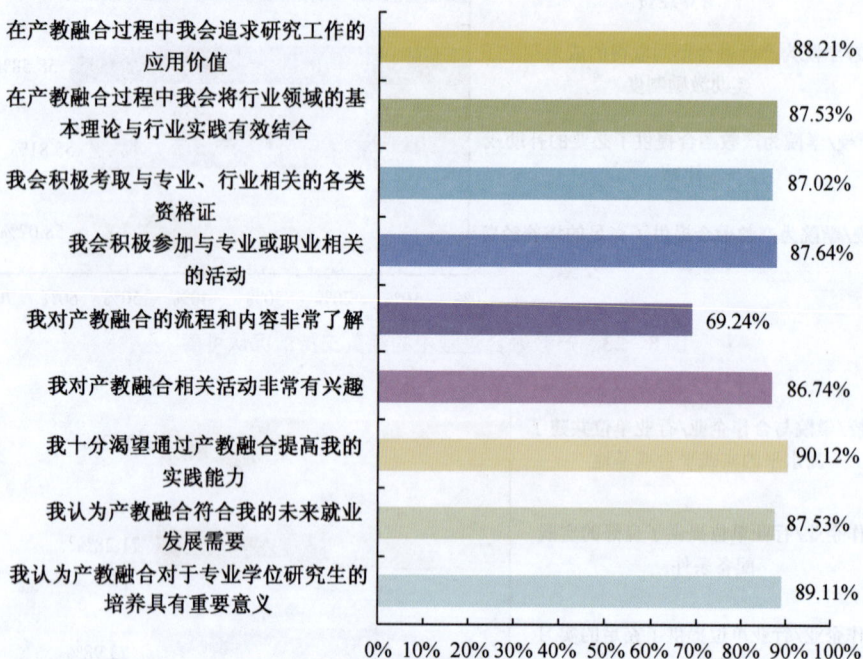

项目	认可度
在产教融合过程中我会追求研究工作的应用价值	88.21%
在产教融合过程中我会将行业领域的基本理论与行业实践有效结合	87.53%
我会积极考取与专业、行业相关的各类资格证	87.02%
我会积极参加与专业或职业相关的活动	87.64%
我对产教融合的流程和内容非常了解	69.24%
我对产教融合相关活动非常有兴趣	86.74%
我十分渴望通过产教融合提高我的实践能力	90.12%
我认为产教融合符合我的未来就业发展需要	87.53%
我认为产教融合对于专业学位研究生的培养具有重要意义	89.11%

图 8-25 产教融合过程中的学生投入情况

2. 导师指导

整体上,78.36％的专业学位研究生表示校内外导师均为产教融合提供了良好的指导。具体而言,69.27％的专业学位研究生认为校内外导师为产教融合保持了较好的合作关系。其中,"校内导师和校外导师较为熟悉"认可度最高,为 73.00％;"校内导师和校外导师有合作项目"认可度最低,为 65.98％。

在校外导师方面,75.67％的专业学位研究生认为校外导师为产教融合提供了良好的指导,其中,"校外导师给我提供了充分的人文关怀"认可度最高,为 78.13％;"校外导师给我提供了充分的学位论文指导"认可度最低,为 72.64％。

在校内导师方面,88.88%的专业学位研究生认为校内导师为产教融合提供了良好的指导,其中,"校内导师给我提供了充分的学位论文指导"认可度最高,为91.09%;"校内导师给我提供了充分的职业发展指导"认可度最低,为87.13%(图8-26)。

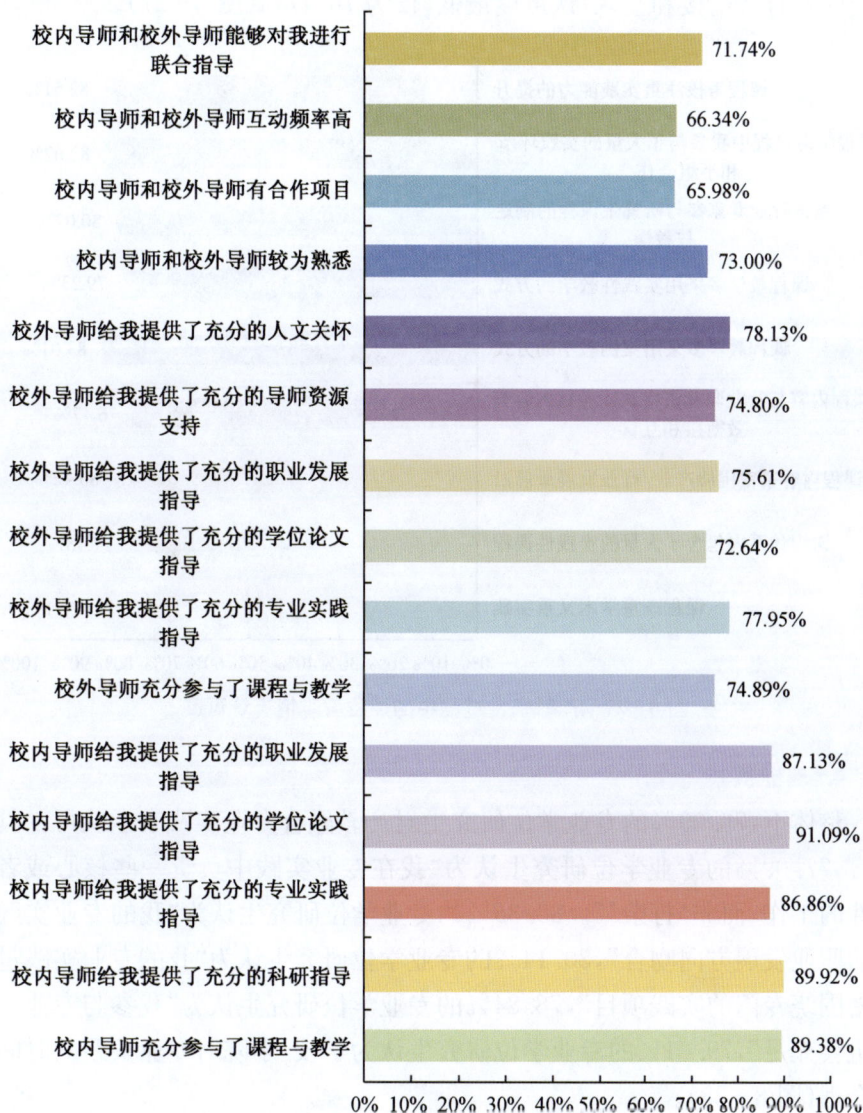

图8-26　产教融合过程中的导师指导情况认可度

3. 课程教学

整体上,80.47%的专业学位研究生对产教融合的课程教学表示认可。具体而言,专业学位研究生对于"课程教学多采用案例教学的方式"认可度最高,为83.01%;相比而言,专业学位研究生对于"课程内容与行业职业资格认证考试内容有效衔接和互认"认可度最低,仅为76.47%(图8-27)。

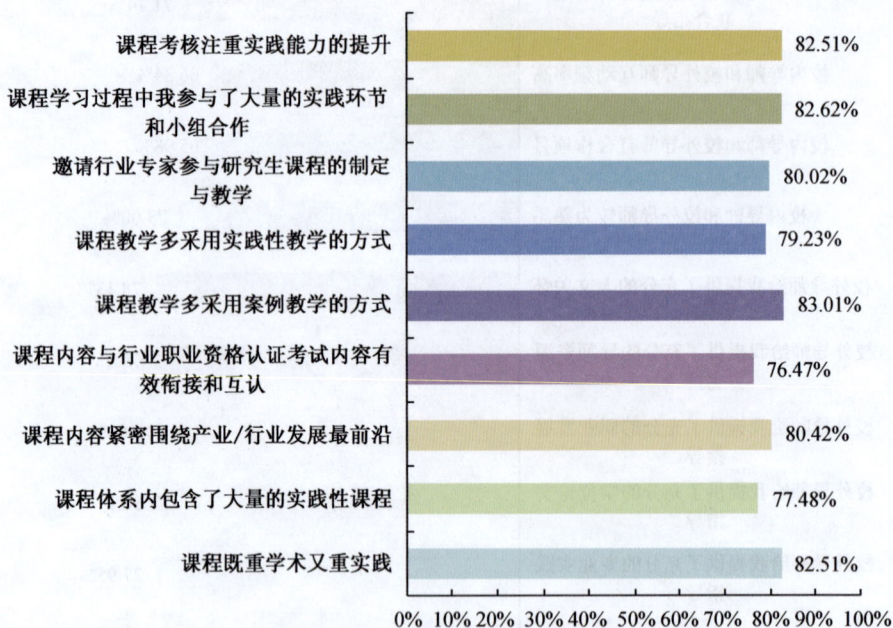

图8-27 产教融合过程中的课程教学情况认可度

4. 专业实践

整体下,79.09%的专业学位研究生对产教融合专业实践表示认可。具体而言,77.09%的专业学位研究生认为"我在专业实践中负责一些核心或者实质性的工作,而非'打杂'"。80.36%的专业学位研究生认为"我的专业实践与我的职业发展方向吻合",80.14%的专业学位研究生认为"我的专业实践过程紧密围绕专门的实践项目",78.84%的专业学位研究生认为"我参与专业实践的机会充足",79.01%的专业学位研究生认为学校/学院对专业实践的时间安排合理(图8-28)。

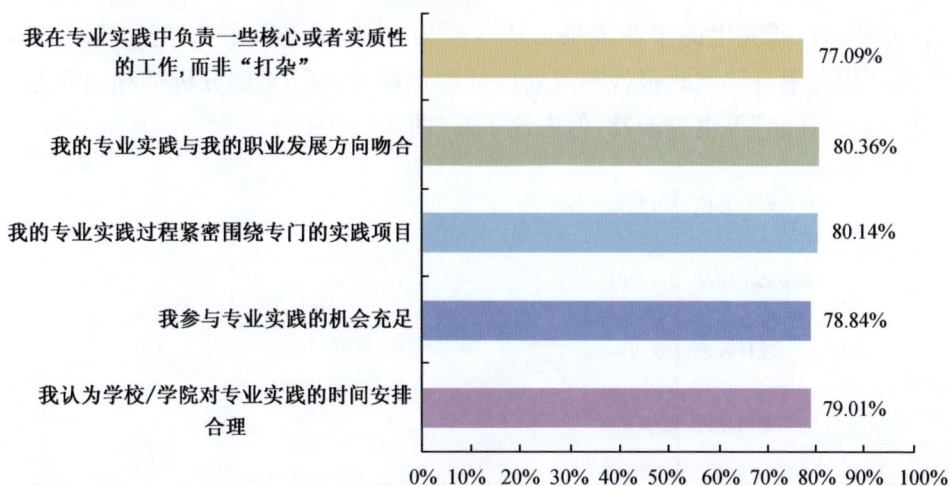

图 8 - 28　产教融合过程中的专业实践情况认可度

5. 学位论文指导

88.83%的专业学位研究生表示自己已完成选题。具体而言,42.10%的专业学位研究生学位论文选题来源于"校内导师的课题",占比最高;其次是"受其他论文的启发",占比为 15.80%;相比而言,学位论文选题来源于"实践单位的课题"的比率最低,为 2.65%(图 8 - 29)。就毕业成果采用的形式而

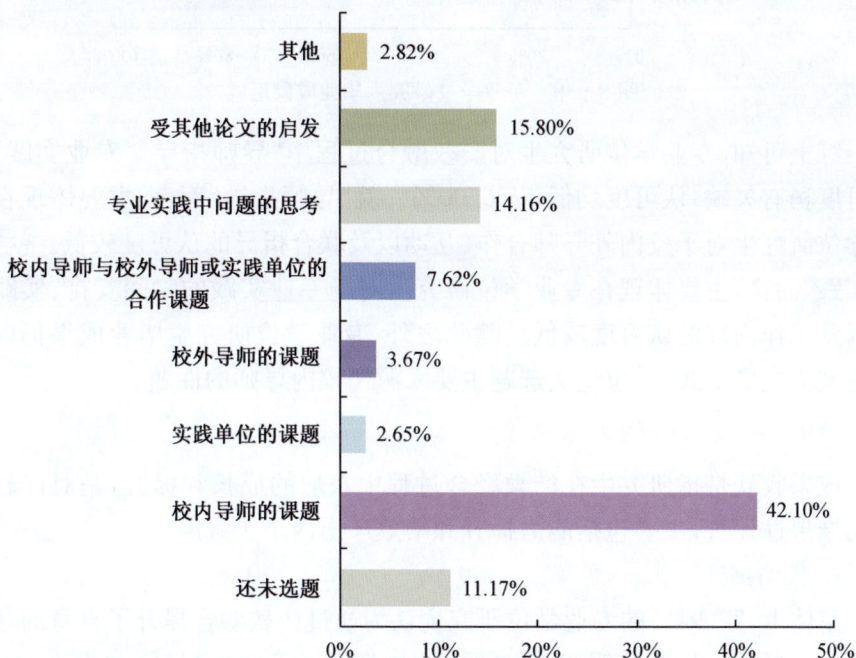

图 8 - 29　专业学位研究生毕业论文选题来源

言,专业学位研究生的毕业成果形式主要为"学位论文",占比高达 89.45%,此外,"研究报告""调研报告""规划设计""产品开发""案例分析""项目管理""文学艺术作品"等也有涉及,但占比不高(图 8-30)。

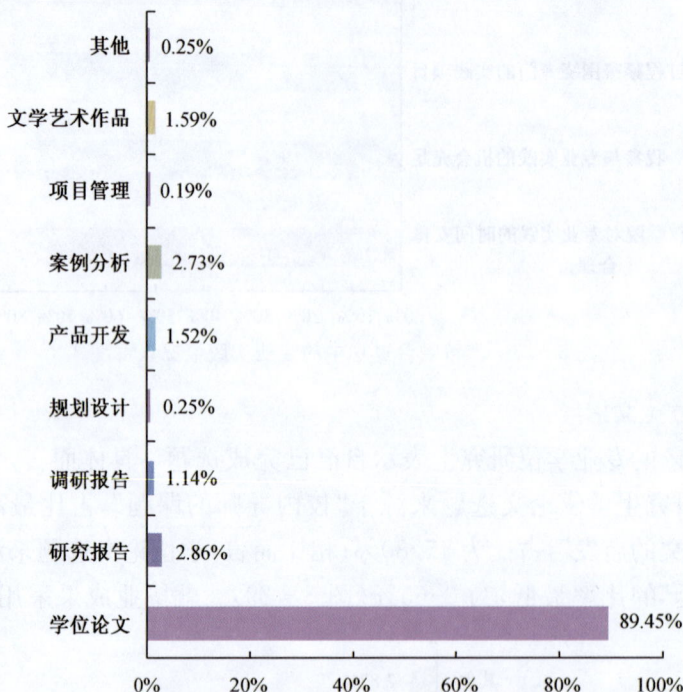

图 8-30 专业学位研究生毕业成果形式

综上可知,专业学位研究生对产教融合过程中"导师指导""专业实践"的认可度稍有欠缺,认可度均低于 80.00%。就"导师指导"而言,主要体现在专业学位研究生对于校内外导师合作、互动以及联合指导的认可度较低。就"专业实践"而言,主要体现在专业学位研究生对于专业实践的时间安排、实践机会以及工作内容的认可度较低。除此之外,专业学位研究生毕业成果仍以学位论文为主要形式,学位论文选题主要来源于校内导师的课题。

（四）产教融合的成果收获

成果收获是指研究生在产教融合过程中获取的成长和提升,是对产教融合的结果性评价,主要包括能力提升和绩效产出两个子维度。

1. 能力提升

整体上,77.94%的专业学位研究生认为通过产教融合提升了自身的各方面能力。其中,提升最明显的三项是"实践能力"(80.14%)、"专业知识"

（79.80％）和"职业素养"（79.74％）；而对于"通过产教融合，我更有信心在面试和选拔中脱颖而出"认可度最低，仅为 75.00％（图 8‐31）。

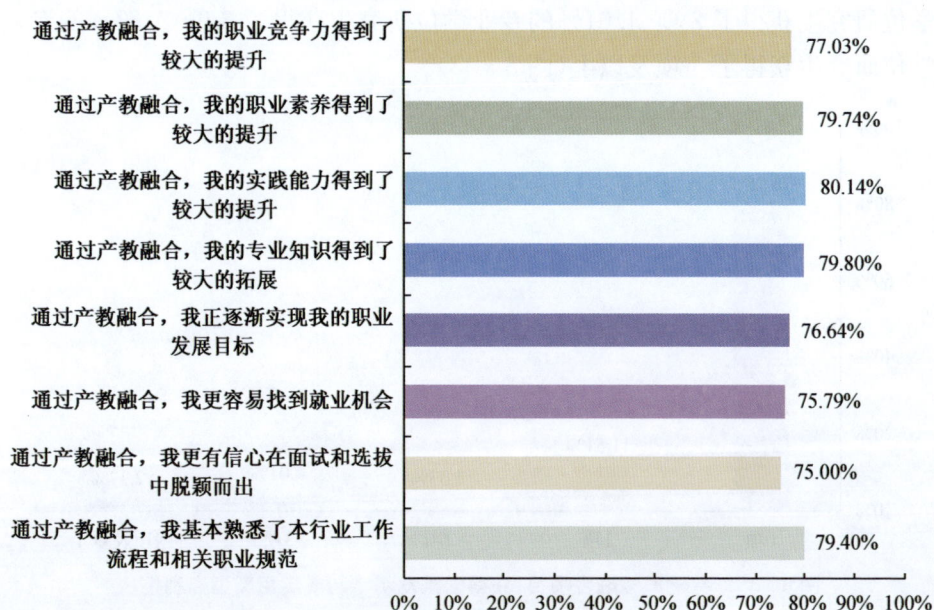

图 8‐31　通过产教融合研究生的能力提升情况

2. 绩效产出

30.64％的专业学位研究生基于产教融合项目，发表了期刊文章。具体而言，18.28％的专业学位研究生发表了 1 篇，4.57％的专业学位研究生发表了 2 篇，5.30％的专业学位研究生发表了 3 篇，2.48％的专业学位研究生发表了 4 篇及以上（图 8‐32）。

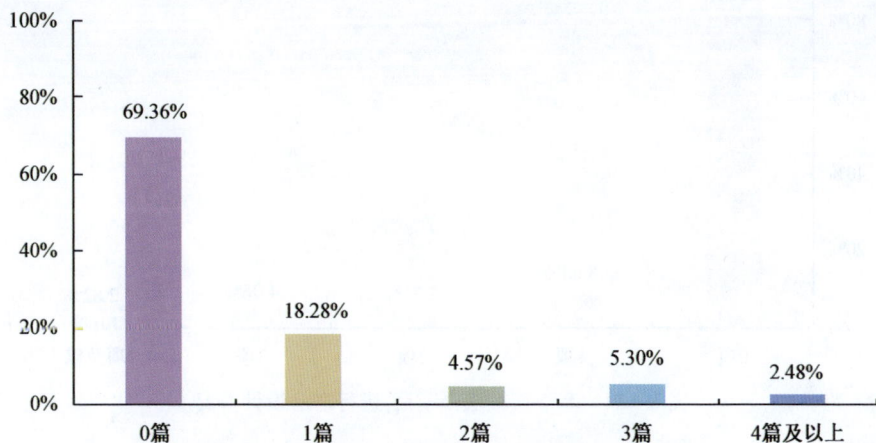

图 8‐32　基于产教融合项目，发表期刊文章情况

21.22％的专业学位研究生基于产教融合项目,获得国家发明专利或实用新型专利。具体而言,11.51％的专业学位研究生获得了1项、3.33％的专业学位研究生获得了2项、4.01％的专业学位研究生获得了3项、2.37％的专业学位研究生获得了4项及以上(图8-33)。

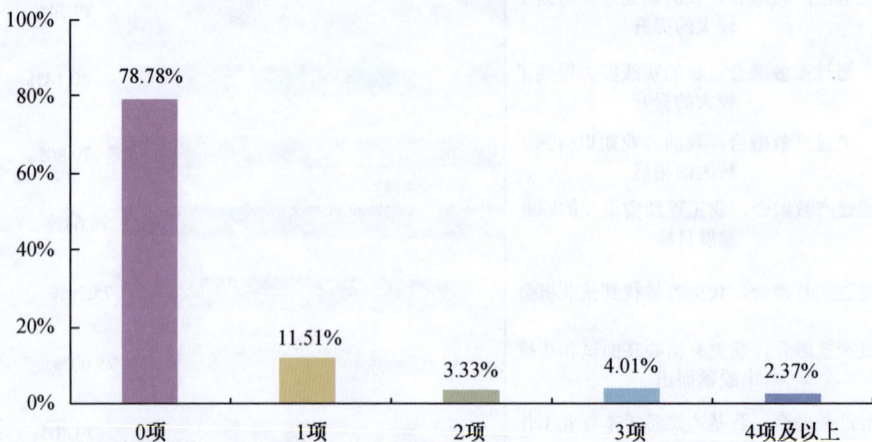

图8-33　基于产教融合项目,获得国家发明专利或实用新型专利情况

18.28％的专业学位研究生基于产教融合项目,进行了产品设计。具体而言,8.63％的专业学位研究生设计了1项、2.77％的专业学位研究生设计了2项、4.06％的专业学位研究生设计了3项、2.82％的专业学位研究生设计了4项及以上(图8-34)。

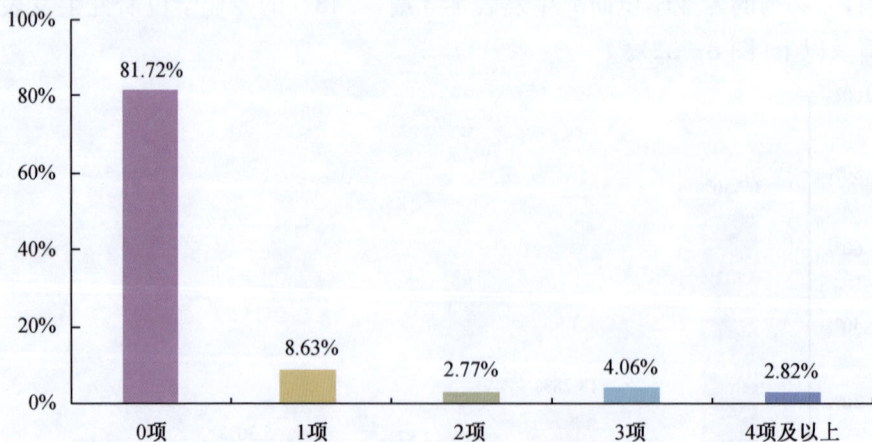

图8-34　基于产教融合项目,进行产品设计情况

21.33%的专业学位研究生基于产教融合项目,设计了技术方案。具体而言,11.12%的专业学位研究生设计了 1 项、3.22%的专业学位研究生设计了 2 项、4.46%的专业学位研究生设计了 3 项、2.54%的专业学位研究生设计了 4 项及以上(图 8‑35)。

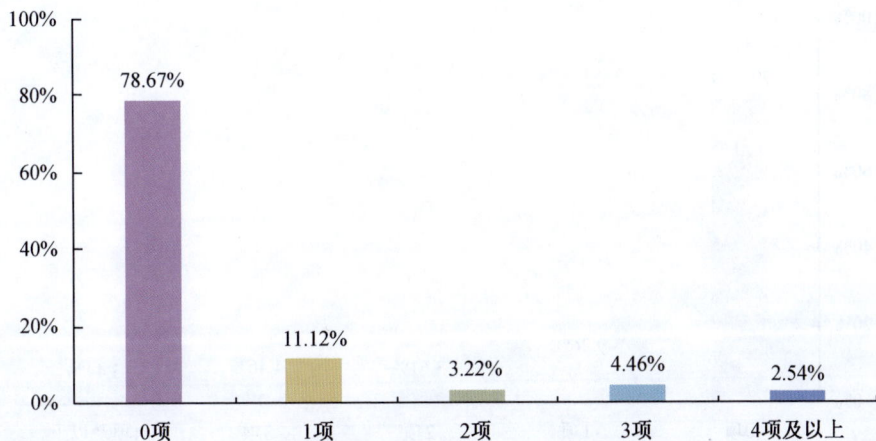

图 8‑35　基于产教融合项目,设计技术方案情况

32.62%的专业学位研究生基于产教融合项目,作为核心成员参与了课题研究。具体而言,19.13%的专业学位研究生参与了 1 项、6.55%的专业学位研究生参与了 2 项、4.12%的专业学位研究生参与了 3 项、2.82%的专业学位研究生参与了 4 项及以上(图 8‑36)。

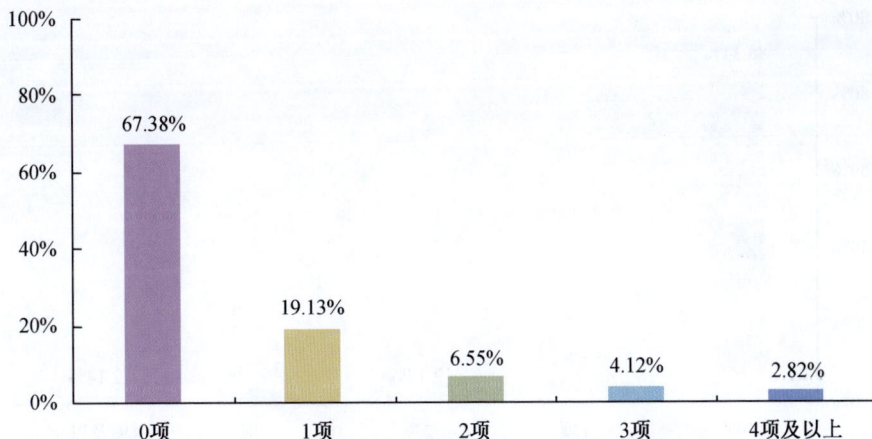

图 8‑36　基于产教融合项目,作为核心成员参与课题研究

20.77%的专业学位研究生基于产教融合项目,在学术或专业竞赛中获奖。具体而言,9.26%的专业学位研究生获奖1项、3.61%的专业学位研究生获奖2项、4.46%的专业学位研究生获奖3项、3.44%的专业学位研究生获奖4项及以上(图8-37)。

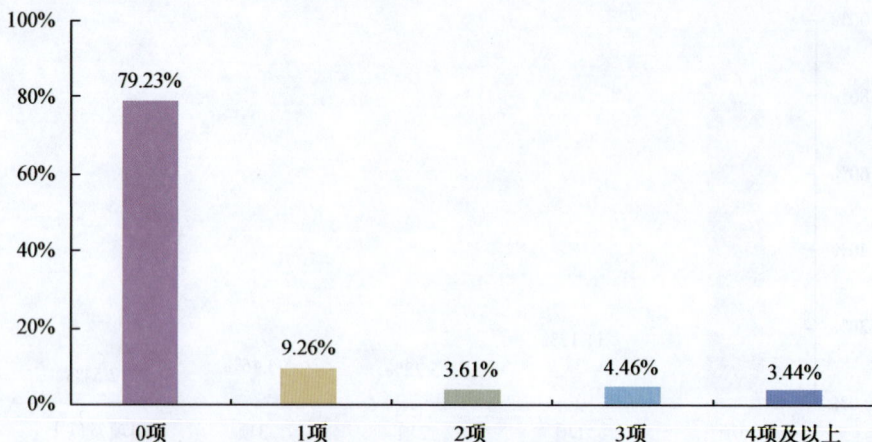

图8-37 基于产教融合项目,在学术或专业竞赛中获奖情况

13.66%的专业学位研究生基于产教融合项目,取得了自主创业成果。具体而言,5.87%的专业学位研究生取得了1项、2.14%的专业学位研究生取得了2项、3.50%的专业学位研究生取得了3项、2.14%的专业学位研究生取得了4项及以上(图8-38)。

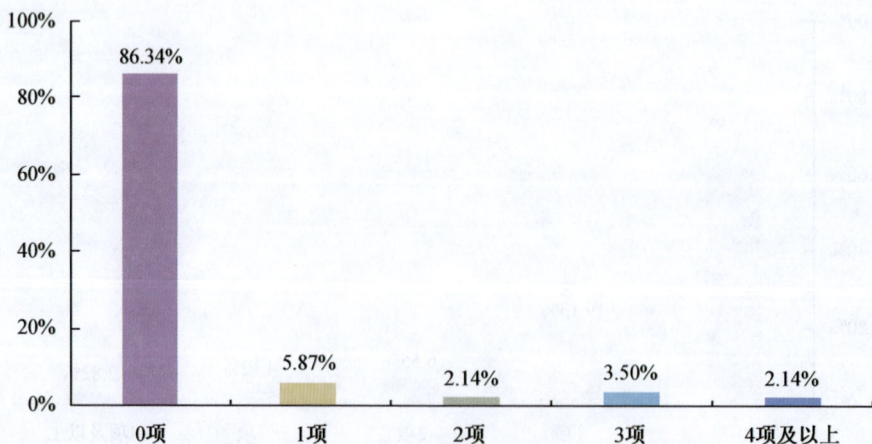

图8-38 基于产教融合项目,取得自主创业成果

(五) 产教融合满意度

整体上,73.23%的专业学位研究生对产教融合的满意度较高。其中,专业学位研究生对产教融合过程中专业实践的满意度最高,为75.85%,而对于"产教融合经费支持"的满意度最低,仅为65.97%(图8-39)。

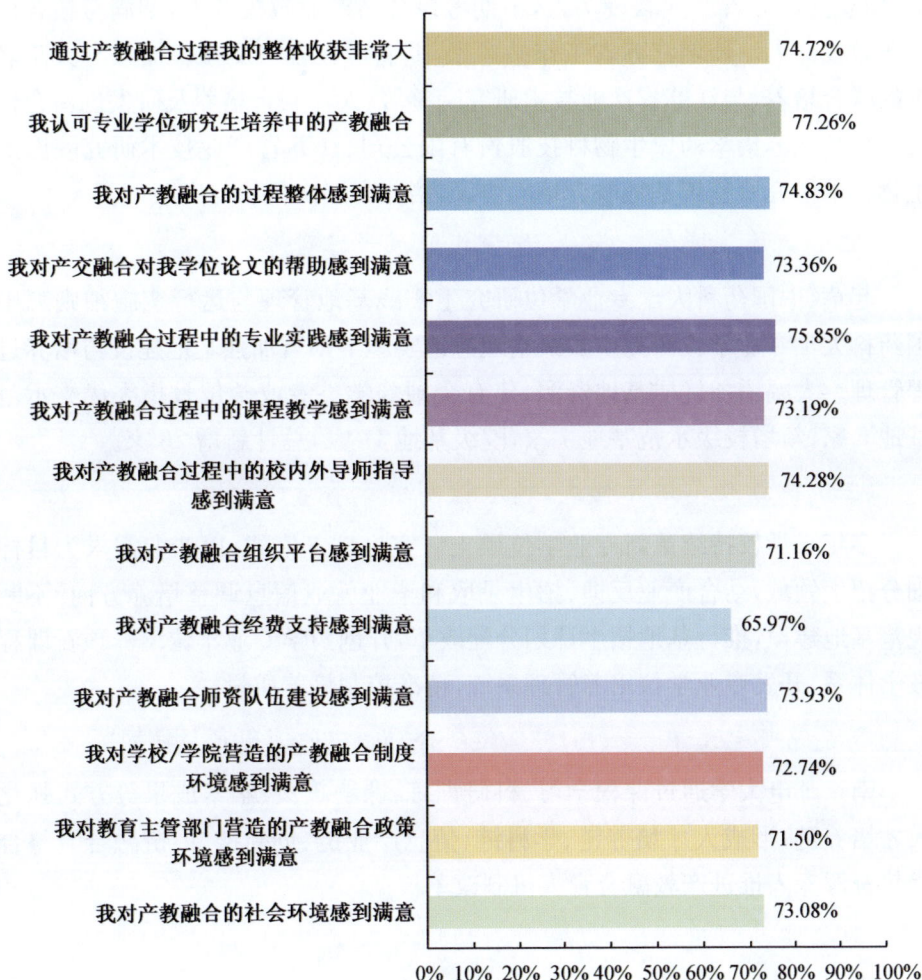

图8-39　产教融合满意度

二、典型案例

➦ 中国药科大学——完善产教协同育人模式,培育高层次应用人才

中国药科大学通过依托多种途径积极拓展产教融合教育资源、加强基地

建设与培养过程管理、持续改革专业学位硕士研究生培养模式等方式,不断完善产教融合协同育人模式。

（一）拓展产教融合教育资源,培养科研与实践创新人才

依托江苏省工作站遴选、产业教授评选机制,积极拓展产教融合教育资源,新获批江苏省产业教授7人,中期考核合格产业教授6人,期满考核合格产业教授9人。新增江苏省工作站3家,期满考核合格2家。加强与大院名企的联合培养,与江苏省产业技术研究院签署《人才联合培养及研发创新合作协议》,与江苏集萃药康生物科技股份有限公司、江苏省产业技术研究院医药生物技术研究所签署基地联合培养协议,培养高层次科研与实践创新人才。

（二）完善基地管理制度,加强基地质量建设

起草《中国药科大学专业学位研究生实践基地管理与运行实施细则》《中国药科大学专业学位研究生实践基地遴选实施细则》,加强基地建设与培养过程管理。大幅增加优质基地资源,建有全国药学类专业学位教指委优秀示范基地5家,新增校级示范基地7家,院级基地19家,总计新增26家。

（三）持续改革培养模式,精准控制培养质量

多年来学校持续革新专业学位硕士研究生培养模式,以产业需求为目标细分招生领域,结合产业反馈、招生录取和毕业就业信息调整培养方向,不断规范基地建设,推行基地招生计划分配改革,开创药学专业学位培养顶石课程教学体系,开发专业学位培养管理系统,精准控制培养质量。

➲ 南京邮电大学——构建"四链融合"新机制,实现产教协同齐育人

南京邮电大学通过课程学习、科研训练、课题攻关、学术成果等方式强化人才培养链,形成人才培养链、学科链、信息产业链、创新链"四链融合",整合优势资源深入推进产教融合育人机制改革。

（一）实施深度联培,促进产教协同育人新机制

南京邮电大学面向国家急需紧缺信息人才培养和江苏省产业集群发展,深入推进研究生教育产教融合,将人才培养链、学科链、产业链、创新链"四链融合",构建了"四链融合 产教协同"育人新机制。实施"两个一"工程、"一技一企一平台"研究生工作站建设工程和"一点一企一方向"研究生联培工程。构建了"省示范—省优秀—省—校"四级"金字塔"形研究生工作站建设体系。实施"四个共同"联培机制:与企业共建电子信息等专业学位点,共同制定培养

方案,共同开设实践课程,共同编写教学案例。开设了 19 门企业课程,23 个专业学位案例入选中国专业学位案例库。成立了有中国电子科技集团、通富微电子公司等企业参加的学科联盟。实施"双基地—双导师"制,与中兴、南瑞等共建国家工程中心和国家工程实验室,成立华为信息与网络技术学院,20 余位学科导师担任企业科技副总,聘任 126 位企业导师。与江苏省产研院、南瑞、华为等开展研究生联合培养,每年联合培养近百名研究生。

(二)整合优质资源,推进产教融合资源协同

2021 年,学校获评新增江苏省研究生工作站 20 个,江苏省产业教授 11 人,建有 400 余个校级研究生工作站,获批 139 个江苏省研究生工作站、7 个江苏省优秀研究生工作站,79 名江苏省产业教授。每年电子信息类专业学位研究生约 500 人进研究生工作站(联培基地)开展课题研究,进行工程实践创新训练,研究生参与企业科技攻关课题 400 余项。"四链融合"育人新机制通过融合产教资源解决了研究生实践创新环节薄弱的问题,促进了拔尖创新人才培养;打通了科技成果转化的路径,促进了学校的科技成果转化;破解了企业"引进人才难,留住人才难"的难题,为企业培养了一批实践创新人才。

2021 年江苏省研究生教育大事记

◯ 2021 - 02 - 05

江苏省委、省政府正式印发实施《江苏高水平大学建设方案（2021—2025年）》（以下简称《建设方案》）。《建设方案》在总结首轮江苏高水平大学建设经验、成就和存在问题的基础上，进一步明确了新一轮江苏高水平大学建设的总体目标、主要任务、实施项目和保障措施，是指导未来五年江苏高水平大学建设的蓝图和依据。

◯ 2021 - 03 - 15

江苏省学位办与中科院南京分院、省产业技术研究院分别召开与江苏高校联合培养人才座谈会。该会是贯彻《江苏省研究生教育质量提升工程（2021—2025年）实施方案》中研究生教育科教产教融合推进计划的重要措施，是落实江苏省教育厅与中科院南京分院战略合作协议和江苏省教育厅与江苏省产业技术研究院学科建设和研究生培养战略合作协议的具体举措。会议主要介绍了单位基本情况、联合培养的思路、联合培养的模式与成效和下一步联培规划等。

◯ 2021 - 04 - 28

为落实人才培养的根本任务，引导高校注重人才培养的过程、要素、质量，加强不同院校之间的学习借鉴，不断提高研究生教育管理水平，江苏省教育厅召开了 2021 年江苏高校研究生教育工作交流暨综合评价会。会上，全省 36 所普通高校交流了上一年度研究生教育的相关举措与工作经验，并从立德树人、导师队伍建设、质量保障机制、综合改革、第三方质量评价等 5 个方面进行综合评价，评价结果将作为次年研究生培养创新工程省级专项经费奖补和相关项目安排的重要依据。

⊃ 2021 – 06 – 08

为充分发挥高层次专家在研究生教育中的研究、咨询和指导作用,力争为江苏学位与研究生教育工作作出更大贡献,江苏省研究生教育指导委员会工作交流暨绩效评价会在南京召开。14 个研究生教指委围绕 2020 年履职情况、开展研究生科研创新实践活动情况、健全运行机制情况等进行交流。

⊃ 2021 – 08 – 09

根据《省教育厅省财政厅关于公布"十三五"省重点学科名单的通知》,江苏省教育厅组织开展了"十三五"省重点学科终期验收工作。经专家评议并公示,251 个参评学科全部通过终期验收,其中 59 个学科为"优秀"、192 个学科为"合格"。

⊃ 2021 – 09 – 24

根据《省政府关于印发江苏高水平大学建设方案(2021—2025 年)的通知》,经组织专家遴选审核、江苏高水平大学建设领导小组专题办公会审定同意,确定 17 所高校为江苏高水平大学建设高峰计划建设高校。具有博士学位授予权的省属高校(含服务国家特殊需求博士人才培养项目高校),分为 A、B 两类,A 类建设高校为入选国家"双一流"建设和列入 2017—2020 年江苏高水平大学建设重点支持的省属高校,B 类建设高校为列入 2017—2020 年江苏高水平大学建设培育支持的省属高校和其他学科优势、行业特色、服务发展成效明显的省属高校。"江苏高水平大学建设高峰计划"自 2021 年启动实施,5 年为一个建设周期。省财政统筹高等教育内涵建设专项资金,对建设高校给予支持。

⊃ 2021 – 09 – 28

江苏省教育厅在南京举办 2021 年江苏研究生"开学第一课"活动,主题为"深入学习党史·感受榜样力量·践行使命担当",活动内容包括为江苏省首届社会实践和志愿服务"十佳研究生"和"十佳研究生团队"颁奖,研究生代表签署科研诚信承诺书,中共江苏省委党校常务副校长、江苏行政学院常务副院长桑学成讲述"百年大党与'中国奇迹'"等。全省 20 多万在学研究生在省教育厅主会场、各研究生培养单位分会场及网络客户端参加、收看此次活动。

⊃ 2021 – 11 – 01

江苏省学位委员会、江苏省教育厅主办,河海大学承办的第三期江苏高校学科建设与研究生教育管理干部学习班与第八期江苏省研究生导师(教育管理干部)高级研修班在南京开班。江苏省研究生培养单位的分管校领导、学科和研究生管理部门负责人 100 余人深入系统学习习近平总书记关于教育的重要论述,全面了解国家和江苏省学科建设和研究生教育方面的新政策新要求,对创新工作思路、提升管理水平,推动新时期江苏学科建设与研究生教育再上新台阶具有现实指导意义。

⊃ 2021 - 11 - 04

江苏高水平大学建设领导小组在南京召开推进会。江苏高水平大学建设领导小组成员单位负责同志、全省普通本科高校负责同志参加会议。建设领导小组组长、时任分管副省长马欣出席会议并讲话,江苏省教育厅、江苏省财政厅以及南京大学等 6 所高校作了交流发言。

⊃ 2021 - 12 - 31

《江苏省学位与研究生教育发展"十四五"规划》出台。《规划》总结了"十三五"时期江苏学位与研究生教育工作取得的全方位、历史性成就,认真分析了进入新发展阶段面临的五大发展难题和形势要求,全面谋划"十四五"时期江苏学位与研究生教育工作,具体提出 12 项主要举措和 5 个重点项目。

后　记

在中国共产党第二十次全国代表大会胜利召开之际,《江苏省研究生教育发展年度报告 2022》也圆满完成了编研工作。党的二十大是在全党全国各族人民迈上全面建设社会主义现代化国家新征程、向第二个百年奋斗目标进军的关键时刻召开的一次十分重要的大会,明确党在新征程上举什么旗、走什么路、以什么样的精神面貌继续前行。江苏省全面贯彻党的教育方针,推动研究生教育适应党和国家事业发展需要,大力提升研究生教育质量,服务国家和区域战略需求,为江苏"争当表率、争做示范、走在前列"提供坚强有力的人才支撑、智力支持和创新引领。

2021 年是党和国家历史上具有里程碑意义的一年。这一年,中国共产党迎来百年华诞,第一个百年奋斗目标成为现实,正式开启向第二个百年奋斗目标进军的新征程。《江苏省学位与研究生教育发展"十四五"规划》的出台是深入贯彻落实全国全省研究生教育会议精神,加快推进研究生教育强省建设的重要改革发展举措,也是"十四五"时期江苏提升研究生教育质量的总体安排。撰写和发布研究生教育年度报告是江苏省保障研究生教育质量的重要措施之一。江苏省教育厅连续第六年发布《江苏省研究生教育发展年度报告》,全面系统地呈现 2021 年全省研究生教育发展的状况。

南京大学教育研究院汪霞教授团队受江苏省教育厅委托承担了报告的研究和撰写工作。为确保报告内容的时效性及质量,团队深入一线开展调研,收集了丰富的一手资料,对大量官方数据材料进行细致分析,并组织相关领导、专家和学者开展多次会议研讨,不断完善报告的体例规范、框架结构、内容体系和调研方法。在报告撰写过程中,江苏省教育厅的相关领导和工作人员给予了细致指导和有力支持,江苏省教育厅研究生教育处(江苏省学位委员会办公室)、发展规划处、江苏省教育考试院、江苏省教育评估院和江苏省高校招生就业指导服务中心多次协助解决调研和报告撰写过程中遇到的各种难题,共同探讨报告编撰的有关事项。本报告中相关案例的基础文字材料均由相关高校研究生院、学科建设处或发展规划处提供。同时,全省 36 所高校的相关研究生院(处)领导和管理人员、部分院系领导、导师、工作人员以及研究生均为报告调研和编撰提供了大力支持,不仅为课题组调研提供了诸多便利,给出了非常宝贵的意见和建议,而且部分人员还直接参与了案例的编写工作。

本报告是集体智慧的结晶和多方努力的成果。框架制定和研究组织工作由江苏省教育厅副厅长袁靖宇、二级巡视员张兆臣、南京大学课程与教学研究所所长汪霞教授以及江苏省教育厅研究生教育处全体人员负责。具体撰写工作分工如下:第一章由孙俊华负责;第二章由周寅负责;第三章由周寅、周佳栋(南京工业大学)负责;第四章由汪雅霜负责;第五章由汪霞、郑毅负责;第六章由宋国春(江苏省教育评估院)、郑毅、张璐(江苏省教育评估院)负责;第七章由霍亚丽(江苏省高校招生就业指导服务中心)、黄蓓蓓负责;第八章由汪霞、师悦、黄蓓蓓负责。全书统稿工作由汪霞、黄蓓蓓、师悦负责,孙俊华、汪雅霜、周寅、郑毅共同参与。

受限于课题组的人力与水平,报告难免存在疏漏与不当,敬请读者批评指正。

编写组

2022 年 10 月